Gesine Schwan
mit Susanne Gaschke

Allein ist nicht genug

Gesine Schwan
mit Susanne Gaschke

Allein ist nicht genug

Für eine neue Kultur der Gemeinsamkeit

HERDER

FREIBURG · BASEL · WIEN

Gedruckt auf umweltfreundlichem,
chlorfrei gebleichtem Papier

www.herder.de
Satz: Rudolf Kempf, Emmendingen
Herstellung: fgb · freiburger graphische betriebe 2007
www.fgb.de
ISBN 978-3-451-29477-8

Inhaltsverzeichnis

Vorwort

Sie rannte im Vorraum eines Separees auf und ab, in dem Schnittchen und Weinflaschen bereitstanden, telefonierte am Handy und behielt durch die offene Tür Heide Simonis, Anke Fuchs und einige andere sozialdemokratische Spitzenfunktionäre im Auge, die sich bereits um den Schnittchen-Tisch versammelt hatten, signalisierend: Ich bin gleich-praktisch-ganz-bei-Euch. Gesine Schwan. Als ich die Treppe heraufkam, spät am Abend, die eigentliche Veranstaltung hatte ich verpasst, sah ich sie zum ersten Mal: rennend, telefonierend. Sie umarmte mich zur Begrüßung.

Wir kannten uns nicht persönlich. Ich wusste von ihr, natürlich, wusste, dass Gerhard Schröder sie 2004 als eine Art Wunderwaffe aus dem Hut gezaubert hatte, als ebenso überraschende wie plausible rot-grüne Kandidatin für das Amt des Bundespräsidenten. Jetzt war sie auf Wahlkampftour, obgleich es zum guten Ton gehört, im Zusammenhang mit dem höchsten Staatsamt nicht von „Wahlkampf" zu sprechen. Warum eigentlich? Gesine Schwan und der CDU-Kandidat Horst Köhler taten im Frühjahr 2004 genau das, was in der Demokratie zum Wesentlichen gehört: Sie machten sich als Personen öffentlich bekannt, sie brachten ihre Argumente vor und erläuterten ihr jeweiliges Bild einer Gesellschaft, in der es sich zu leben lohnt. Bei Gesine Schwan gehört das Umarmen dazu. Zum einen, weil sie sonst gar nicht wüsste wohin mit ihrer Energie und Freude, in diesem Fall über eine gelungene Versammlung; zum anderen, weil die Umarmung, symbolisch gesehen, ein wichtiger Teil ihres politischen Konzepts ist: Niemand soll abseits stehen, jeder sich zugehörig fühlen können.

Sie ist eine Persönlichkeit, der man sich nur sehr schwer entziehen kann, sie duldet sozusagen keine Neutralität. Ich selbst kenne nur eine vergleichsweise kleine Gruppe von Menschen, die sie dezidiert nicht mögen – vielleicht, weil sie sich von so viel Persönlichkeit und Präsenz zu sehr angestrahlt und ausgeleuchtet fühlen. Die meisten Leute öffnen sich in ihrer Gegenwart und strahlen zurück. Und man merkt es den zahllosen Porträts aus der Kandidatinnenzeit an, dass auch viele Kollegen beim Schreiben schwer zu kämpfen hatten, um nicht aus der journalistischen Rolle zu fallen. Sprich: Gesine Schwan ist gänzlich ungeeignet als Betätigungsobjekt für Haltungsnoten verteilende Medien-Kampfrichter. Sie entlässt auch Berichterstatter nicht aus der Echtheit einer menschlichen Begegnung. Man mag anderer Meinung sein als sie, man mag eine andere Aufgabe und andere Ziele haben – aber zunächst einmal ist für Gesine Schwan jede Begegnung eine Begegnung zwischen Menschen, die hoffentlich das Beste wollen.

Ihr Optimismus, ihre grundsätzliche Bereitschaft, von anderen bis zum Beweis des Gegenteils eben dieses Beste anzunehmen, ist wiederum das Beste an ihr. Und das Anstrengendste. Wenn man, wie ich, eher zu deutschem Pessimismus, zu Untergangs- und Versagensängsten neigt, dann kann man sich manchmal schon leicht irritiert fragen, woher Gesine Schwan ihre Zuversicht nimmt. Und ob just diese Zuversicht sie nicht blind macht für Missstände und Probleme in der Gesellschaft. Aber sie ist nicht blind. Sie hat ein sehr waches Auge für alles, was falsch läuft. Sie weigert sich nur, von vornherein vom Missstand, vom Missbrauch, vom Misslingen auszugehen.

Woher kommt ihr Vertrauen? Aus ihrem Glauben, wird sie immer antworten. Weil sie sich sicher sei, dass die göttliche Schöpfung ein Versprechen enthalte: Das Versprechen, dass das menschliche Leben nicht sinnlos und zum Scheitern verurteilt sei. Und sie sieht und fühlt diesen Sinn in jeder Zuwendung zu anderen Menschen. Gesine Schwan erlebt die Wahrheit ihres Glaubens in fast jedem Gespräch, das sie mit anderen führt. Das ist das eine. Die andere Voraussetzung für ihre Zuversicht sind ihre persönlichen Erfahrungen. Ihr ist es ja durchaus nicht immer gut gegangen: Ihr erster Ehemann, Alexander Schwan, starb nach furchtbarem Leiden an Krebs, als sie 45 war. Die Verzweiflung, die Einsamkeit, die Schuldgefühle der Weiterlebenden, die Depressionen der folgenden Jahre müssen schlimm gewesen sein. Die Erfahrung, dass man auch ein solches Tal durchwandern kann, dass der Schmerz irgendwann nachlässt, dass es möglich ist, sich für ein neues Leben zu öffnen, haben sie zuversichtlich gemacht, und vertrauensvoll. Man merkt ihr immer noch das ungläubige Erstaunen darüber an, dass es ihr heute besser geht als vor zwanzig Jahren; und die Freude darüber, dass sie mit ihrem zweiten Ehemann Peter Eigen wieder jemanden gefunden hat, den sie lieben kann und bei dem sie sich aufgehoben fühlt.

Allein lebt sie nicht gern, und über die langen Jahre ihres Alleinseins spricht sie auch offen als „zweitbestes Leben“. Dabei hatte sie natürlich ihre beiden Kinder, ihren Beruf als Professorin, als Dekanin am Otto-Suhr-Institut der Freien Universität Berlin und seit 1999 als Präsidentin der Europa-Universität Viadrina in Frankfurt (Oder). Sie hatte ihr Engagement in der SPD, und spätestens seit ihrer viel beachteten Kandidatur für die Präsidentschaft der FU im Jahr 1999 war sie eine quasi-öffentliche Person zwischen Politik und Wissenschaftsbetrieb. Aber ein zentraler Platz in ihrem Leben blieb eben unbesetzt.

Schwan ist Politikwissenschaftlerin und gleichzeitig eine höchst begabte Politikerin. Sie hat einen erstaunlichen politischen Werdegang hinter sich: In den siebziger Jahren begann sie als eine Art SPD-Rechtsaußen, weil sie bestimmte Tendenzen der sozialdemokratischen Ostpolitik kritisierte – so sehr sie Willy Brandts Anerkennung der Oder-Neiße-Grenze und der neuen Ostpolitik als einzig richtigen Weg der Versöhnung begrüßte, so falsch fand sie später manche ideologischen Unschärfen bei der Abgrenzung von den kommunistischen Regimen des Ostblocks. Der damalige SPD-Bundesgeschäftsführer Peter Glotz warf sie wegen ihrer Kritik an Willy Brandt aus der Grundwertekommission der Partei. Das Meinungsklima jener Jahre ist heute schwer nachvollziehbar. Liest man Artikel aus der damaligen Zeit, hört man Gesine Schwan von ihren Erfahrungen erzählen, dann entsteht ein Bild von ideologischem Eifer, von Intoleranz und Feindseligkeit gegen abweichende Meinungen. Schwans unbedingtes Bestehen darauf, dass man in Diskussionen zunächst einmal bitte einfach zuhören möge, um verstehen zu können, was der andere sagt, und ihre stete Aufforderung, sich im Diskurs immer wieder redlich an die Stelle des anderen zu versetzen, mögen auch daher rühren.

Sie selbst jedenfalls blieb ihren Überzeugungen auch angesichts der Anfeindungen treu. Es konnte keine Kompromisse, keine Nachsicht mit Diktaturen geben. Dass die Marxismus-Forscherin darüber hinaus ein sehr klares Bild von den schädlichen Folgewirkungen des Kapitalismus in unserer Gesellschaft hatte, interessierte ihre linken Kritiker weniger. Auch in diesem Punkt blieb Gesine Schwan konsequent: Sie hielt die freie Marktwirtschaft für ebenso alternativlos wie die Demokratie, aber ihr ganzes politisches Sinnen war immer auf die Frage gerichtet, wie man die potenziell zerstörerischen und demokratiefeindlichen Folgen dieser Wirtschaftsweise begrenzen kann. Insofern endete sie dreißig Jahre später als eine eher Linke – in einer Phase, in der Gerhard Schröder und große Teile der SPD sich sehr um die „Neue Mitte" bemühten und manchmal allzu unkritisch wirtschaftsfreundlich redeten.

Man möchte Gesine Schwan gelegentlich manchen politikverdrossenen Zeitgenossen, auch manchen besserwisserischen Kollegen aus der Journalistenzunft an den Hals wünschen. Es ist fast undenkbar, dass jemand seine Verdrossenheitsattitüde unter ihrem Feuerwerk von Argumenten und ihrer sprühenden Überzeugungskraft aufrechterhalten kann: Sie macht unwiderlegbar deutlich, warum Demokratie ohne selbstbewusste Bürger zum Scheitern verurteilt ist und dass die viel geschmähten Politiker nichts anderes sind als Bürger. Wären sie wirklich so unfähig und korrupt, wie gerne geklagt wird, sie könnten doch nur wieder durch andere Bürger ersetzt werden.

Während des Bundespräsidentenwahlkampfes begeisterte Gesine Schwan viele Menschen – nicht zuletzt etliche Wahlmänner und -frauen in der Bundesversammlung, die eigentlich zum CDU-FDP-Lager gezählt wurden –, weil sie eine tiefe Sehnsucht unserer Zeit erfüllt: Sie ist authentisch. Man glaubt ihr, dass sie glaubt, was sie sagt. Man nimmt ihr Freude und Ärger, Ratlosigkeit und Appelle an den Gemeinsinn als echt ab. Sie spricht bis zu einem gewissen Grade ungeschützt – und ärgert sich maßlos über Medien, die sich dann nur den einen kontroversen Satz herauspicken und zu Meldungen verarbeiten wie: „Schwan kritisiert Schröder". Wenn man so verfahre, sagt sie, dann dürfe man sich über die Plastiksprache vieler Minister und Abgeordneter nicht wundern.

Gesine Schwan strahlt Wahrhaftigkeit aus und propagiert sie als zentrales politisches Prinzip. Sie ist überzeugt, dass man Menschen auch für unbequeme, anstrengende Unternehmungen gewinnen kann, wenn man ihnen die Wahrheit darüber sagt. Und wenn man in der Lage ist, Zusammenhänge herzustellen. Ein Hauptproblem unserer Gesellschaft sieht Schwan in ihrer zunehmenden Fragmentierung. Die Lebenssphären driften auseinander; die einen sehen nur noch fern, die anderen bringen ihren Kindern im zarten Alter von drei Jahren Französisch bei; die einen haben viel zu viel Arbeit, die anderen gar keine; die einen mühen sich mit hängender Zunge um die Versorgung ihrer kleinen Kinder, die anderen sind ganz allein und fühlen sich einsam. Vertreter unterschiedlicher Wissenschaftsdisziplinen reden ebenso wenig ernsthaft miteinander wie Wirtschaft und Politik, Justiz und Gesundheitswesen, Medien und Sozialstaatsvertreter. Aus diesem Grund finden sich auch immer weniger Leute, die in der Lage sind, politische Reformen in einen Zusammenhang zu stellen, zu erklären, wie sie wirken und wozu sie gut sein sollen. Gerhard Schröder war in gewisser Weise ein Spitzenvertreter der Zusammenhanglosigkeit: Seine Begründung etwa für die Agenda 2010 lautete grosso modo, dass sie „notwendig" sei.

Gesine Schwan sammelt die Frustrationen, die solche Rhetorik erzeugt, und transformiert sie zu einer völlig neuen Sichtweise: Immer wieder kommen Menschen aus ihren Vorträgen und haben plötzlich das Gefühl, endlich zu verstehen, was das Ganze soll. Ihre Vorträge, etwa zur „good governance" oder zur Frage, ob Wissenschaft Religion brauche, sind anspruchsvoll, schwierig. Sie hält nichts davon, ihre Zuhörer zu unterschätzen. Sie glaubt, dass Menschen sich ganz gern anstrengen, wenn es sich lohnt. Sie steht auf dem Standpunkt, dass der Kapitalismus zwar die Tendenz aufweise, Menschen zu verzwecken und sie zu Rädchen im Getriebe zu machen, aber dass man dem politisch gegensteuern kann und es darüber hinaus an jedem Einzelnen sei, sich gegen die Umwidmung zum Rädchen zu wehren. Sie glaubt, dass Zuwendung zu anderen das beste Mittel ist, um besser zu leben. Für sich selbst hat sie in diversen Interviews und Fragebogen ein „gutes Gespräch" als ideale Beschäftigung angegeben.

Dieses Buch ist der Versuch einer Synthese, einer Zusammenschau ihrer persönlichen Erfahrungen, ihrer politischen Überzeugungen und politikwissenschaftlichen Erkenntnisse. Es ist, ohne auch nur ansatzweise ein Ratgeber zu sein, eine Art Handreichung für das gute Leben: und zwar ein Leben, das gut für den Menschen ist, der es lebt, und gut für das Gemeinwesen, in dem er lebt. Sie hat dieses Buch lange nicht schreiben wollen, wegen ihrer terminlichen Überlastung, wegen der vielen administrativen Verpflichtungen an der Europa-Universität Viadrina, wegen der unzähligen

Veranstaltungen, zu denen sie seit ihrer Kandidatur eingeladen wird; nicht zuletzt, weil sie ihr neu gefundenes privates Glück wenigstens gelegentlich genießen möchte.

Schließlich entschied sie sich dafür, es doch zu tun, und fragte mich, ob ich sie dabei unterstützen wolle. Ich hatte Gesine Schwan mehrfach für die ZEIT interviewt, unter anderem für die Rubrik „Ich habe einen Traum". Dieser Traum wurde eine Art Saatkorn für *Allein ist nicht genug*. Wir haben für dieses Buch lange Gespräche geführt – Interview klingt an dieser Stelle zu hart und technisch –, die ich im Anschluss aufgezeichnet habe. Ein wichtiges Arbeitswochenende verbrachten wir in einem Hotel in Bad Saarow. Ich hatte gerade einen Bandscheibenvorfall gehabt und quälte mich mit fürchterlichen Rückenschmerzen. Und so ergab sich die kuriose Situation, dass ich, die 40-Jährige, mit schmerzverzerrtem Gesicht hinter der 64-Jährigen herhumpelte, die begeistert und agil die Sport- und Wellnessangebote prüfte. Während der Gespräche wickelte sie mich in Wolldecken und schnitt mir zur Stärkung Äpfel klein.

Ich konnte in Bad Saarow beobachten, wie wildfremde Leute auf Gesine Schwan reagieren: Manche sind sich nicht ganz sicher, wer sie ist, alle haben das Gefühl, sie sollten sie kennen. Sehr viele möchten mit ihr sprechen und gehen hinterher fröhlich, beschwingt von dannen. Gesine Schwan strahlt die Freude, die Freundlichkeit aus, die sie propagiert. Wohlfühlen in ihrem Umfeld hat übrigens auch immer mit Essen und Trinken zu tun – schon beim Kampf um die FU-Präsidentschaft schrieb ein Spiegel-Redakteur, Schwan habe „mit List und Rotwein und Knabberzeug" für Burgfrieden zwischen sektiererischen Fraktionen an ihrem Fachbereich gesorgt.

Rotwein und gutes Essen gehören definitiv zu ihrem Programm für das gute Leben, wie Bücher, Musik, Spaziergänge, Schwimmen in einem warmen See in der Morgensonne. „Die letzte Bildungsbürgerin" hat eine Kommentatorin sie einmal genannt. Mir reicht:

eine gute Bürgerin, die etwas vom Leben versteht, und von Politik. Ich bin dieser Frau gegenüber nicht professionell-neutral: Ich mag sie. Und ich glaube, dass sie mit dem meisten, was sie sagt, absolut recht hat. Wenn wir alle etwas mehr wären wie sie, dann wäre dieses Land freundlicher.

I. Wege zum Standpunkt

Nur wer sich treu bleibt, kann sich ändern

Von Wolf Biermann gibt es ein Lied mit dem programmatischen Titel: „Nur wer sich ändert, bleibt sich treu". Das ist aufs erste Hinhören ein wahr und sympathisch klingender Satz. Natürlich: Wenn die Welt sich verändert, wenn sie sich so rasant verändert, wie wir es in Deutschland seit dem Ende des Zweiten Weltkriegs erlebt haben, dann müssen Menschen, die ihren Überzeugungen treu bleiben wollen, diese Veränderungen nachvollziehen. Unter dem Eindruck der Blockkonfrontation und des Kalten Krieges musste man um die Freiheit in anderer Weise bangen als heute; unter den Bedingungen der ökonomischen Globalisierung muss man, wenn es einem um würdige Arbeitsverhältnisse geht, plötzlich über mehr nachdenken als über Löhne, Kündigungsschutz und Arbeitszeitregelungen im eigenen Land. Insofern stimmt es: Wir müssen unsere Vorstellungen verändern, wir werden verändert, wir müssen heute mehr bedenken als vor dreißig Jahren.

Andererseits: Ich glaube, man kann mit den Veränderungen unserer Zeit durchaus furchtlos umgehen, wenn man den Willen und die Chance hat, *sich dabei selbst treu* zu bleiben, also einen eigenen, von den jeweiligen Umständen unabhängigen inneren Maßstab zu finden, der auch Halt bietet. Wenn ich mich frage, was ich von meinen ursprünglichen Überzeugungen habe revidieren müssen, so kommt mir das erstaunlich wenig vor. Im Einzelnen sehe ich heute zwar vieles anders als zu Beginn meines politischen Engagements. Aber mein wichtigstes Anliegen seit meiner Jugend ist geblieben: Vor dem Hintergrund des Nationalsozialismus, der in vielen Gesprächen zu Hause präsent war, unter dem Eindruck furchtbarer Bilder aus den Konzentrationslagern, die gerade erst zehn, fünfzehn Jahre geschlossen waren, in der verzweifelten Betroffenheit, die etwa der polnische Spielfilm über Auschwitz „Die letzte Etappe" in mir als Vierzehnjähriger hinterließ, ging es mir immer um die Sicherung der Demokratie, damit nie wieder Menschen verfolgt, ermordet, gedemütigt, willkürlich gequält werden können. Die rechtsstaatliche Demokratie, in der alle Menschen die Gleichheit ihrer Würde leben und erfahren könnten, war sehr früh und blieb mein Lebensthema – und das war in ganz erheblichem Maße meinem Elternhaus geschuldet.

Bis 1989 stand diese Demokratie für mich kompromisslos gegen die kommunistische Diktatur – was mich in Konflikte mit Teilen meiner eigenen Partei brachte, die mir in den achtziger Jahren (bei allen richtigen Bemühungen um Entspannung) die Verletzung der Menschenrechte, die Verlogenheit und Demütigung in den sogenannten realsozialistischen und kommunistischen Ländern oftmals nicht ernst genug zu nehmen schienen.

Ich habe stets eine zentralistisch geplante Ordnung der Wirtschaft für falsch gehalten – aber ebenso war ich der Überzeugung, dass der Markt eingehegt und mit Spielregeln versehen werden muss, wenn er funktionieren soll. Ich habe nie an die Utopie einer sozialistischen Planwirtschaft geglaubt. Aber mein Engagement für die Demokratie machte mich auch skeptisch gegenüber der verführerischen Rhetorik der Neoliberalen, die alles dem freien Spiel der Kräfte überlassen wollen. Die Neoliberalen, die Marktradikalen lieben den Begriff der Veränderung. Und sie predigten in den vergangenen Jahren unentwegt *Flexibilisierung*:

Doch ging es ihnen dabei gerade nicht um Menschen, die unter veränderten Bedingungen eine demokratische, lebendige, einigermaßen gerechte und lebenswerte Gesellschaft gestalten wollen, sondern es ging ihnen um *Anpassung an den Markt*: Angst vor dem Abstieg oder dem Verlust des Arbeitsplatzes würde die Arbeitnehmer möglichst gefügig machen. Angst aber passt nicht als Grundgefühl einer funktionierenden Demokratie. In *dieser* Kritik des Kapitalismus war ich mir immer sicher: Dass er, entfesselt, die Menschen zu Rädchen macht – und dass uns eben dies nicht bekommt. Gegen die Degradierung zum Rädchen aber hilft nur die aktive Beteiligung der Betroffenen an der Politik, denn nur Politik kann die kapitalistische Wirtschaftsweise bändigen – und nur politische Teilhabe, nur Interesse am Gemeinwohl macht den passiven Bourgeois zum interessierten und aktiven Bürger. Wer Politik verachtet, der verachtet am Ende sich selbst und willigt in den Rädchenstatus ein.

Diesseits von rechts und links

Wenn ich dies bilanziere, dann sehe ich mich politisch in einer kuriosen Situation: Von einer „SPD-Rechtsaußen", die man 1984 nicht mehr in der Grundwertekommission der Partei sehen wollte, weil sie einzelne Aspekte von Willy Brandts Politik öffentlich kritisierte, bin ich, ohne meine Biografie und ohne meine Prinzipien wesentlich zu ändern, erstens zu einer mehrheitsfähigen sozialdemokratischen Kandidatin für das Amt der Bundespräsidentin geworden – eine Erfahrung und eine Ehre, die mich 2004 tief berührt haben. Und zweitens bin ich innerhalb der Partei inzwischen eher eine Linke: Gerhard Schröders Agenda-2010-Kurs fand ich vertretbar und habe ihn auch vertreten – aber ohne jenen isolierend-ökonomistischen Eifer, dessen sich vielleicht zu viele in den vergangenen Jahren befleißigten. Ich möchte durchaus erklären, warum sich unser Sozialstaat in Zeiten weltweiter Konkurrenz nicht auf hohem Niveau von selbst erhält. Warum dazu Anstrengungen nötig sind, auch Anstrengungen, die dem Einzelnen einiges abverlangen. Aber ich glaube nicht an unbefragbare ökonomische Notwendigkeiten und erwarte auch nicht von den Menschen, dass sie sich für neue Härten und persönliche Einschränkungen noch dankbar zeigen. Ich lehne die rein betriebswirtschaftlich gerechnete, gewinnorientierte Drohung mit der Abwanderung ins Ausland als Mittel der gesellschaftlichen Auseinandersetzung ab. Denn sie reduziert die unternehmerische Aufgabe auf das Kostensparen. Und wenn ich von „Eigenverantwortung" spreche, dann geht es mir um Mündigkeit, um Kommunikation, um politisch bewusste Bürger, die sich am Gespräch über ein Gemeinwesen beteiligen können, dem sie gern angehören wollen. „Eigenverantwortung" heißt für mich *nicht*, dass man vom Staat und von seinen Mitmenschen alleingelassen wird. Und noch weniger bedeutet „Eigenverantwortung" die rücksichtslose Durchsetzung der eigenen Interessen.

Dass ich ein politischer Mensch wurde, dass ich eine gewisse Prinzipientreue oder innere Konsistenz oder ein zuverlässiges Koordinatensystem entwickeln konnte und dass ich mich relativ schnell bei den Sozialdemokraten zu Hause fühlte, hat viel mit meinen Eltern zu tun. Später waren es Erfahrungen in der SPD, aber auch Konfrontationen mit manchen allzu frisch politisch engagierten Achtundsechzigern an der Universität, die meinen speziellen politischen Weg geprägt haben. Hinzu kamen, von Anfang an, mein besonderes Interesse für Polen, meine Freunde dort und meine intensive Auseinandersetzung mit den politischen Verhältnissen in diesem Land, die in den sechziger Jahren eben nur wenig mit Freiheit zu tun hatten und meiner Meinung nach mehr Unterstützung und Verständnis für die oppositionellen, die antikommunistischen Kräfte erfordert hätten, als bei der Mehrheit der bundesrepublikanischen Linken zu finden waren. Ähnlich ging es mir als West-Berlinerin, die Mauer vor Augen, mit dem oft wohlfeilen und vordergründigen Antiamerikanismus der Linken, der den Amerikanern allein die Schuld für das Wettrüsten und die Bedrohung des Weltfriedens zuwies – und dabei den aggressiven, expansiven Charakter des sowjetischen Kommunismus entweder naiv verkannte oder in schlechter Absicht leugnete.

Schaut euch um!

Anders als viele Anführer der Studentenbewegung kam ich nicht aus einem konservativen, autoritären oder gar nationalsozialistischen Elternhaus. Mir ist erst lange nach meiner Studienzeit klar geworden, in welchen Ausnahmeverhältnissen ich aufgewachsen war. Meine Eltern gehörten keiner Partei an, waren aber als Mitglieder christlicher und sozialistischer Widerstandskreise von Anfang an entschiedene Gegner der Nationalsozialisten. Meine Mutter war von Beruf Fürsorgerin, mein Vater Volksschullehrer, nach 1945 Oberschulrat. Eine Maxime ihrer gemeinsamen Erziehung lautete: Schaut euch um, seid aufmerksam, nehmt wahr, wie es den Leuten um euch herum geht! Aus der Distanz betrachtet, würde ich sagen, dass vor allem meine Mutter das lebte, was wir heute „Inklusionsprinzip" nennen und endlich zu einem Maßstab von gelungener Politik machen: Niemanden draußen lassen! Aufpassen, dass niemand abseits stehen muss! Es war sicher diese Grundhaltung, die meine Eltern sich dafür entscheiden ließ, im letzten Kriegsjahr ein jüdisches Mädchen bei uns zu Hause zu verstecken. Die gleiche Haltung, dieses unmittelbare Mitgefühl, brachte meine Mutter Anfang der fünfziger Jahre dazu, spontan eine junge Frau bei uns aufzunehmen. Meine Mutter sah sie bei einer Schultheateraufführung hemmungslos weinen – nach siebenjähriger Gefangenschaft hatte sie ausgerechnet dort an diesem Abend zum ersten Mal ihre Tochter wiedergetroffen. Ihre Familie zog zu uns – wir hatten eine Zweieinhalb-Zimmer-Wohnung in Berlin und in einer anderen Etage des Hauses zwei kleine zusätzliche Räume – und lebte über ein Jahr lang bei uns.

Ein solches Sich-Aufschließen für andere, ein Verantwortungsgefühl für mehr als nur die eigenen Belange – das haben unsere Eltern, in ihrer emotionalen Spontaneität, insbesondere unsere Mutter, meinem Bruder und mir als wichtige Lektion mitgegeben. Sie war eine wunderbare Trösterin. Und sie konnte mit jedem zusammen sein. Alles Schichtenspezifische, jeder Standesdünkel war ihr fremd und zuwider: ein sehr christliches und soziales Grundgefühl, das sie und auch mein Vater mir eingeprägt haben.

Meine Eltern stammten beide aus einfachen Verhältnissen, mein Vater war gar ein uneheliches Kind, was in der damaligen Zeit – man muss es sich heute vor Augen rufen – als große Schande galt. Weder Mutter noch Vater hatten sozialen Rang in die Wiege gelegt bekommen, aber beide waren intelligent und, je auf ihre Weise, aufstiegsorientiert. Sie hätten sich nicht mit dem zufriedengegeben, was die Gesellschaft ihnen zugebilligt hätte. Mein Vater wollte eigentlich Medizin studieren, dafür reichte aber das Geld nicht. So verdiente er seinen Lebensunterhalt als Volksschullehrer und machte nach dem zweiten Weltkrieg als Reinickendorfer Bürgermeister und später als Oberschulrat eine, gemessen an seinen Startchancen, beachtliche Karriere. Meine Mutter hatte nicht studiert, aber gerade sie legte extremen Wert auf Bildung und brachte uns insbesondere die klassische Musik nahe. Beide lebten uns die Notwendigkeit von Anstrengung vor – und eben auch die Freude an der gelungenen Anstrengung.

Meine Mutter vermittelte uns außerdem, was Engagement heißt: Nach dem Krieg versuchte sie in mehreren Anläufen, neue Parteien zu gründen, für den Frieden und für Frauen. Dieses Vorhaben misslang jedoch regelmäßig. Als Kind war ich über diese Versuche durchaus nicht nur glücklich: Sie bedeuteten ja auch, dass meine Mutter häufig außer Hauses war – und leider neigte sie zum Zu-spät-Kommen, was ich entsetzlich fand, als ich klein war. Aber davon abgesehen oder darüber hinaus war da immer das Vorbild, das Lebensgefühl großer, wacher und freundlicher Aufmerksamkeit für den anderen.

Eine für mich äußerst prägende und wichtige Entscheidung meiner Eltern war es, dass sie mich auf dem französischen Gymnasium in Berlin anmeldeten. Von der fünften Klasse an hatten wir dort zwei Jahre lang intensiven Französischunterricht, danach wurden alle Fächer auf Französisch unterrichtet. Dabei ging es aber beileibe nicht nur um „Sprachkompetenz", von der man heute vielleicht schwärmen würde – es ging wirklich um Völkerverständigung, um ein kulturelles Begreifen des Fremden, um Aussöhnung mit dem „Erzfeind Frankreich". Ich bin sicher, diese Schule hat mich auf Fremdes hin trainiert, hat mir eine grundsätzliche Neugier und Offenheit eingepflanzt, die ich anderswo vielleicht nicht so leicht erworben hätte.

Mit zwölf oder dreizehn Jahren nahm ich, im Schlepptau meines Bruders, an einem Schüleraustausch mit Frankreich teil – das war schon eine Mutprobe. Ich erinnere mich, dass wir nach zwanzigstündiger Zugfahrt in unserem Bestimmungsort anlangten, und als ich mich unserer Gastfamilie – einer echten Großfamilie – gegenübersah, die ein wunderbares altes Dorfhaus bewohnte, da dachte ich: Wenn ich mich da jemals durchfinde, kann ich mich glücklich schätzen. Aber siehe da: Am Ende der sechs Wochen mit all den Kindern, Onkeln, Tanten, Großeltern konnte ich mich mühelos verständigen. Französisch ist dementsprechend auch meine erste und liebste Sprache geblieben. Und die Erfahrung, dass Verständnis und Sprachfähigkeit erreichbar sind, hat sicher auch meine Bereitschaft gestärkt, mich später dem Polnischen zuzuwenden.

1962 begann ich mit dem Studium an der Freien Universität Berlin, zunächst in den Fächern Romanistik und Geschichte – wie so viele junge Frauen wollte ich Lehrerin am Gymnasium werden.

Nach einem Studienortwechsel – ich ging nach Freiburg – gönnte ich mir allerdings ein Jahr, in dem ich Fächer studierte, die mich, so begann ich zu ahnen, noch mehr interessieren konnten als die Romanistik: Politik, Philosophie, Theologie. Vor allem Theologie war mir wichtig. Meine Eltern hatten uns nicht taufen lassen, und jetzt, als Erwachsene, wollte ich eine fundierte Entscheidung treffen. Es wurde dann die katholische Kirche: Wohl aus Gewohnheit und Vernunft, ich hatte immer schon die katholische Messe besucht, aber auch das Menschenbild der Katholiken erschien mir „runder" und weniger auf Schuld und Sünde fixiert als das der Protestanten.

In Freiburg lernte ich auch meinen ersten Ehemann Alexander Schwan kennen, der mich sehr darin bestärkte, das zu studieren, was mich wirklich interessierte. In die SPD trat ich 1972 ein, wie so viele in dieser Zeit vor allem wegen Willy Brandts Ostpolitik – die Anerkennung der Oder-Neiße-Grenze war für mich ein ganz elementarer Schritt der deutschen Politik. Umso merkwürdiger schien es mir, dass meine Partei, die diesen einzig richtigen Weg der Aussöhnung gegangen war, wenige Jahre später so unscharf mit dem Gegensatz zwischen Demokratie und Diktatur umging. Wahrscheinlich war es ein individueller und seltener Glücksfall, der mir selbst eine größere Nähe zu Polen bescherte, als sie nach dem Krieg üblich war – und damit Einblicke in den kommunistischen Alltag, die eben keine Verharmlosung des sogenannten realen Sozialismus aufkommen ließen.

Polen als geistige Lebensform

Meine Mutter stammte aus Oberschlesien, und natürlich war der Verlust ihrer Heimat bei uns zu Hause ein Thema. Sie schwärmte von ihrer Jugend in den dreißiger Jahren: von den schmucken, überaus höflichen polnischen Offizieren, die in der kleinen Garnisonsstadt Lublinitz (schon damals Polnisch: Lubliniec) am Samstag und Sonntag auf dem Ring flanierten. Da die Familie meiner Mutter zur deutschen Minderheit gehörte, die in guten Beziehungen zur polnischen Umgebung lebte, gewann ich von klein auf nicht nur eine Sympathie für Polen, sondern auch den Eindruck, dass ein selbstverständlich-freundliches Zusammenleben von Polen und Deutschen im Alltag kein Problem sein könne. Das Problem war erst durch die Nazis entstanden, so meine kindliche Wahrnehmung, und deshalb müsse man alles tun, um den furchtbaren Schaden wiedergutzumachen. Später habe ich gelernt, dass eine solche Grundeinstellung gegenüber Polen in Deutschland keine sehr verbreitete Haltung war. Und dass sich die Alltagsbeziehungen zwischen den Volksgruppen nicht überall so freundschaftlich gestaltet hatten wie in der Heimatstadt meiner Mutter. Doch mein Interesse an Polen war geweckt, und dieses Thema hat mich nie wieder losgelassen.

Um mit dem Land vertrauter zu werden, um die Erblast der deutschen Vergangenheit wenigstens ein Stück weit abtragen zu helfen, begann ich Anfang der sechziger Jahre, Polnisch zu lernen. Eigentlich hatte ich gleich nach dem Abitur damit anfangen wollen, aber dann verliebte ich mich zunächst Hals über Kopf und hatte keine Zeit. Als diese Liebe in die Brüche ging, „ertränkte" ich meinen Liebeskummer in polnischen Vokabeln, das lenkte mich gut ab. Sie waren schwer, viel schwerer, als ich es, ehrlich gesagt, erwartet hatte: Französisch und Englisch halfen mir nicht weiter, und die polnische Grammatik erwies sich als wirkliche Herausforderung!

Mein Doktorvater Wilhelm Weischedel an der Freien Universität überzeugte mich davon, nicht, wie es damals gängig war, über Adorno, sondern über den auch im Westen immer bekannter werdenden polnischen Philosophen Leszek Kołakowski zu promovieren. Kołakowski hatte mit einer Sammlung anti-stalinistischer Essays („Der Mensch ohne Alternative") die Herzen und Köpfe vieler deutscher Leser gewonnen. Er galt neben ausgezeichneten Literaten wie Stanislaw Lem oder Zbigniew Herbert (und neben dem in die USA gegangenen Nobelpreisträger Czesław Miłosz) als hoffnungsvoller junger Repräsentant des geistigen Nachkriegspolens. Als er, wie eine Reihe seiner Kollegen, 1968 studentische Demonstrationen zugunsten der Meinungs- und Versammlungsfreiheit unterstützte, verlor er seine Professur an der Warschauer Universität und ging ins Ausland, zunächst nach Kanada, später nach Oxford.

Die Entscheidung, meine Dissertation diesem Philosophen, insbesondere der Logik seines Wandels vom engagierten Kommunisten zum überzeugten Revisionisten des Marxismus zu widmen, wurde zu einer Weichenstellung für mein Leben. Die Arbeit gab mir die Chance, das Denken der polnischen Dissidenten „von innen" kennenzulernen: Ich sprach oft mit Kołakowskis in Polen gebliebenen Freunden und Schülern, mit Bronisław Geremek, Adam Michnik, Jerzy und Barbara Holzer. Mit Leszek Kołakowski und seiner Frau Tamara verbindet mich bis heute eine enge Freundschaft.

Alle meine Polenerfahrungen in den sechziger Jahren zeigten das Bild eines ungemein lebendigen Freiheitswillens. Ein Geist des Widerstands – manchmal bis zur Unerbittlichkeit – und ein starker Individualismus durchzogen die ganze Gesellschaft, von der Mode über das Verhalten im Straßenverkehr bis zu anarchistischen politischen Tendenzen. Ergänzt wurde all dies durch einen feinen Sinn für Witz und Ironie und durch ein subtiles Gefühl für Würde und Ehre – dessen Pathos und dessen Tradition des moralischen Heroismus sich mit der Ironie durchaus verbinden konnten.

Es wird vielleicht niemanden allzu sehr verwundern, dass mir der studentische „Widerstand" in der Bundesrepublik, verglichen mit den existenziellen Risiken, die die polnischen Dissidenten auf sich nahmen, bei allem Verständnis immer auch etwas selbstgerecht vorkam. Und dass ich so empfindlich auf Verharmlosungstendenzen gegenüber den kommunistischen Regimen des Ostblocks reagierte.

Autoritäre Antiautoritäre

Was hatten unsere Achtundsechziger schließlich zu fürchten? Ich erinnere mich an eine Szene, die meine Sympathie für manche Akteure der Studentenbewegung nicht eben gesteigert hat: Mein Mann Alexander und ich, der Politikwissenschaftler Hartmut Jäckel und andere hielten 1968 ein Pluralismus-Seminar an der Freien Universität ab, als eine große Schar von Studenten hereingestürmt kam – keine Politikwissenschaftler, sondern vermutlich Psychologiestudenten; man rekrutierte damals für solche Aktionen gern Leute aus anderen Fächern, um nicht sofort erkannt zu werden –, mit Tomaten und Eiern warf und von meinem Mann eine Rechtfertigung für einen Artikel verlangte, der sie öffentlich scharf kritisiert hatte. Wohlgemerkt: *Erst* flogen die Tomaten und die Eier, *dann* kam die Aufforderung zur Rechtfertigung. Wir verabredeten uns daraufhin schnell, gar nicht zu antworten. Eine Reihe von Studenten gingen frustriert körperlich auf einige der Anwesenden los, darunter auf Hartmut Jäckel, weil sie sich offenbar nicht ganz sicher waren, wie mein Mann eigentlich aussah. Erst in einem dritten Anlauf rückten sie meinem Mann dann auch persönlich zu Leibe.

Der Anführer der Gruppe, Götz Aly, heute ein bekannter und auch von mir geschätzter Historiker, begegnete mir später ganz anders, als er in den neunziger Jahren höflich anfragte, ob ich als damalige Dekanin am Otto-Suhr-Institut der Freien Universität damit einverstanden wäre, wenn er sich am OSI habilitieren würde.

Bei dieser Gelegenheit und auch bei weiteren Unterhaltungen fand ich wichtige Indizien für die auch in der Wissenschaft inzwischen seit Längerem erörterte These, dass das Verhalten vieler Achtundsechziger als Reaktion auf ihre nationalsozialistischen oder zumindest sehr konservativen Eltern zu deuten ist.

Überdurchschnittlich viele von ihnen stammten aus autoritären und/oder opportunistischen Elternhäusern. Und während sie in der Auseinandersetzung mit diesen Eltern durchaus aufrichtig und ernsthaft entrüstet waren (auch in der Auseinandersetzung mit einer Gesellschaft, die ihre Schuld im und am Nationalsozialismus lieber verdrängen wollte, als sich ihr zu stellen), so setzten doch viele von ihnen unbewusst den *Habitus* ihrer Eltern fort. Das heißt, sie führten den Streit genauso unerbittlich und letztlich autoritär, wie sie es ihren Eltern vorwarfen. Die Antiautoritären reproduzierten das Verhalten ihrer Väter und Lehrer, denen die wirkliche Autorität durch den Nationalsozialismus abhandengekommen war, was sie durch besonders autoritäres Auftreten zu kompensieren suchten.

Die Weigerung vieler Achtundsechziger, die Brutalität des kommunistischen Systems genauso engagiert anzuprangern wie die unbestreitbaren Missstände im Kapitalismus, hat mich damals wohl am meisten provoziert. Anders als früher sehe ich darin heute aber nicht mehr ausschließlich ein Zeichen für eine undemokratische Einstellung. Sicher: Das Absehen von der Realität der Diktatur bleibt eine politische Verfehlung. Sie geschah oft aus einer (leider unreflektierten) Reaktion auf den Antikommunismus der Eltern und Lehrer. Dieser war seinerseits keineswegs immer demokratisch fundiert, sondern erlaubte häufig ein bruchloses Weiterlaufen auf NS-Pfaden und vermittelte zudem das gute Gefühl, jetzt erneut auf der richtigen und diesmal siegreichen Seite zu stehen. Die Blindheit der Kinder gegenüber der Unterdrückung im Kommunismus folgte aus der Fixierung auf die Verfehlungen der Eltern und auf deren nationalsozialistischen Antikommunismus – auch eine Folge der damals noch ganz unzureichend aufgearbeiteten Vergangenheit.

Eine schlichte Anprangerung der Achtundsechziger als Urheber einer allgemeinen sozialen und psychischen Entwurzelung und des „Werteverlusts" im Nachkriegsdeutschland, wie wir sie vielfach von konservativer Seite hörten und hören, wird dem Phänomen „Achtundsechzig" deshalb nicht gerecht. Die Werte waren zuvor durch den Nationalsozialismus zerstört worden. Im Gegenteil hat die damalige Rebellion das, was in Deutschland heute an demokratischen Strukturen vorhanden ist, zumindest zum Teil fundiert und gestärkt. Die *Kluft*, die nach 1945 zwischen den demokratischen politischen Institutionen und dem noch überwiegend undemokratischen Bewusstsein und Verhalten in Gesellschaft und Politik klaffte, wurde durch den Aufstand gegen den traditionellen deutschen Autoritarismus in Familie und Schule, gegen den Mangel an Kritik- und Konfliktfähigkeit, gegen die grassierende Doppelmoral wenigstens teilweise zugunsten einer demokratischeren Kultur überwunden. Nur verhielten sich eben viele Protagonisten ihrerseits nicht gerade demokratisch. Oft, so ist meine spätere Erfahrung gewesen, braucht es jedoch einen solchen provokatorischen Überschuss, um überhaupt etwas zu erreichen. Diejenigen, die an der Macht sind, reagieren häufig nicht auf maßvolle Reformforderungen, sondern erst auf bedrohliche soziale Situationen.

Die deutsche Liebe zum Extremen

Mich selbst plagte 1968 die Sorge um die Stabilität der deutschen Demokratie – eine Sorge, die ich wohl, trotz meiner unverwüstlich optimistischen Natur, nie ganz überwinden werde: Sie verfolgt mich auch heute noch. 1968 sah ich die Bundesrepublik vor allem von „links" (extrem) bedroht, das heißt, vom machtpolitischen Faktor des Kommunismus und seinen zum Teil äußerst blauäugigen Sympathisanten und Verharmlosern; außerdem von diffusen Radikalismen, die die repräsentative Demokratie in Frage stellten. In den neunziger Jahren, kurz nach dem endgültigen Scheitern des Kommunismus und kurz nach der deutschen Wiedervereinigung, sah ich die Gefahr vornehmlich auf der extremen Rechten, in einer erschreckenden Renaissance rechtsextremer und nationalistischer Kräfte sowohl im intellektuellen als auch im politischen Bereich. Bis heute halte ich die Ausbreitung neonazistischen Gedankenguts und vor allem einer rechtsextremistisch geprägten Alltagskultur gerade unter jungen Männern in Ost-, aber auch in Westdeutschland für zutiefst beunruhigend. Das ist ein Problem, vor dem wir vielleicht noch eine Zeit lang die Augen verschließen können, aber nicht dürfen – verschwinden wird es erst dann, wenn wir nicht mehr nur nach sozialarbeiterischen Programmen rufen, sondern uns als Bürger selbst engagieren und dabei helfen, dass die jungen Rechtsextremen selbst zu Bürgern werden.

Doch die zentrale Gefahr für unsere repräsentative Demokratie scheint mir inzwischen eher von einer allgemeinen, allzu salonfähig gewordenen Politikverachtung auszugehen, die sich quer durch die Gesellschaft zieht und von manchen Medien leider leichtfertig und wirksam verbreitet wird. Fast wirkt es so, als sei mit dem Ende des Kalten Krieges und der Angst vor dem Kommunismus auch die Achtung und Wertschätzung für die Demokratie über Bord gegangen – wenn man manche Wirtschaftsvertreter reden hört, mit ihrer Verachtung gegenüber der deutschen Mitbestimmung und ihrem Respekt für die Effizienz des Wirtschaftens im menschenrechtsblinden China, muss man sich wirklich fragen, wie ernst gemeint ihre früheren Bekenntnisse zur westlichen Demokratie eigentlich waren. Dem, so meine ich, muss man eine entschiedene Politik zur Stärkung der Demokratie, auch gegen aushöhlende Tendenzen des globalen Kapitalismus, entgegensetzen.

Freiheit von Not und Furcht – eine Politik neuer Allianzen

Diese Politik erhoffe ich mir als Sozialdemokratin nicht nur, sondern erwarte sie auch von meiner Partei, die immer eine innere Spannung aushalten musste zwischen ihrem grundsätzlichen Antikapitalismus und der – im Godesberger Programm 1959 niedergelegten – Überzeugung, dass man die Marktwirtschaft nicht revolutionär überwinden, sondern nur mit demokratischen Mitteln gestalten könne. Und solle.

Der prinzipielle Reformismus der SPD war mir, die ich schon in meiner Familie persönlich auf Ausgleich in Konflikten trainiert war, immer sehr viel lieber als wilde und vor allem potenziell totalitäre Umsturzphantasien, und ich halte ihn auch langfristig für sehr viel wirksamer. In Zeiten der globalen Wirtschaftsverflechtung, der Entgrenzung der Welt, stehen wir freilich vor der schwierigen, noch ziemlich unbeantworteten Frage, welche Politik dabei helfen kann, den Menschen bei uns oder gar weltweit ein Leben in „Freiheit von Not und Furcht" zu ermöglichen. Die hohe Identifikation der Bürger mit dem Nationalstaat im 19. Jahrhundert speiste sich aus eben dieser Quelle: Die Menschen vertrauten darauf, dass der Nationalstaat diese Freiheit gewährleisten könne; als *Sozialstaat* wurde er später attraktiv für alle Schichten. Zur aktuellen Politikverdrossenheit trägt bei, dass viele Menschen in Deutschland heute Angst haben, der Nationalstaat könne ihre soziale Sicherheit nicht länger garantieren – angesichts multinationaler Konzerne, die ihre Standortentscheidungen system-, das heißt kapitalismuskonform nicht mehr an Traditionen, lokaler Verantwortung oder auch nur an den Leistungen der Beschäftigten orientieren, sondern an losgelösten Renditeerwartungen. Diese Furcht ist nicht unbegründet.

Die Sozialdemokraten hatten sich daran gewöhnt, den demokratischen Staat für das probate Mittel der Marktregelung zu halten. Jetzt müssen wir um- und dazulernen: Der demokratische Staat allein kommt nicht mehr zurecht. Neben die gewählten Regierungen treten neue Akteure: die EU, internationale Organisationen, große Unternehmungen und Nichtregierungsorganisationen. Diese Akteure wollen wir! Brauchen wir! Sie bieten die Chance dafür, dass trotz des Einflussverlusts *nationalstaatlicher* Politik demokratische, am Gemeinwohl orientierte Politik gegenüber dem anonymen Selbstlauf der globalen ökonomischen Wettbewerbsmechanismen wieder möglich wird. Sie bieten die Chance, dass nicht der grenzüberschreitende Privatsektor *seine* innere Logik, die sich am betriebswirtschaftlich (also partikularistisch) ausgerichteten Interesse orientiert, zur allgemeinen Logik der Entscheidung macht – anstelle der prinzipiell am Gemeinwohl zu orientierenden Politik. Allerdings handelt es sich hier um eine sehr viel kompliziertere politische Steuerung, als wir sie gewohnt sind. Die bemerkenswerte Leistung der SPD, die erkennbar über den Pragmatismus der Großen Koalition hinauswiese, könnte darin bestehen, sich solche komplexen, kommunikativ anspruchsvollen Modelle der Aushandlung und Steuerung im Selbstgespräch und in der öffentlichen Diskussion über das neue sozialdemokratische Grundsatzprogramm klarzumachen – und auf diese Weise auch der Gesellschaft. Sowohl ihr traditioneller Internationalismus als auch ihre Erfahrungen mit den unterschiedlichsten Bürgerbewegungen, mit Gewerkschaften und Kirchen könnten der Sozialdemokratie als gute Voraussetzungen für eine solche Politik neuer Allianzen dienen.

Lehrreiche (Selbst-)Gespräche

Ein gutes Beispiel für das, was mir als eine solche Politik neuer Allianzen vorschwebt, findet sich auch auf der nationalstaatlichen Ebene: die von der früheren Bundesfamilienministerin Renate Schmidt (SPD) und ihrer Nachfolgerin Ursula von der Leyen (CDU) in überparteilicher Eintracht erneuerte Familienpolitik. Dabei handelt es sich nämlich um genau die Art von Bündnis- und Allianzstrategie, die Staat, Bürger, Unternehmen und zivilgesellschaftliche Organisationen einbezieht. Traditionell lag in Deutschland die Zuständigkeit für die Kinderbetreuung bei den Familien, und wer Beruf *und* Kinder haben wollte, war weitgehend alleingelassen. Inzwischen ist allen Beteiligten klar geworden, dass dieses Problem viel zu komplex ist, um nur von den Betroffenen gelöst zu werden: jedenfalls, wenn man glückliche Kinder, gute Pädagogik, entspannte Familienzeit, zufriedene Mütter, emanzipierte Väter, beruflichen Erfolg, Zuverlässigkeit für den Arbeitgeber und Zuverlässigkeit des Arbeitgebers anstrebt.

Plötzlich wird deutlich, dass nicht nur staatliche Kinderbetreuung, sondern auch die Abfahrtszeiten der örtlichen Buslinien, die Öffnungszeiten von Arztpraxen und die jeweils im Unternehmen üblichen Formen der Arbeitszeitgestaltung eine entscheidende Rolle bei der Erreichung dieses Ziels spielen. Die „lokalen Bündnisse für Familie" versuchen (mit einigem Erfolg), die unterschiedlichen Akteure über all diese Fragen ins Gespräch zu bringen. Das bedeutet zum einen eine ganz erstaunliche Re-Politisierung bestimmter gesellschaftlicher Bereiche – und zum anderen lassen sich erfreulicherweise alle Beteiligten auf die neuen Ziele ein. Plötzlich legen Kommunen und Unternehmen Eifer an den Tag, wenn es gilt, familienfreundlicher zu werden. Ich bin überzeugt, dass eine solche Herausbildung von neuen, als wünschenswert empfundenen gesellschaftlichen Allianzen nur gelingen kann, wenn ihnen ein Gesprächs- und Verständigungsprozess vorausgeht. Das gilt, wie wir gerade beobachten können, für die Familienpolitik, und das wird, auch wenn es uns heute noch utopisch erscheint, eines Tages für die Einigung über weltweit verpflichtende Sozialstandards gelten.

Als ich vor 35 Jahren in die SPD eintrat, waren derartige Erwägungen allenfalls Schemen am Horizont. In den siebziger Jahren ging es um so grundlegend andere Themen als heute, dass man fast darüber erschrickt, wie unfassbar schnell wir den Systemkonflikt, die Realität des Kalten Krieges, die Bedrohung durch den Kommunismus und die Teilung Deutschlands hinter uns gelassen und beinahe vergessen haben. Damit will ich nicht sagen, dass die Gesundheitsreform und die Gestaltung des demografischen Wandels, dass Arbeitsmarktpolitik oder Krippenplätze unwichtig wären. Aber vielleicht hilft es sogar bei der Lösung sozialstaatlicher Probleme, wenn man sich gelegentlich vor Augen führt, wie viel leichter die Bedingungen geworden sind, unter denen sie erreicht werden können.

Antiamerikanismus, gesamtdeutsch

Wenn ich meine eigenen Artikel etwa aus der Zeit des NATO-Doppelbeschlusses (1979) lese, dann bin ich zum Teil erstaunt, wie kompromisslos ich damals argumentierte – ich, die es sich doch jedenfalls meinem Selbstverständnis nach immer zum Prinzip des Schreibens gemacht hatte, allen Erwägungen der Gegenseite redlich Raum zu gewähren. Aber die Diskussion war aufgeheizt, die SPD in sich zerrissen, die Amerikafeindlichkeit virulent und weite Teile der Linken ignorierten bei ihrem Protest gegen die Stationierung amerikanischer Mittelstreckenraketen in Europa die tatsächliche Vorrüstung der Sowjetunion, die Michail Gorbatschow 1987 beim Gipfeltreffen mit dem amerikanischen Präsidenten Ronald Reagan in Reykjavik dann ja zugegeben hat. Daraufhin rüsteten beide Seiten ihre in Europa stationierten Mittelstreckenraketen vollständig ab. Aus diesem Anlass hörte man allerdings kaum Stimmen, die einräumten, dass Helmut Schmidt vielleicht doch recht, sie selbst unrecht gehabt haben könnten, als es in der Bundesrepublik um *Verteidigung* gegen neue sowjetische SS-20-Raketen und zugleich um ein echtes Angebot zur gleichgewichtigen Abrüstung ging.

Ich glaube, die massive Gegnerschaft gegen Helmut Schmidts NATO-Doppelbeschluss speiste sich gefühlsmäßig vor allem aus einem markanten Antiamerikanismus. Latenter Antiamerikanismus war seit dem 19. Jahrhundert eine Konstante der deutschen, ja der westeuropäischen politischen Kultur und hat mit dem Systemkonflikt keineswegs ein Ende gefunden. Während eines Ferienaufenthaltes in Kärnten im Sommer 1970 hatte ich in dieser Hinsicht ein Schlüsselerlebnis: Ich traf eine eher national-konservativ orientierte, überaus gebildete Studienrätin, die mit ihrem etwas ausgeflippten Sohn, einem Achtundsechziger-Soziologiestudenten, immer wieder in lautstarken Streit geriet. Nur in einem einzigen Punkt waren sie sich einig – in der Ablehnung, ja Verachtung der USA: Die Vereinigten Staaten waren eine unkultivierte, geschichtslose, arrogante und zugleich naiv-optimistische Großmacht, in der nur das Geld zählte, in der alle Unterschiede einer öden Gleichmacherei anheimgefallen waren, in der man ohne wirklichen Rechtsschutz lebte und der Kriminalität hoffnungslos ausgesetzt war, eine Großmacht, die in der ganzen Welt aufgrund ihrer ökonomischen Potenz und ihres technologischen Vorsprungs Unheil anrichtete. Nach 1945 hatte sie sich angemaßt, das gebildete deutsche Bürgertum „umzuerziehen" und ihre Rolle im Vietnamkrieg stand den Nazis kaum nach. – Diese Konvergenz von nationalkonservativer und „linker" Aversion gegen die USA gab mir zu denken, und ich habe sie nicht vergessen.

In den siebziger und achtziger Jahren wurde die Diskussion um den Antiamerikanismus – insbesondere im Zusammenhang mit dem Streit um den NATO-Doppelbeschluss – zu einer Art Leitmotiv auch der innerparteilichen Auseinandersetzung in der SPD. Es gab eine verbreitete Haltung der gleichen Distanz gegenüber den USA und der Sowjetunion – die Vereinigten Staaten galten als imperialistisch und die Sowjetunion hatte zumindest schon einmal den Kapitalismus abgeschafft. Die Partei-Linke pflegte zudem einen „Anti-Antikommunismus", den viele für die Voraussetzung einer wahrhaft demokratischen Bundesrepublik hielten. Sie setzten den Antikommunismus gleich mit dem Antisemitismus. Dabei standen sich Positionen, Angriffe und Verdächtigungen gegenüber, die wir seit dem 11. September 2001 wieder häufiger in der Debatte finden: Wer die aktuelle US-amerikanische Politik kritisiert, wird (oder fühlt sich) des Antiamerikanismus verdächtigt, wer sich mit den USA (gar uneingeschränkt) solidarisiert, scheint sich der Hörigkeit verschrieben oder des eigenen Urteils entledigt zu haben. Der Unterschied zwischen der Ablehnung einer konkreten US-amerikanischen Politik und der Vereinigten Staaten insgesamt geht so verloren. Dass man Feindseligkeit und berechtigte Kritik sehr wohl auseinanderhalten kann, hat der Politikwissenschaftler Richard Löwenthal in den siebziger Jahren gezeigt. Seine Kritik am Vietnamkrieg der Amerikaner war eindeutig und beharrlich, ohne dass er damit je gegen die USA Stimmung gemacht oder sich der antiamerikanischen Einstellung vieler seiner 68-Kontrahenten angeschlossen hätte. Im Gegenteil: Seine Kritik geschah im Namen der westlichen Demokratie, mit der er sich in der Emigration identifiziert hatte und für die nicht nur sein Emigrationsland Großbritannien, sondern eben auch die USA standen.

Das deutsche Bildungsbürgertum hingegen sah sich im Unterschied zur liberalen und technischen Intelligenz bereits nach dem Ersten Weltkrieg durch die USA degradiert. Demütigungs- und Bedrohungsempfindungen sind bis heute eine der tiefsten Wurzeln des Antiamerikanismus. Eindeutig antidemokratisch sind nationalistische und rassistisch-antisemitische Motive in der deutschen Amerika-Verachtung. Der Verdacht, dass die amerikanischen Medien „doch sehr" in jüdischer Hand seien oder dass die jüdischen Banken dort „zu viel" zu sagen hätten, ist eine allzu übliche deutsche Redewendung und wird von vielen bis heute nicht als antisemitisches Vorurteil erkannt.

Ein traditionell antiamerikanisches Motiv rührt auch aus einem – entweder ständestaatlich, nationalistisch oder marxistisch begründeten – Antikapitalismus. Er verbindet sich oft mit scharfer Sozialkritik, und es kann daher nicht verwundern, dass die Ablehnung Amerikas dort am tiefsten verankert ist, wo beide Traditionen sich verbinden: dass etwa in den neuen Bundesländern gegenüber den USA das massivste Misstrauen herrscht.

Nun lag die Motivation für mein politisches Engagement gewiss nicht allein in dem Wunsch, Amerika gegen eine ungerechte deutsche Wahrnehmung zu verteidigen; aber ein harter Kampf um die richtigen (demokratischen) Maßstäbe prägte schon das Klima jener Zeit. Mein erster Mann und ich hatten 1980 das Glück, gemeinsam ein Forschungsfreisemester am Woodrow Wilson International Center for Scholars in Washington zu verbringen. In einer Art Erlebnisbericht für die *Frankfurter Allgemeine Zeitung* haben wir unsere Erfahrungen notiert: „Man ist als Europäer beschämt, wenn man das in den Vereinigten Staaten durchgängig entgegengebrachte wohlwollende Interesse für das eigene Herkunftsland, das oft von tiefem Respekt für die eigene Kultur getragen ist, vergleicht mit der in deutschen Landen wieder um sich greifenden, ressentimentgeladenen, traditionsbelasteten (deshalb ganz und gar nicht progressiven, sondern in Wahrheit reaktionären) Geringschätzung Amerikas. Eine große Verantwortung für dieses Missverhältnis laden jene unserer Intellektuellen und politischen Eliten auf sich, die in letzter Zeit nicht müde werden, die Politik der Vereinigten Staaten und der Sowjetunion in einem Atemzug und unterschiedslos als reine Großmachtbestrebungen zu kritisieren, ja dabei primär die Vereinigten Staaten zu verdächtigen und die gegenwärtige Regierung indirekt oder direkt zum eigentlichen Unruheherd in der Welt zu deklarieren." Kritikwürdig fanden wir darüber hinaus die Identifizierung einer Administration mit der gesamten amerikanischen Gesellschaft. Auch heute kann, ja muss man, meine ich, die amerikanische Irak-Politik mit guten Gründen kritisieren – ohne das ganze Amerika für seine gegenwärtige Regierung in Haft zu nehmen. Die heutige Situation unterscheidet sich von den achtziger Jahren darüber hinaus entscheidend, da die USA nach 1989 als einziger Hegemon übrig geblieben und der Versuchung der Machtarroganz erheblich mehr ausgesetzt sind.

Wie viel Kritik erlaubt die Partei?

Als Mitglied der SPD-Grundwertekommission von 1977 bis 1984 tat ich das, was man nach meinem Verständnis von einer Genossin, die zugleich kritische Politikwissenschaftlerin war, erwarten konnte: Ich diskutierte, ich schrieb Artikel, Aufsätze, Buchbeiträge; ich redete und redete auf Versammlungen und Podien. Nie wäre ich auf die Idee gekommen, dass es für meine Partei besser sein könnte, wenn schwelende Konflikte von grundsätzlicher Bedeutung nicht offen ausgetragen würden. Dieser Meinung waren aber offenbar nicht alle, oder wenigstens endete die Redefreiheit dort, wo manche den Anfang der Majestätsbeleidigung sahen – auf jeden Fall bei Kritik an der Ikone Willy Brandt. Ihn hatte ich in einem Artikel für die sozialdemokratische Theoriezeitschrift *Die Neue Gesellschaft* angegriffen, und zwar nicht wegen seiner ursprünglichen Entspannungspolitik, sondern wegen der schwindenden Distanz zum Kommunismus – besonders Egon Bahr neigte hier zu einer verunklarenden Rhetorik. Und dann wurde – von Willy Brandt – dem alten „Unvereinbarkeitsbeschluss" des SPD-Parteirats von 1971 bei der Neuauflage 1979 etwas hinzugefügt, worüber ich mich bis heute aufregen kann: Es sei gut, hieß es da in seinem neuen Vorwort, dass der ideologische Gegensatz zwischen Ost und West einem „Dornröschenschlaf" anheimgefallen sei. Als ob der harte Gegensatz zwischen Demokratie und Diktatur nur noch blasse Ideologie war! Immerhin saßen meine polnischen Dissidenten-Freunde dafür im Gefängnis!

Ich war dagegen, dass man auf einmal das Wort Freiheit nicht mehr in den Mund nehmen sollte, wenn man von Frieden sprach.

Ich fand es dreist, dass vor allem Egon Bahr damit auch den Oppositionellen in Polen und der Tschechoslowakei Vorwürfe machte – weil sie Opposition gegen diktatorische Regime betrieben. Also, wie er ihnen vorwarf, den Frieden gefährdeten. Die Kritik an diesen Tendenzen in der SPD habe ich in dem genannten Artikel für die *Neue Gesellschaft* formuliert – woraufhin der SPD-Bundesgeschäftsführer Peter Glotz meine Abwahl aus der Grundwertekommission betrieb, nach dem Motto: öffentliche Kritiker des Parteivorsitzenden hätten in hohen Parteigremien nichts verloren. Diese Reaktion hat mich sehr getroffen: persönlich gekränkt, vor allem aber erschüttert, weil sie eine Menge über den Zustand der Argumentationskultur in meiner Partei aussagte. Ich bin weit davon entfernt, meinen Fall allzu wichtig zu nehmen, aber ich glaube schon, dass er ein Beispiel war für einen innerparteilichen Stil, der die Partei in die Zerrissenheit, in die Defensive und letztlich in die Opposition führen musste. Peter Glotz hat, das weiß ich, der Vorgang „Grundwertekommission" später leidgetan. Zwar hat er seine Begründung von damals auch später aufrechterhalten, aber noch in seinem letzten Editorial in der *Neuen Gesellschaft* vor seinem frühen Tod Worte über mich geschrieben, die mich sehr angerührt haben und für die ich ihm dankbar bin. Ich selbst glaube, dass wir auch heute aufpassen müssen, wie wir das offene Gespräch in der SPD hegen und pflegen. Gegenwärtig ist es sicher weniger durch Ideologiediktate gefährdet als durch medienorientierte Parteitagsdrehbücher und koalitionsbedingte *top-down*-Entscheidungen.

Seit 1968 hatte die SPD mit großer, manchmal vielleicht sogar etwas selbstschädigender Offenheit versucht, die verschiedenen Wellen des Studenten- und Jugendprotestes zu integrieren, angefangen von der radikaldemokratisch-antiautoritären APO über die betont diszipliniert agierenden Marxisten-Leninisten, die sich als Stamokap-Jusos wiederfanden, bis zu Teilen der Sponti-Bewegung. So sehr sich diese Gruppen auch voneinander unterschieden, so einig waren sie sich doch in ihrem Misstrauen, ja ihrer Gegnerschaft gegen die bestehende Bundesrepublik und ihre repräsentative Demokratie. Und allen ihren häufig diffusen und abwegigen Auffassungen wurde von der SPD-Spitze der achtziger Jahre mit mehr Großzügigkeit begegnet als einer reflektierten Argumentation für die „Nachrüstung“ oder dem Beharren auf einem Friedensbegriff, der die Freiheit nicht sorglos zur Nebensache abwertete.

Man kann sich die ideologische Verhärtung, die Bitterkeit, das Misstrauen jener Jahre heute kaum noch vorstellen – und ich komme mir ein wenig wie Großmutter vor, die vom Krieg erzählt. Aber die Fragen, um die es ging, waren so existenziell – zumal in West-Berlin, wo man sich auch in den achtziger Jahren nie ganz sicher sein konnte, wie frei die politische Zukunft sein würde. Ich erinnere mich an schreckliche, zermürbende Auseinandersetzungen im Berliner Landesverband der SPD um die Frage, wie die Politik der Sowjetunion zu bewerten und ob Deutschland nicht mit politischer Neutralität besser gedient sei als mit der Nato-Mitgliedschaft. Der faktisch unbestreitbare Machtanspruch der Sowjetunion gegenüber den osteuropäischen Staaten, aber auch der Einmarsch in Afghanistan wurden von einer Mehrheit der Berliner Kreisverbände als „Stabilisierung“ und verständliche „Bestandssicherung“ interpretiert. Das war manchmal auch das Ergebnis einer kommunistischen Unterwanderung. Die Sozialistische Einheitspartei Westberlins (SEW) hatte bei Berliner Wahlen nämlich keine Chance. Sie ging daher zeitweilig dazu über, in verschiedenen Organisationen, die bei der Bevölkerung Kredit genossen – der SPD, der FDP, der Alternativen Liste, den Gewerkschaften, den diversen Friedensgruppen – mit einem Stamm zuverlässiger Kader eine Kommunikationsstruktur aufzubauen, die politische Leitlinien, Losungen und Aktionen koordinierte. Und zwar so, dass die Organisationen zwar nach außen eigenständig wirkten, in Wirklichkeit aber Schritt für Schritt auf eine Abwendung von den USA und eine vertrauensvolle Zuwendung zur Sowjetunion orientiert werden sollten.

All diese Auseinandersetzungen hielten bis in die achtziger Jahre an. Zu einem Zeitpunkt, da die inneren Reform- wie die Zerfallsprozesse der kommunistischen Herrschaft in der Sowjetunion, die das Ende der europäischen Teilung möglich machen sollten, längst in vollem Gange waren. Manche Genossen haben zumindest rhetorisch einem Regime Konzessionen gemacht, das bereits in Auflösung begriffen war. Sie wollten die von innen kommende Instabilität der Sowjetunion um des Friedens willen nicht ansprechen, sondern eher verbal kompensieren. Noch 1986 galten Leute, die um der Freiheit der Ostdeutschen willen ernsthaft an der Wiedervereinigung festhielten, als (vermutlich reaktionäre) Fantasten.

1987 handelte die Grundwertekommission der SPD unter Führung Erhard Epplers das SPD-SED-Papier aus, in dem eine grundsätzliche formale Gleichstellung beider Systeme vollzogen wurde, um das Papier auch in der DDR akzeptabel und zur offiziell erlaubten Diskussionsgrundlage zu machen. Das wäre taktisch noch nachvollziehbar gewesen – und war von einigen auch ausdrücklich so gemeint –, wenn es nicht zugleich Aktionsbündnisse von Kommunisten und Sozialdemokraten in der Bundesrepublik legitimiert hätte, denen gegenüber die Parteiführung immer wieder alle Augen zudrückte. „An die Stelle der vorrangigen Gemeinsamkeit der *Demokraten* in Erhalt und Entwicklung von Frieden und Freiheit ist die *prinzipielle Gemeinsamkeit von Sozialdemokraten und Kommunisten* in der Sicherung des Überlebens getreten", schrieb ich damals unglücklich – denn wenn man nicht wie Erhard Eppler seinerzeit an den unmittelbar bevorstehenden Atomkrieg glaubte (eben *weil* das „Gleichgewicht des Schreckens" funktionierte), dann schien der Verzicht auf die Freiheit bei der Definition des Friedens in einem Grundsatzpapier, und sei es nur aus taktischen Erwägungen, ganz und gar unerträglich. Im Übrigen hatte man hier mit der SED eine Partei zum Papier-Partner, die die Sozialdemokraten wie jede Opposition in ihrem Machtbereich verbot und jede sozialdemokratische Tätigkeit bestrafte.

Kollateralschäden

Persönlich haben mir die Grabenkämpfe der siebziger und achtziger Jahre nicht geschadet – man lernte Leidenschaft und Durchhaltevermögen; man lernte zu erkennen, auf wen man sich verlassen konnte; man lernte, die härtesten Kontroversen ohne Weinerlichkeit durchzustehen und doch nach Möglichkeit die eigene intellektuelle Redlichkeit nicht preiszugeben. Dass ich diese Art Streit persönlich gebraucht hätte, kann ich allerdings nicht sagen, wie mir auch das Kompliment, ich sei „streitbar", gar nicht so sehr behagt. Die Auseinandersetzung in der Sache mag ich wohl, der scharfe persönliche Angriff hingegen ist mir ein Graus. Als persönlichen Diskussionsstil ziehe ich es vor, wenn ich mich in den „Gegner" hineinversetzen und seine Argumente und Perspektiven gleich mit bedenken kann – nur muss natürlich die Kontroverse für einen solchen konstruktiven und auf Verständigung gerichteten Stil geeignet sein. Für den damaligen sehr ideologisierten politischen Streit taugte er nicht, und für die konfrontativen Talk-Shows von heute, in denen alle durcheinanderreden, auch nicht.

Der SPD haben diese Diskussionen bis weit in die achtziger Jahre hinein vermutlich nicht viel genutzt. Zu gründlich hat die Geschichte entschieden, als dass man mit den damaligen Überlegungen heute noch viel anfangen könnte. Möglicherweise hat auch diese Erfahrung ihren Teil dazu beigetragen, dass die SPD und vor allem die intellektuelle Linke bei der plötzlichen Wiedervereinigung in der Öffentlichkeit wenig offensiv auftrat. Wer in seinem Urteil dermaßen daneben gelegen hatte wie Teile der damaligen Linken, wollte mit Politik später nicht mehr viel zu tun haben.

Auf jeden Fall fehlte der SPD auch infolge dieser jahrelangen ideologischen Auseinandersetzungen die Chance oder die Kraft, jene soziale Fantasie zu entwickeln, die man für Politikentwürfe jenseits des Systemkonflikts gebraucht hätte. Allein die Ökologiedebatte der damaligen Jahre ist heute „anschlussfähig", wenn auch mit weniger Betonung auf den kollektiven Untergangsängsten und dem stärkeren Streben nach einem ökologischen Fortschrittsbegriff, der nicht von vornherein technikfeindlich ist. Aber der demografische Wandel? Die neue Selbstverständlichkeit, mit der Frauen ins gesellschaftliche Leben drängen? Die Globalisierung? Der internationale Terrorismus? Die zum Teil fatale neue Macht der Medien? Keine dieser Fragen stand damals programmatisch im Vordergrund. Und weil man den Achtundsechziger-Bogen so überspannt hatte, sind uns einige *gute* Hinterlassenschaften der Achtundsechziger gleich mit abhandengekommen: Natürlich hatte die Gesellschaft irgendwann genug von rebellierenden Studenten und Hochschulen als Horten höchst diffuser Weltverbesserungsvorstellungen. Aber heute *fehlen* uns Hochschulen als Ort, an dem die Studierenden mit weltbürgerlichem Bewusstsein öffentlich kontrovers über politische Fragen diskutieren. An die Stelle der Ideologie-Uni ist inzwischen leider allzu oft die Anstalt der ökonomischen Verwertbarkeit getreten.

Die SPD hat programmatisch also recht unvorbereitet sieben Jahre lang zusammen mit den Grünen in Deutschland regieren müssen – und manche Fehlwahrnehmungen der Schröderschen Juso-Generation erst in dieser Zeit beerdigt. Andere haben sich als belastbar erwiesen: etwa die Vorstellung von einem modernen Staatsbürgerschaftsrecht oder die rechtliche Gleichstellung homosexueller Paare.

Jetzt ringt die SPD in der Großen Koalition – zum ersten Mal in ihrer Geschichte aus der Regierungsverantwortung heraus – um ein politisches Profil, das die Partei als eigenständige Kraft erkennbar lässt, das Interesse weckt und die Menschen zur Mitarbeit ermutigt, die heute unter vollkommen anderen Bedingungen leben als vor dreißig Jahren.

Ressentimentbereite Resignation

Inzwischen gehöre ich, auf Einladung von Wolfgang Thierse, der Grundwertekommission wieder an, und auch in der Programmkommission der Partei habe ich mitgewirkt. Ich finde solche Programmdebatten weder langweilig noch überflüssig. In ihnen verständigen sich Parteien – quasi im öffentlichen Selbstgespräch – über ihre Ziele und Überzeugungen. Das brauchen alle Parteien und auch eine demokratische Öffentlichkeit, die sich für das Gemeinwesen verantwortlich fühlt. Der SPD und ihrem Publikum hat ein solches Gespräch lange gefehlt: Erst befand man sich nach dem überraschenden Ende des Systemkonflikts gewissermaßen im Schock – dem auch die Aufmerksamkeit für das „Berliner Programm" praktisch zum Opfer gefallen ist –, danach drückte die Sachzwanglogik des Regierungsalltags. Vielleicht ist der relative Windschatten einer funktionierenden Großen Koalition eine ganz gute Situation für eine Selbstvergewisserung.

Nötig ist sie, denn in der Gesellschaft herrscht eine deutliche, zuweilen ressentimentbereite Resignation, auch wenn die Wirtschaftsdaten gegenwärtig besser aussehen als in den vergangenen Jahren. Wir alle wissen ja, wie schnell sich das immer wieder ändern kann. Viele Menschen in unserem Land schwanken zwischen Protest und Mutlosigkeit – und nicht nur bei uns, das zeigen brennende Autos und Barrikaden von Paris bis Kopenhagen. Alle europäischen Gesellschaften sind tief verunsichert durch die Herausforderungen der globalisierten Wirtschaft, die mit einer Vertrauenskrise gegenüber den jeweiligen Eliten und insbesondere gegenüber den politischen Führungen einhergeht und in der zum Beispiel die Lohnquote überall zurückgegangen ist. Viele Menschen sind enttäuscht, weil sie keinen langfristigen Ausweg aus der Krise erkennen können und die Ohnmacht der Politik gegenüber den ökonomischen Prozessen spüren.

Die Sozialdemokratie hat im Laufe der Geschichte Erfahrungen mit vielen Krisen gemacht: Die rasante Entwicklung der kapitalistischen Wirtschaft hatte immer enorme soziale Verwerfungen zur Folge, zum Beispiel die große Depression der 1870er Jahre. Arbeiter und Handwerker reagierten darauf damals mit einer konstruktiv gemeinten Gegenbewegung. In der Folge gab es innerhalb der jungen Sozialdemokratie jahrzehntelang Streit darüber, wie man eine reformistische Politik der kleinen Schritte mit der grundsätzlichen Kritik am Kapitalismus vereinbaren könne. Ein erheblicher Teil der Sozialdemokratie, auch außerhalb Deutschlands, glaubte nicht an die Möglichkeit, unter dem Dach des demokratischen Staates eine soziale Demokratie herstellen zu können, die die scharfen sozialen Gegensätze einer ungeregelten kapitalistischen Wirtschaft zugunsten von Ausgleich und demokratischer Teilhabe aller Bürger überwinden könnte. Dass dies in der Tat bis zur Mitte des 20. Jahrhunderts nicht gelungen ist, hat Deutschland, Europa und die Welt in Kriege und totalitäre Experimente mit zig Millionen von Toten gestürzt.

Nach dem Zweiten Weltkrieg hat die Welt daraus Lehren gezogen. Eine der wichtigsten ist der Zusammenschluss der europäischen Staaten. Eine weitere von etwas geringerer Reichweite war das 1959 verabschiedete „Godesberger Programm“ der SPD, das zum ersten Mal in der Geschichte der Partei eindeutig auf die Fähigkeit des demokratischen Staates setzte, die wirtschaftliche Dynamik des Kapitalismus zu nutzen und die sozialen Schäden in seinem Gefolge durch den Sozialstaat in einer „sozialen Marktwirtschaft“ auszugleichen. Diese Politik hat eine hohe Zustimmung gefunden und die unteren Schichten der Gesellschaft über Arbeits-

und Mitbestimmungsgesetze zu gleichberechtigten Bürgern des demokratischen Staates gewandelt. Damit wuchs auf der Grundlage zunehmenden Wohlstands ein Grundkonsens heran, der in Begriffen wie „Sozialpartnerschaft" oder „antagonistische Kooperation" seinen Ausdruck fand. Der systematische Rahmen dieser Politik war der Nationalstaat, in Deutschland die westdeutsche Bundesrepublik.

Der Globalisierungsschub nach 1989 hat dieses komplizierte und erfolgreiche Politikmodell nach und nach aus den Angeln gehoben. Nach dem Ende der Systemkonkurrenz und infolge der gleichzeitigen technologischen Globalisierung verlor die nationalstaatliche Demokratie in ihrer Funktion als gemeinsamer normativer Bezugspunkt und legitimer Handlungsrahmen an Kraft. Das Ende der Sowjetunion machte auch dem Appell an die gemeinsame politisch und sozial stabilisierte Freiheit in der Demokratie ein Ende. Stattdessen wurden die politische Freiheit und ihre Verankerung in der Würde aller Menschen mehr und mehr auf die wirtschaftliche Handlungsfreiheit, insbesondere der Kapitaleigentümer reduziert. Auch das Ziel „soziale Marktwirtschaft" trat in den Hintergrund.

Das Modell der sozialen Marktwirtschaft, das den Wettbewerb durch politische Regeln sichern, Konjunkturkrisen einebnen und unsoziale Auswüchse des Marktes ausgleichen soll, verlor aber auch deshalb an Boden, weil es nationalstaatlich orientiert ist und gegenüber der globalen Marktwirtschaft nicht mehr ohne Weiteres „greift". An seine Stelle ist zunehmend ein Denken getreten, das den ungeregelten, den „entfesselten" Markt als Modell für eine gelingende Wirtschaft propagiert und staatliche Regulierung grundsätzlich als Störfaktor betrachtet.

Die historisch angelegte Grundfrage der Sozialdemokratie war: Wie können die sozialen Gegensätze und Ungerechtigkeiten der sich entwickelnden kapitalistischen Industriegesellschaft so überwunden werden, dass alle Menschen ein freies, sinnvolles Leben führen können?

Diese Frage hat die Sozialdemokratie im Lauf der Zeit immer wieder neu und anders beantwortet. An der Grundfrage allerdings hat sich nicht viel geändert. Wir sind mit dem Widerspruch konfrontiert, dass die Wirtschaft aus ihrer Logik heraus den Menschen nur als Produktionsfaktor und als Konsument, als Mittel zum Zweck begreift, während die Politik den Menschen als Selbstzweck begreifen und um seiner selbst willen für ihn Verbesserungen erzielen muss. Wenn dieses Spannungsverhältnis, wie im Moment bei vielen Neoliberalen, zugunsten einer reinen Instrumentalisierung der Menschen aufgelöst werden soll (mit dem Scheinargument, das sei wegen irgendwelcher Sachzwänge nötig, damit die Wirtschaft floriere), dann wissen Sozialdemokraten, dass es dieses Spannungsverhältnis immer geben wird. Und ich jedenfalls lasse mich nicht darauf ein, den einen Pol einfach wegzudiskutieren und dem anderen Pol die Herrschaft zu überlassen. Wenn wir das klar aussprechen, haben wir eine breite Mehrheit der Gesellschaft hinter uns. Denn niemand will im Ernst einer Ökonomie mit verabsolutierter Gewinnrationalität wirklich die alleinige Gestaltungsmacht überlassen.

Inklusion heißt: Niemanden abseits stehen lassen

Sozialdemokraten, wie ich sie mir wünsche, kommt es auf jede einzelne Person an, nicht nur auf soziale Gruppen, nicht auf besondere Schichten, sondern auf jeden einzelnen Menschen, und zwar so, wie er im lokalen, regionalen, nationalen, europäischen und globalen Zusammenhang steht und lebt. Natürlich können wir nicht für jeden Menschen in Afrika sorgen, aber dass das einzelne Individuum, dass sein Schicksal für uns wichtig ist und uns bewegt, ist trotzdem gültig; in dieser Hinsicht werde ich das Vorbild meiner Mutter nie vergessen.

In einer immer unübersichtlicheren Welt müssen die Menschen sich so weit wie möglich instand setzen können, ihr Leben eigenständig und zusammen mit ihren Mitbürgern in die Hand zu nehmen. Allerdings suggeriert das sozialdemokratische Festhalten am Begriff des „Sozialstaates", auch des „vorsorgenden" oder „aktivierenden", dass Aktivierung und Sicherung der Menschen weiterhin allein vom Nationalstaat ausgehen können. Das ist wegen der globalisierten ökonomischen Rahmenbedingungen aber nur noch begrenzt der Fall. Und weil dies so ist, glaube ich, dass die große Chance meiner Partei darin liegt, in Zukunft neben den – weiterhin unverzichtbaren – traditionell legitimierten politischen Akteuren den unternehmerischen Privatsektor und die organisierte Zivilgesellschaft als Mitgestalter einzubeziehen. Das gilt von der globalen bis zur kommunalen Ebene: Wenn Umweltstandards in der Wirtschaft ausgehandelt und dann auch kontrolliert werden sollen, brauchen wir die Kompetenz, die Verantwortungsbereitschaft und die Fantasie von Gewerkschaften, Umweltverbänden, privaten Unternehmen und Parteien, um zu einem nachhaltigen Ergebnis zu kommen. Die Unternehmen müssen angesichts ihrer oft weltweiten Macht über ihre legitime betriebswirtschaftliche Sicht hinaus unbeirrt auf ihre „Bürgerverantwortung" hin angesprochen und in die Pflicht genommen werden, was die Weitsichtigen unter ihnen als ihr wohlverstandenes langfristiges Interesse begriffen haben. Und die zivilgesellschaftlichen Zusammenschlüsse sollten von der SPD nicht nur als ehrenamtliche Helfer, die Gutes tun, in den Blick genommen werden, sondern auch als organisierte Partner, deren Sachverstand und manchmal provozierendes Gegenhalten notwendig sind, um die politische Willensbildung voranzubringen.

Dabei kann es zu Konflikten kommen, und dafür muss sich auch die organisierte Zivilgesellschaft noch weiter qualifizieren, zum Beispiel durch Transparenz ihrer Ziele und Finanzierungen und durch den Abgleich ihrer Vorhaben mit anderen gesellschaftlichen Interessen. Deshalb müssen auch die letzten Debatten und Entscheidungen im Parlament bleiben. Aber: Die SPD sollte mutig zukünftige sozialdemokratische Politik als „good governance", in neuen Allianzen, genauer entwerfen und praktizieren. Sie wäre dann auf der Höhe der diesbezüglichen wissenschaftlichen Diskussion und hätte die Chance, Zugang zu einem riesigen Potenzial politisch engagierter Menschen weltweit zu finden, deren intelligenter Teil längst eingesehen hat, dass es umgekehrt ohne Parteien und legitime Parlamente und Regierungen nicht geht. Das verlangt von vielen in der SPD und in den Gewerkschaften einen neuen – offenen und zugleich kritischen – Blick auf ihre Konkurrenten von gestern, entspräche aber dem politischen Ziel der „Inklusion", das sich ja längst nicht mehr allein auf die Integration von Migranten bezieht.

Alle politischen „Hebel" helfen freilich nichts, wenn die entsprechende Haltung der Menschen, ihre Initiativbereitschaft, Zuversicht, Vertrauensfähigkeit, kurz: ihre politische Kultur dazu fehlt. Das Bildungswesen in Finnland ist vielleicht erfolgreicher als unseres, weil die Menschen dort grundsätzlich freundlich zueinander sind, weil seine Repräsentanten, also: Erzieherinnen und Lehrer, von einem fundamentalen Gefühl der Gleichheit (als gleicher Würde und als Gleichberechtigung) ausgehen, weil sie ermutigen und stärken, anstatt zu demütigen, weil sie neugierig und offen sind, weil sie „inklusiv" handeln und fühlen. An dieser Offenheit mangelt es in Deutschland. Hier liegt auch eine Verantwortung unserer sogenannten Eliten, die oft noch – vor allem wo sie Macht haben – sehr autoritär eingestellt sind und ihre Vorurteile pflegen. Andererseits können wir jeden Tag erkennen, dass wir in Deutschland auch starke aufgeschlossene und zukunftsgerichtete Potenziale haben. Eine Partei kann für sich allein keine politische Kultur produzieren, aber sie kann das Bewusstsein dafür (auch in den eigenen Reihen) unterstützen und sie gerade auch durch eine gelungene Praxis von „good governance", die Zivilgesellschaft und Privatsektor einbezieht, stärken.

Ich finde, ein Ergebnis des Gesprächs der SPD mit sich selbst und mit der Gesellschaft müsste ein Motto, eine Vision nach dem großen Vorbild von Martin Luther Kings *I have a dream* sein, ein starkes und ansprechendes Bild vom guten, gelungenen und sinnvollen Leben. Es gibt natürlich kein Paradies auf Erden. Die Politik kann auch nicht persönliches Leid aufheben. Aber der Traum von einer Gesellschaft, in der wir die Haustür offen lassen können, in der wir von anderen freundliche Antworten bekommen und ihnen auch freundlich begegnen, in der wir uns umeinander kümmern, in der wir uns anstrengen und wohlfühlen, gebraucht werden und anerkannt sind – das ist ein sehr attraktiver Traum. Allein ist nicht genug, hat Peter Rühmkorf einmal geschrieben. Das stimmt.

II. Unser Zustand

Fragmentierung

Allein ist nicht genug? Eine Gesellschaft des gegenseitigen Vertrauens, der Wertschätzung, der kulturellen Selbstverwirklichung und des demokratischen Engagements? Wo lebt diese Professorin denn, werden manche fragen, kennt sie überhaupt die Realität in unserem Land? Nun ja. Ich fahre S-Bahn, ich kaufe im Supermarkt ein, ich habe Augen im Kopf, ich rede berufsbedingt mit sehr vielen Menschen – so viel weniger von der Wirklichkeit als andere weiß ich vermutlich nicht. Dennoch stimmen zwei Aspekte. Natürlich betrachte ich die Welt aus einer sehr glücklichen Lage: Ich habe Arbeit, sehr interessante Arbeit, einen wunderbaren Mann, zwei erwachsene Kinder und ein entzückendes Enkelkind, ein schönes Haus. Ich bin mir der Gefahr bewusst, die Bedrängnisse anderer Menschen vor lauter persönlicher Zufriedenheit zu übersehen oder zu bagatellisieren. Aber gerade weil ich in meinem Leben auch ganz andere Zeiten gekannt habe, bilde ich mir ein – hoffe ich – dass ich die Fähigkeit besitze, mich einigermaßen redlich an die Stelle anderer zu versetzen: auch an die Stelle des ALG II-Empfängers; des Studenten, der nach seinem Abschluss auf einem verwilderten Arbeitsmarkt herumirrt; des alten Mannes, der seine Ehefrau pflegt; der jungen Mutter, die wegen ihrer Überlastung kurz vor dem Zusammenbruch steht; des Kindes, das sie dabei mit verwunderten Augen betrachtet. Und ich halte die Fähigkeit, die Perspektive des anderen einzunehmen – sie einnehmen zu *wollen* – für eine elementare Voraussetzung demokratischen Zusammenlebens.

Das gilt in alle Richtungen: Auch der Politik können Bürger nicht immer nur mit Misstrauen und Vorurteil begegnen – sondern wir müssen uns immer wieder in ihre Zwänge und Schwierigkeiten hineinversetzen, damit wir das Gemeinsame auch im scheinbar hoffnungslosen Streit finden und stärken. Ich beobachte allerdings mit Sorge einen gegenläufigen Trend: Es gibt eine Tendenz des Auseinanderdriftens, der Fragmentierung in unserer Gesellschaft. Sphären existieren nebeneinander, ohne dass ihre Bewohner miteinander in Kontakt kommen; viele Journalisten, Wissenschaftler, Unternehmer und Politiker leben in angenehmen Verhältnissen, ohne sich mit den Bedingungen in manchen quasiaufgegebenen Stadtvierteln oder Dörfern auf dem Lande beschäftigen zu müssen. Die einen dämmern unter der Plastikkultur des Fernsehens dahin, die anderen bringen ihren Kindern mit drei Jahren Französisch bei. Das kann zum Problem werden, und deshalb ist mir eine Kultur der Einfühlung, der Empathie, ein so großes Anliegen.

Ein zweiter Aspekt, der mich daran hindern könnte, die Situation im Lande hinreichend düster wahrzunehmen, ist mein allerdings ziemlich unbezähmbarer Optimismus. Ich kann nur schwer in Ängstlichkeit und voller Misstrauen von meinem Mitmenschen auf Anhieb das Schlechteste denken – fast automatisch sehe ich zuerst das Gute, das aufrichtige Bemühen, die Sorgen, die viele Menschen sich um ihre Nachbarn und Freunde machen; ich sehe das massenhafte ehrenamtliche Engagement in Deutschland und auch die Bereitwilligkeit nicht weniger Arbeitgeber, sich auf die Bedürfnisse ihrer Beschäftigten einzulassen. Voraussetzung für diese allgemeine Zuversicht ist ganz sicher mein Glaube, das tiefe Gefühl, dass die Schöpfung nicht sinnlos und zufällig ist – und ich *möchte* diesen Sinn, ich muss, ich will so leben, dass er sich erfüllt.

Zu einer Bestandsaufnahme, die die Gefährdungen und Probleme unserer Gesellschaft in den Mittelpunkt stellt, muss ich mich also vom Naturell her ein wenig zwingen. Aber alles andere wäre blauäugig – dann würde ich wirklich der Gefahr erliegen, in unserem schönen Universitätsgebäude in Frankfurt, in der Großen Scharrnstraße ganz nah an der Oder, sanft vor mich hinzuträumen. Ich weiß, dass man die Probleme, von denen zu reden sein wird, schon hier in Frankfurt besichtigen kann. An der Viadrina setzen sich deshalb viele leidenschaftlich für interkulturelle Zusammenarbeit ein – und zwar nicht aus ökonomischen Nutzenerwägungen, sondern um einander zu verstehen. Deutsche und polnische Studierende arbeiten zusammen und engagieren sich in einer Vielzahl von Initiativen und Gruppen, ich glaube, bei der letzten Zählung waren es 39. Das ist durchaus ein Modell, ein lebendiges, liebenswertes Modell dafür, wie ich mir unsere Gesellschaft, wie ich mir vor allem Europa wünsche: Es geht um die Erfahrung kulturellen Reichtums, um die mitunter anstrengende Auseinandersetzung mit dem Andersartigen, Fremden – und um den freudigen Schreck, den wir empfinden, wenn wir Gemeinsamkeiten erkennen.

Und gleichzeitig hat es in dieser Stadt, in der man erfolgreiche deutsch-polnische Zusammenarbeit, erfreuliches *Zusammenleben* mehr und mehr auch außerhalb der Viadrina geradezu mit Händen greifen kann, einen Bürgerentscheid gegen die EU-geförderte Verlängerung der Straßenbahnlinie in den polnischen Teil der Stadt, nach Slubice, gegeben. Gleichzeitig empören sich Bürger gegen Überlegungen der Stadtverwaltung, im Westteil der Stadt massenhaft leer stehende Wohnungen zu günstigeren Preisen an Polen zu vermieten. Häufig liegen dem Protest ganz berechtigte oder zumindest nachvollziehbare Argumente zugrunde und vor allem das Gefühl, in den Jahren nach 1989 zu kurz gekommen zu sein. Der Konflikt zeigt einfach, welche erheblichen Anforderungen an Verständigung und Verständnis viele politischen Entscheidungen stellen; und dass sehr darauf geachtet werden muss, dass alle Menschen in das ernsthafte Gespräch darüber einbezogen werden. Wir haben damit in Frankfurt übrigens inzwischen gute Erfahrungen gemacht, denn die Zahl der engagierten Personen hat sich seit 1989 deutlich gesteigert. Bürgerinitiativen engagieren sich erfolgreich für ein „freundliches Frankfurt" (mit „FF" beginnt das Frankfurter Autokennzeichen), für ein solidarisches „Zusammenleben"; manche unreflektierten Ressentiments, die es auch gibt, halten einer solchen Verständigung nicht Stand. Das ist ein angenehmer Nebeneffekt. Und das nimmt zu.

Und um noch bei Frankfurt (Oder) als Beispiel für bestimmte Herausforderungen zu bleiben, auf die wir – als Staatsbürger, als Mitmenschen – dringend eine Antwort finden müssen: Wenige Straßenbahnminuten vom immer lebendiger werdenden Zentrum und von der Universität mit all ihren Versprechen, all ihren Hoffnungen, gibt es auf einem Berg über der Stadt ein Viertel, welches seine Bewohner durchaus schätzen, in dem sich aber zugleich alle Probleme ballen, die der neue Kapitalismus in den Zeiten der Globalisierung erst schafft und dann am Wegrand liegen lässt – zur Beseitigung durch den Sozialstaat, falls der noch die Kraft aufbringt. Hier leben viele, die ohne staatliche Angebote nie wieder eine Arbeit finden werden, weil für die Fähigkeiten, die sie zu Markte tragen können, in Deutschland kein Unternehmer mehr bezahlen will; zu viele mit rechtsextremen politischen Einstellungen oder Sympathien; zu viele, die sich zu oft sinnlos betrinken; zu viele, die Demokratie inzwischen nicht mehr unbedingt für die beste Staatsform halten. Ob ein Kind – bei annähernd gleicher Einkommenssituation – mit studentischen Eltern unten in der Stadt aufwächst, oder mit hoffnungslosen Eltern hier oben auf dem Berg, wird – nicht wegen Frankfurt (Oder), sondern ganz allgemein in Deutschland – mit einer so großen Wahrscheinlichkeit über seine Zukunft entscheiden, als lebten wir noch im 19. Jahrhundert. Das darf nicht sein. Das sehe im Übrigen nicht nur ich so. Seit Jahren mache ich in dieser Stadt die ermutigende Erfahrung von Menschen, von Lehrerinnen und Schulleitern, auch von der Stadtverwaltung und von Vereinen, die hier immer erneut über alle Enttäuschungen hinweg anpacken und das Klima, verglichen mit der Zeit, als ich 1999 dort anfing zu arbeiten, sehr verändert haben. Es kann also gehen.

Angst

Unser Land ist nicht arm, es ist vielmehr die drittgrößte Volkswirtschaft der Welt, die größte in Europa. Die Deutschen sind, worauf sie sich einiges zugutehalten und auch halten können, „Exportweltmeister"; und wir haben, trotz aller berechtigten Kritik im Einzelnen, Sozialleistungen und Arbeitnehmerrechte, um die uns sehr viele Menschen auf der Welt beneiden. Und trotz all dieser günstigen Bedingungen lebt das Land seit Jahren in einer Depression, die weit über den Kern der tatsächlich von Krankheit und Arbeitslosigkeit Betroffenen hinausgeht. Das hat mit Angst zu tun. Nun sind die Deutschen aus soliden historischen Gründen nicht nur Exportweltmeister, sondern auch Weltmeister im Angsthaben. Auch eine gewisse Weinerlichkeit kann man uns mitunter – vergleicht man uns etwa mit den Angelsachsen – nicht absprechen. Spitzenleistungen des deutschen Angsthabens konnte man in den achtziger Jahren beobachten, als sich viele Leute permanent von Vernichtung bedroht sahen – durch den Atomkrieg, durch die Ökokatastrophe.

Seit Platon und Aristoteles gibt es eine Tradition des Nachdenkens darüber, was politische Gemeinwesen zusammenhält und was sie zerstört. Danach bleiben politische Systeme dann stabil, wenn die objektiven politischen Institutionen den subjektiven

Einstellungen der Bürger entsprechen. Eine Diktatur zum Beispiel hält sich nach Montesquieu dann und nur dann, wenn Furcht die Unterworfenen bestimmt; eine Monarchie dann, wenn sich ihre Untertanen vom Motiv der Ehre leiten lassen und sich vor ihrem König hervortun wollen; eine Demokratie dann, wenn die Bürger die Gleichheit des Rechts, man könnte auch sagen: die gleiche Würde aller *lieben* (nicht nur über sich ergehen lassen!).

Fehlen die entsprechenden Einstellungen, dann verlieren die jeweiligen politischen Regime ihre subjektive Grundlage: Die Diktatur bricht ohne die Furcht der Menschen (glücklicherweise) zusammen; am Ende der Monarchie wird es den Bürgern egal, ob der König von ihnen beeindruckt ist; die Demokratie geht im Zweifelsfall an mangelndem Gemeinsinn und an Verantwortungslosigkeit zugrunde.

Oder an Angst. Und zwar nicht der etwas vordergründigen, wehleidigen alten deutschen Untergangsangst, die jederzeit schnell mobilisierbar ist und eigentlich schon einsetzt, wenn man irgendwo Zweiter und nicht Erster zu werden droht. Nein, ich meine eine eher materielle Angst, die ich in Deutschland erst seit zehn, fünfzehn Jahren beobachte und die nicht auf irgendwelchen Hirngespinsten oder Komplexen beruht – Angst, die den Menschen systematisch und vor allem mit einer bestimmten Absicht eingeflößt worden ist. Angst erzeugt Untertanen, keine Bürger; unter der Herrschaft der Angst wird die Liebe zur Gleichheit neidisch und sauer, die Liebe zur Freiheit mit ihren Unsicherheiten gelingt immer schwerer. Angst ist für die Demokratie mindestens so gefährlich wie Eigensucht oder Korruptionsbereitschaft. Und mit ihnen natürlich eng verbunden.

Wer hat den Menschen bei uns Angst gemacht, wie und warum? Meine Antwort lautet zunächst allgemein: jene Marktradikalen, die die objektiven Veränderungen des Lebens – weltweite Datennetze, weltweite Lohnkonkurrenz, internationale Beweglichkeit des Kapitals, Migrationsdruck – nicht einfach konstatiert, erklärt, beschrieben und von mir aus interpretiert, sondern sie als Drohkulisse aufgebaut haben. Zu dieser Gruppe gehören Wirtschaftswissenschaftler, Journalisten, Unternehmer, Wirtschaftsfunktionäre und selbstverständlich Politiker mit bestimmten Hintergründen und Überzeugungen (die „bürgerlich" zu nennen aus vielerlei Gründen so ungerecht wie unpräzise wäre). Die Konkurrenz des Weltmarktes wurde diesen Meinungsführern zum Totschlagargument; und die Verabsolutierung des Wettbewerbsgedankens begann, alle gesellschaftlichen Bereiche zu durchdringen: zur tiefen Verunsicherung der Menschen, die doch spürten, dass das Leben, dass sie selbst einen Wert haben konnten, *sollten*, auch wenn sie nicht besser, schneller, erfolgreicher oder rücksichtsloser waren als andere. Solche Verunsicherung zerstört das Selbstvertrauen und macht Angst. Sie unterminiert das Vertrauen gegenüber sich selbst wie gegenüber den anderen. Doch die Marktradikalen beten den Konkurrenzgedanken an – in Vorlesungen und Leitartikeln, Talkshows (in manchen mehr als in anderen) und Parlamentsreden.

In einer Welt, die nur von Markt, Wettbewerb und Konkurrenz bestimmt wird, geht das Vertrauen zwischen den Menschen zugrunde, weil jeder dem anderen prinzipiell als Gegner begegnet, hinter dem er zurückbleiben könnte, von dem er abgehängt werden soll, und nicht als möglichem Freund, mit dem er zusammenarbeiten möchte. Ich plädiere nicht dafür, die Augen vor den Realitäten, etwa vor der Globalisierung und dem globalen Wettbewerb zu verschließen. Aber der in den letzten Jahren gesteigerte Vertrauensverlust in Deutschland hatte damit zu tun, dass die Marktradikalen erstens die Verhältnisse in leicht durchschaubarer Absicht viel schlechter redeten, als sie tatsächlich waren, und dass sie zweitens mit Häme und Überlegenheitsgesten auftraten: So als könne man den unverschämten und faulen deutschen Arbeitnehmern nun endlich zeigen, was eine Harke sei. Und als müssten die Betroffenen die neuen „Härten" und „Zumutungen" (und was der starken Vokabeln in diesen Jahren mehr waren) auch noch bejubeln.

Es mag sein, dass so manche deutschen Arbeitnehmer, Rentner, ja sogar Sozialhilfeempfänger die Qualität der sozialen Leistungen und ihre selbstverständlichen Ansprüche über lange Jahre nicht genug gewürdigt haben: ihren Urlaub, ihre Krankenversorgung, ihre Kur, die Mitbestimmung, das Arbeitslosengeld. Einige hatten es sich auch zur Devise gemacht, die sozialen Sicherungen strategisch für sich zu nutzen. Aber jetzt wurde allen sozusagen hinterrücks der Sozialvertrag gekündigt, oder wenigstens mit Kündigung gedroht. Einst hatte gegolten, dass man für das Sozialsystem nicht dankbar zu sein brauchte, wenn man hart und gut arbeitete; jetzt sollte die Qualität und Zuverlässigkeit der Arbeit auf einmal weniger wert sein als Renditeerwartungen? Auf einmal klang es, als hätten sich deutsche Arbeitnehmer, vertreten durch skrupellose Gewerkschaften, jahrzehntelang irgendwie unrechtmäßig auf Kosten der Arbeitgeber bereichert. Dass diese Uminterpretation einer bisher stabil scheinenden Wirklichkeit die Menschen verunsichern und dann ängstigen musste, liegt auf der Hand.

Es mag sein, dass auf der Arbeitgeberseite viele hofften, auf diese Weise in einem derart veränderten Klima Löhne drücken und lästige Entwicklungen wie die Aufwertung der Betriebsräte im rotgrünen Betriebsverfassungsgesetz zurückdrehen zu können. Und es kann ja auch wirklich sein, dass manche von ihnen das nicht mit Schadenfreude taten, sondern voller Mitgefühl, selbst ächzend unter dem ungeheuren Druck, gute Quartalszahlen zu produzieren, ewig fordernde Aufsichtsräte zu befriedigen, nicht von der Konkurrenz geschluckt zu werden. Aber die Atmosphäre der Furcht, die sie erzeugten, schadet ihnen selbst: Sie tötet ziemlich sicher die Kreativität, die viele Unternehmungen in der Dienstleistungsbranche, in Wissenschaft, Forschung, Entwicklung und Medien nötig hätten; sie tötete definitiv über mehrere Jahre die Binnennachfrage in Deutschland, weil die Leute, vernünftigerweise, ihr

Geld in Zeiten so großer Unsicherheit lieber zusammenhielten. Möglicherweise gefährdete die Angst sogar noch eine existenziellere Sache als die Binnennachfrage: Wer sich fürchtet, engagiert sich nicht nur nicht politisch – sondern setzt auch keine Kinder in die Welt.

Kommunikationsprobleme

Bis zur Zeiten-Wende 1989 hatten die gleichen Kreise, die plötzlich dem uneingeschränkten Wettbewerb und dem rein ökonomischen Leistungsprinzip das Wort redeten, die freiheitliche Demokratie und – jawohl – den bundesrepublikanischen Sozialstaat gegen die Systemalternative im Osten hochgehalten. Aber nach dem Zusammenbruch des Kommunismus sollte der Sozialstaat plötzlich nur noch eine Last sein, ein Standortnachteil? Und die negativen Auswirkungen der deregulierten Wirtschaft auf die Demokratie nur eine unbeachtliche Nebenwirkung? Wenn man unfreundlich wäre, würde man vermuten, dass ihnen Demokratie und Sozialstaat nur etwas wert waren, solange den Vertretern des Kapitals von anderer Seite noch unerfreulichere Dinge drohten als Steuern oder der staatliche Zwang zur Einhaltung der Kündigungsschutz-Bestimmungen.

Aber Polemik oder Sarkasmus führen natürlich nicht weiter. Zum einen muss man sich fragen, ob nicht auch die Sozialdemokraten in ihrer gemeinsamen Regierungszeit mit den Grünen von 1998 bis 2005 rhetorisch manchmal etwas zu nah bei den eloquenten Vertretern der neuen Härten waren. Inhaltlich glaube ich das auf keinen Fall, dazu ist die SPD mit dem Sozialstaatsgedanken viel zu innig und aufrichtig verbunden, trotz aller zeitweiligen Bemühungen um die dynamische „Neue Mitte". Nein, ich bin sicher, dass beispielsweise Gerhard Schröder sich von der echten, existenziellen Notwendigkeit getrieben sah, die Lohnnebenkosten zu senken, den Arbeitsmarkt zu reformieren – *nicht* um die Leute zu quälen, sondern um im Weltmarkt konkurrenzfähig zu bleiben und Arbeitsplätze zu erhalten. Nur hätte man das genau so kommunizieren müssen. Schröder hätte den Menschen den Zusammenhang klarmachen müssen, in dem seine politische Agenda stand, und ihnen sagen sollen: Es geht um den Erhalt beispielloser sozialer Leistungen, es geht um den Erhalt eines *in Deutschland* auskömmlichen Lohnniveaus, und für diese guten, erstrebenswerten Dinge kann es nötig sein – und sich lohnen! – unter veränderten Bedingungen vorübergehend besondere Anstrengungen zu unternehmen, solidarisch zusammenzurücken und manche Dinge neu zu organisieren.

Doch im Umfeld der Agenda-2010- und Hartz-IV-Debatte – allein die Namen! – war wenig von Solidarität die Rede, von gemeinsamem Handeln für ein gemeinsames, erstrebenswertes Ziel. Allzu viel tauchte hingegen auf von der *Ihr-habt-über-eure-Verhältnisse-gelebt*-Rhetorik der Wirtschaftsverbände. Dieser Trend hat vielen in der SPD, überhaupt auf der Linken, bei den Grünen und auch in Teilen der Union Sorgen gemacht. Aber sie fanden keine Sprache, welche die Veränderungen – Reformen mag man gegenwärtig kaum noch sagen, so beschädigt ist das Wort – als etwas Sinnvolles, vielleicht Erstrebenswertes, auf jeden Fall gemeinsam zu Bewältigendes darstellen konnte. Und die CDU entschied sich ja sogar 2005 für einen Wahlkampf der Schwarzseherei, der Angstmache und der Untergangsszenarien – was ihr eines der schlechtesten Wahlergebnisse der Nachkriegsgeschichte bescherte. Auch Unionswähler wollen nicht gern erst erschreckt und dann mit ihrer Angst alleingelassen werden.

In der letzten Zeit hat sich das Interesse von Sozialforschern und Publizisten besonders den verstörten Mittelschichten und ihren Abstiegsängsten zugewandt. Man könnte deren Sorgen für Luxusprobleme halten, denn de facto haben zumindest Akademiker bei allen Befürchtungen, die sie hegen mögen, auf dem Arbeitsmarkt weit bessere Chancen als Menschen mit einfacher (oder gar keiner abgeschlossenen) Berufsausbildung. Aber Ängste und Befürchtungen sind eben nicht irrelevant, sondern prägen in starkem Maße das politische Klima – wenn also die staatstragende, die engagierte und ressourcenreiche Mittelschicht erstarrt oder sich abwendet, ist das für ein Gemeinwesen bedrohlich.

Der Kapitalismus bezieht seine Dynamik daraus, dass er an die Partikularinteressen der Menschen appelliert. Ihn zu „zivilisieren", wie die frühere Herausgeberin der *ZEIT*, Marion Gräfin Dönhoff, es gefordert hatte, also die Einzelnen dazu zu bewegen, nicht nur für den eigenen Nutzen, sondern auch für das Gemeinwohl zu kämpfen, erfordert Energien, Überzeugungen, ja *Glauben*, die sich aus anderen Quellen speisen müssen als dem Wettbewerbsdenken. Der ökonomische Liberalismus steht in notwendiger Ergänzung, aber auch in einem Widerspruch zum politischen Liberalismus: Während Ersterer den Menschen wirtschaftlichen Zwecken unterwirft, verbietet Letzterer es gerade, in Menschen nur Mittel zu sehen. Die Logik des Kapitalismus ist gegen die Logik der Person gerichtet – allein die heute übliche Mobilitätsforderung an Mitarbeiter unterminiert familiäre und freundschaftliche Beziehungen, die Menschen aber ebenso sehr brauchen wie ein materielles Auskommen.

Leistungswahn

Die ganze Gesellschaft – das gilt auch für Universitäten – ist ergriffen von einem oberflächlichen Leistungsbegriff, der allein auf Aktivitäten oder Ergebnisse zielt, die *am Markt* erfolgreich sind. Niemand fragt, welche Art der Leistung uns eigentlich bekömmlich ist – und wenn er es täte, würde er mit dem Hinweis auf den Weltmarkt vom Platz gestellt. Aber bestimmte Wahrheiten hören nicht auf zu existieren, nur weil sie von interessierter Seite beharrlich vom Tisch gewischt werden. Und inzwischen merken sogar diejenigen, die sich dem rein ökonomischen Leistungsbegriff verschrieben hatten – Politiker, Wirtschaftsvertreter oder Journalisten –, dass ihre eigene Leistung mühelos gleichsam von ihnen abgetrennt werden kann: Auch sie verlieren ihren Arbeitsplatz, wenn es in irgendein Konzernkalkül passt, das sie selbst rein gar nicht beeinflussen können. Es mag möglich sein, sich ein Stück weit zu immunisieren, wenn man anderen betriebsbedingte Kündigungen ausspricht – aber die Betroffenheit stellt sich zuverlässig ein, wenn man feststellen muss, dass auch die eigene Leistung nur etwas wert ist, so lange man sie verkaufen kann. Will der Arbeitgeber sie aus irgendwelchen Gründen nicht mehr haben, dann gibt es nicht etwa Kredit für vergangene Mühen, Loyalitäten, gute Einfälle.

Mit dieser fundamentalen Unsicherheit, mit dem Gefühl der beliebigen Austauschbarkeit können Menschen auf die Dauer nicht leben, jedenfalls nicht so, dass nicht sie selbst und das Gemeinwesen beschädigt werden. Jeder Bündnispartner, jeder geläuterte Neoliberale, jeder Unternehmer und Wirtschaftsverbandsvertreter, jeder Wirtschaftswissenschaftler und Publizist, der mithelfen will, den schrecklichen Trend zur Instrumentalisierung der Menschen, den leeren Leistungsbegriff der letzten Jahre zu überwinden, muss der Politik hochwillkommen sein. Ich selbst bin sehr sicher, dass man im vernünftigen Gespräch fast jeden davon überzeugen kann, dass es besser ist, in einer Gesellschaft zu leben, die Menschen um ihrer Menschlichkeit willen anerkennt und nicht nur wegen ihrer „Kompetenzen"; in der man sich freundlich und mit gegenseitiger Achtung und Anerkennung begegnet – und ohne dieses ewige Ranking im Kopf.

Ich jedenfalls achte die Geduld und professionelle Hingabe einer Krankenschwester nicht geringer als die Geduld eines Nobelpreisträgers. Und ich glaube, dass die Menschen Arbeitsverhältnisse brauchen, in denen sie nicht einfach von außen getriebene Maschinenteile sind, sondern mitbestimmen und sich zumindest ein Stück weit selbst verwirklichen können. Dieser Begriff ist durch die Studentenbewegung leicht beschädigt, er klingt entweder nach ungezügeltem Hedonismus oder nach Seidenmalerei: Aber Selbstverwirklichung in der Arbeit ist für den Menschen ein Grundbedürfnis – und nur möglich, wenn dem Einzelnen dafür Achtung entgegengebracht wird, die ihn als ganze Person meint. Die Drohung, zu Weltmarktbedingungen immer austauschbar zu sein, verbietet sich dann von selbst.

„Wie kommt es, dass heute alles Interesse auf die Wirtschaft fixiert ist und das Geistige, Kulturelle, Humane, das doch das Wesen Europas ausgemacht hat, an den Rand gedrängt wird?", hat Marion Dönhoff gefragt. *Eine* Antwort ist sicher, dass es Moden gibt, auch in ökonomischen Theorien, auch im Auftreten der Kapitalvertreter. Ändern können wir solche Moden – das wird denen, die nach dem „Ruck" lechzen, nicht gefallen – nur durch stetiges, beharrliches Argumentieren und Diskutieren. Und durch Vorbilder für ein anderes Verhalten, die sich ja immer und überall finden lassen. Es muss „in" werden, es muss Mode werden, sich auch als Akteur auf der Unternehmerseite für freiheitliche, gerechte, demokratische Politik einzusetzen. „Alles hängt von den Menschen ab – von jedem Einzelnen von uns", hat Marion Dönhoff geschrieben, und wie so oft klang das selbstverständlich, einfach, fast ein bisschen naiv – und wie so oft hatte sie recht.

Konsumismus

Es gibt noch andere Aspekte des Kapitalismus, die dem Einzelnen das gute Leben erschweren, und dazu gehört dessen innere Notwendigkeit, immer neuen Konsum zu provozieren, Menschen also dazu zu verleiten, Geld auszugeben, auch für etwas, was sie gar nicht brauchen. Man muss dabei permanent fein unterscheiden: Wird einem jetzt gerade ein echter Fortschritt präsentiert, oder geht es nur darum, das Warenkarussell in Gang zu halten? Ich selbst war zum Beispiel vor 15 Jahren einigermaßen sicher, dass ich E-Mail und Internet nicht brauchen würde. Und heute muss ich doch, durch Erfahrung belehrt, zugeben, dass E-Mail eine wirkliche, nützliche Erweiterung der Kommunikationsmöglichkeiten darstellt. Hingegen fällt es mir ausgesprochen schwer, mir vorzustellen, welchen tieferen Nutzen es haben soll, dass man sich unterschiedliche Klingeltöne für sein Handy herunterladen kann – das scheint mir ein vollkommen künstliches Bedürfnis zu sein, einzig erfunden, um bei unbedarften Teenagern das Taschengeld abzuschöpfen. Und selbst im weniger zweckfreien Reich der Haushaltsgeräte, der Waschmaschinen, Fernsehapparate und Autos, mit denen bereits jetzt fast alle Haushalte in Deutschland ausgestattet sind, herrscht ein steter Druck zum noch neueren, noch besseren Modell.

Wenn die Menschen aber – aus ökologischen Erwägungen, aus finanzieller Sorge um die Zukunft, also aus durchaus vernünftigen Gründen – *nicht* konsumieren, keinen neuen Flachbildschirm-Fernseher anschaffen, nur weil es den jetzt gibt, dann beginnt schnell die Klage über die mangelnde Binnennachfrage. Ganz so, als sei Einkaufen ebenso sehr Bürgerpflicht wie Steuern zahlen oder seine Kinder zur Schule schicken. Und gewiss wichtiger als die Teilnahme an Wahlen, als politisches Engagement. Der Brite Aldous Huxley hat in seiner *Schönen Neuen Welt* eine autoritäre Gesellschaft gezeichnet, die ohne Demokratie bestens auskommt, den in Brutflaschen herangezüchteten, gentechnisch „genormten" Einwohnern aber innigste Konsumbedürfnisse einverseelt, für deren Befriedigung sie dann wiederum hart und gefügig arbeiten müssen. Gerade die untersten Kasten, die „Gammas" und „Deltas" sehnen sich nach aufwendigsten Sportgeräten und Transportmitteln – und der Wirtschaftskreislauf kommt niemals zum Erliegen, weil sie sich etwa in den Kopf setzen würden, für bessere Arbeitsbedingungen zu streiken.

In dieser düsteren Zukunftsvision gibt es immerhin noch Arbeit; André Gorz hat in *Wege ins Paradies* für die spätkapitalistische Gesellschaft eine noch zynischere Zuschreibung vorgenommen: Da wird Konsum zur einzig legitimen und sinnvollen Beschäftigung jener Überflüssigen, die in der hochrationalisierten Arbeitswelt keinen Platz mehr finden. Konsequenterweise müssten die Arbeitgeber sie fürs Konsumieren bezahlen. *Glücklich* wären sie dann freilich immer noch nicht, weil Shopping kein Ersatz ist für erfüllende Arbeit, Anerkennung, bedeutungsvolle menschliche Begegnungen – also die Dinge, um die es in einem aktiven, selbst gelebten Leben geht.

Ich weiß, dass sich das alles leicht sagt. Aus materieller Sicherheit heraus kann man bequem Konsumverzicht predigen; wenn man überall hinreisen kann, fällt es nicht schwer, Einkaufen für eine in erster Linie anstrengende und etwas lästige Tätigkeit zu halten. Dann kann man, wie ich es tue, seine Kleider vergnügt in einem einzigen kleinen Second-Hand-Laden kaufen und dabei kein bisschen das Gefühl haben, irgendetwas zu verpassen. Wenn man zum Verzicht gezwungen ist, sieht es ganz, ganz anders aus, und unsere so sehr aufs Materielle fixierte Statusgesellschaft macht das Nicht-mithalten-Können zu einer Erfahrung von großer Bitterkeit.

Und doch meine ich, dass es sich generell – in welcher materiellen Lage man sich auch befindet – lohnt, zwischen echten und künstlichen Bedürfnissen zu unterscheiden. Ich halte zum Beispiel Bücher für vollständig unverzichtbar – und glücklicherweise gibt es (noch) eine öffentliche Infrastruktur, die sie vielen Menschen fast kostenlos zugänglich macht: Bibliotheken, die für mich wirklich Eckpfeiler einer lebenswerten und zivilisierten Gesellschaft sind. Ich persönlich würde auch ungern verzichten auf Rotwein, aber ich halte Satellitenschüsseln, Playstations und das neueste Handy-Modell für weitgehend überflüssig. Ich glaube, dass man ohne diese Dinge sogar besser leben kann als mit ihnen, und dass das keineswegs nur eine Frage des Geschmacks oder der Freizeitinteressen ist. Natürlich braucht der Mensch Hobbys, braucht er Zerstreuung und Unterhaltung. Aber gerade die elektronischen Medien haben einen derart vereinnahmenden Charakter, sind derartig teuer und fördern eine so passive Rezeption, dass sie sowohl das Budget ruinieren als auch jene Initiative und Kraft zur Verbesserung der eigenen Situation beeinträchtigen, die Menschen in schwierigen Lebenslagen besonders dringend brauchen. Lieber im Chor singen, als jeden Tag nur den Kopfhörer aufsetzen!

Langeweile

Es entsteht eine ganz neue Zwei-Klassen-Gesellschaft: Da sind diejenigen, die stark genug sind und genug erleben, um sich den Ersatzwelten der elektronischen Medien zu widersetzen – und jene, die von ihnen überwältigt werden. Eine letztlich hohle, stets nur für kurze Zeit befriedigende Konsumorientierung und ein von anderen Menschen isolierender, im Endeffekt entmündigender Mediengebrauch sind zwei Faktoren, die erheblich zu einem Zustand beitragen, den Jean-Paul Sartre eindrucksvoll beschrieben hat: Langeweile, die am Ende Ekel vor dem Leben gebiert.

Langeweile ist die höchste, intensivste Form der Sinnlosigkeit, und nur durch Öffnung, durch Hinwendung zu anderen Menschen kann sie überwunden werden. Ein wenig gleicht sie einer tiefen Depression, die Welt erscheint dem Befallenen grau, trist und belanglos, als sei ihm, wie in Hans Christian Andersens Märchen von der Schneekönigin, ein Splitter ins Auge geflogen, der ins Herz wandert und es gefrieren lässt. Wer einen solchen Zustand einmal durchlitten hat, weiß, dass die Langeweile keine Folge einer unzureichend interessanten Umwelt ist, sondern Folge unzureichender Zuwendung zu anderen Menschen. Immer, nicht nur vorübergehend, krankheitsbedingt in dieser Erstarrung zu leben, muss schrecklich sein.

Wir müssen uns schützen: Gegen einen Konsumdruck, der nur die Sucht nach Neuem auslöst, ohne je wirklich zu befriedigen; gegen Medien, die uns zu passiven Empfängern sinnloser Botschaften machen; gegen einen reduktionistischen, auf Marktgängigkeit fixierten Leistungsbegriff. Die Langeweile großer Teile unserer Gesellschaft bildet das Zentrum einer Reihe von fragwürdigen Bedürfnissen und Verhaltensweisen, die für das Gemeinwohl bestenfalls nichts beitragen und dem Einzelnen nicht helfen. Wer sich langweilt, ist bereit, alles auszuprobieren, was ihm auch nur vorübergehende Erleichterung verschaffen könnte: das Fernsehen sowieso; Computer- und Internetspiele, die Kontakt mit anderen vorgaukeln – aber es gibt keinen echten Kontakt in der virtuellen, in der *programmierten* Welt –; dann die Betäubung mit „Events", Freizeitparks, Discos, Erlebnisrestaurants und jeder Form von noch so unspektakulärem „Ereignis", das in Wahrheit keines ist. Alle diese Zerstreuungen, die nicht unsere inneren Kräfte zur eigenen Tätigkeit herausfordern und stärken, verschlimmern tatsächlich den Zustand der inneren Leere.

Wer sich überdurchschnittlich langweilt, sucht vielleicht irgendwann den „Kick", einen Reiz, der den Bleimantel durchschlägt, einen Schmerz, der so scharf ist, dass man ihn selbst spürt – oder ein anderer. Sowohl immer brutalere, immer bestialischere, menschenverachtende Ausleihfilme als auch Kinderpornografie im Internet mögen zu diesem Zweck herangezogen werden. Und manche leben die Gewalt, die sie allein noch zu berühren vermag, auch an anderen aus: Die Fälle von zum Teil tödlich endenden Quälereien unter Jugendlichen werden leider nicht weniger.

Schließlich vermindern Langeweile und Apathie auch jede Beteiligung an demokratischen Prozessen, jede Einmischung in die eigenen Angelegenheiten; sie fördern vielmehr die Verachtung für „das System", das man sowieso nicht durchschaut und mit dem man deshalb auch nichts zu tun haben will.

Immunisierungen

Was tun? Eine Teilantwort lautet sicher, sich des leerlaufenden Konsums, der dumpfen Mediennutzung bewusst zu enthalten. Das ist sehr schwer, wenn die Verlockungen und Reize, die die andere Seite aussendet, sehr stark sind und wenn im eigenen Milieu niemand die Sinnhaftigkeit zum Beispiel eines noch neueren Handys infrage stellt. Als Gesellschaft können wir nur versuchen, möglichst vielen Menschen eine innere Immunität gegen diese Kolonisierung ihres Lebens durch Anregung zu eigener Aktivität zu vermitteln, und dieser Versuch muss bei den Kindern beginnen. Ich weiß, wie heroisch zum Beispiel die Erzieherinnen in Kindergärten gegen die Übermacht des Fernsehens kämpfen, weil sie jeden Tag beobachten können, wie dringend Kinder eigene Erlebnisse brauchen und nicht nur Bilder von Erlebnissen. Ich denke, sie könnten das mit noch größerem Selbstbewusstsein tun – sie mischen sich damit nicht etwa zu Unrecht in die inneren Angelegenheiten von Familien ein, sondern stellen für die betroffenen Kinder überhaupt erst Chancengleichheit her. Und wie es sich für die besondere Lage von Migranten inzwischen durchgesetzt hat, die Eltern, vor allem die Mütter, einzubeziehen, sie an der Erziehung im Kindergarten zu beteiligen und ihnen Sprachkurse dort anzubieten, wo auch ihre Kinder spielen und lernen, so brauchen wir zumindest den Versuch, auch die „Fernseheltern" in die wirkliche Welt ihrer Kinder hereinzuholen. Ich weiß, wie schwierig das ist, wie oft Elternabende unbesucht bleiben, wie wenig Interesse manche Eltern am Alltag ihrer Kinder zeigen. Aber man muss versuchen, die Eltern zu gewinnen.

Nur wer eine innere Welt ausbilden kann, die mit positiven Erfahrungen bestückt ist – ich kann etwas leisten, ich werde ernst genommen, ich werde geliebt –, hat die Kraft, den Bestürmungen der äußeren Welt souverän zu begegnen. Diese Erfahrungen braucht jeder Mensch, aber besonders eine bestimmte Klientel von Verzweifelten, gleichgültig Gewordenen, die überhaupt nicht mehr erwarten, dass sich ihnen irgendjemand zuwendet. Die Jugendhilfe kennt diese Familien aus den Stadtteilen, die wir höflich „soziale Brennpunkte" nennen, Kindergärtnerinnen und Lehrer kennen sie, und die Mitarbeiter der örtlichen „Arbeitsagentur".

Und all diese Akteure werden oft das Gefühl haben, dass sie diese Menschen bei allem ehrlichen Bemühen nicht wirklich erreichen – dass sie am Ende auch nicht wissen, wie man ihnen helfen kann. Ich finde das sehr nachvollziehbar, denn ich glaube, dass den Möglichkeiten professioneller Helfer enge Grenzen gesetzt sind: Die Betroffenen sehnen sich nach positiver Ansprache, nach Zuwendung – aber eben nicht auf dienstlicher Basis. Sie wollen womöglich keine Pädagogik, sondern: Liebe. Sie wollen keinen instrumentellen Dialog, sondern echtes Interesse. Und seien wir ehrlich: Wer von uns bringt das auf? Die Sozialstaatsakteure vermutlich noch am ehesten, aber die sind ja zugleich gezwungen, mit ihren „Kunden" oder „Klienten", wie es heißt, bestimmte Ziele zu erreichen. Hier sehe ich eine ganz große Herausforderung zum Beispiel für die Kirchengemeinden in solchen Stadtteilen: Sie könnten beharrlich immer wieder das Gespräch um seiner selbst willen suchen und Aktivitäten anbieten, die den Menschen *von innen her* den Eindruck vermitteln: „Ich interessiere mich für dich" oder „Ich möchte mal mit dir sprechen". Wir können doch nicht eine große Zahl von Menschen einfach aufgeben, ignorieren, ihrem Schicksal überlassen! Und so schwierig diese Aufgabe wäre: Dafür, dass sie gelingen kann, gibt es Bilder. Das Salz in der Suppe, die Hefe im Teig – das sind kleine Dinge, die im Großen wirken und dort die entscheidende Veränderung herbeiführen.

Weil mich die Vorstellung von einer voll entwickelten inneren Welt des Menschen so beschäftigt, war ich einigermaßen entsetzt über das neue Internetspiel *Second Life*, das mit einer gewaltigen Medienkampagne gleichsam in unsere Gesellschaft „hineingedrückt" wurde. Und, wohlgemerkt, das war keine Anzeigenkampagne! Alle großen Blätter brachten ganz freiwillig seitenlange Berichte über das Spiel, dessen Teilnehmerzahlen daraufhin in Hunderttausender-Sprüngen anstiegen. Beim virtuellen Zweiten Leben hat man offenbar die Möglichkeit, sich (immer im Rahmen der programmierten Vorgabe) eine eigene Stellvertreterfigur zusammenzubasteln, die dann alles sein, tun und darstellen kann, was man selbst im eigentlichen Leben nicht ist. Das ist nicht weiter gefährlich und auch ganz niedlich – es sei denn, man machte den fatalen Fehler, die spielerische Kommunikation mit irgendwelchen Wildfremden für bedeutungsvoll zu halten. Oder gäbe sich Illusionen darüber hin, was das *Second Life* in erster Linie ist: eine Werbeplattform für Konsumgüter hier draußen.

Was mich frappiert hat, war vor allem die Frage, was geschehen würde, wenn man so viel Energie, Fantasie, Geld, Arbeitszeit und Medienaufmerksamkeit in Projekte investierte, die den Menschen helfen würden, ihre *innere* Welt in Ordnung zu bringen, mit anderen – wirklichen – Menschen in Kontakt zu treten und insgesamt das Leben in Wirklichkeit zu führen, für das *Second Life* die Projektion ist. Nun gut, sie hätten hier draußen nicht automatisch Luxus-Yachten zur Verfügung, und sie könnten auch nicht fliegen – aber ihrer eigenen Würde, wirkungsvoller Teilhabe am politischen, kulturellen, sportlichen Leben kämen sie vielleicht näher.

Verdrossenheit

Die Umfragen, die uns zeigen, wie sich die Haltung der Gelangweilten, Verdrossenen zur Demokratie entwickelt, wären eigentlich großer Aufmerksamkeit wert. Aber wer hat ein Interesse daran, dieser Haltung abzuhelfen? Nicht wenige Medien überbieten einander in fast schon antidemokratischer Systemnörgelei. „Die" Politik steht unter dem Generalverdacht, sich bereichern und die Bürger übervorteilen zu wollen und kann in eigener Sache wenig erreichen, solange unklar ist, dass Demokratie die *eigene Sache aller Bürger* sein muss. „Politiker" ist eine Berufsbezeichnung, die häufig nur noch in denunziatorischer Absicht verwendet wird. Da wäre meine Frage: Warum eigentlich erwartet eine Gesellschaft, in der Lüge und Karrierismus an der Tagesordnung sind, ehrliche und gute Politiker? Und außerdem ist es meine persönliche Erfahrung, dass Politiker üblicherweise viel gemeinwohlorientierter sind, dass sie schlicht viel mehr unterschiedliche Lebensverhältnisse kennen müssen als manche „Bürger" mit ihren Einzelinteressen, einfach weil sie wieder gewählt werden müssen, um weiter politisch gestalten zu können.

Bürger, die verdrossen sind, verachten sich selbst und stehen sich selbst im Wege zu einem Engagement, einer Form der Beteiligung, die ihrer Verdrossenheit schnell ein Ende und das Gemeinwesen zu *ihrer* Angelegenheit machen würde. Schon aus diesem Grunde wünschte ich, dass manche Umfragezahlen von der aufgeklärten Öffentlichkeit mit der gleichen Intensität zur Kenntnis genommen würden wie belanglose kleine Details aus *Second Life*: Im Osten Deutschlands finden nach fünfzehn Jahren Erfahrung nicht einmal mehr die Hälfte der Menschen Demokratie „verteidigungswert" oder halten sie für eine gute Staatsform. 20 Prozent finden eine autoritäre Staatsform besser. Dem Satz „Was Deutschland jetzt braucht, ist eine einzige starke Partei, die die Volksgemeinschaft insgesamt verkörpert" stimmten in einer bundesweiten Untersuchung der Friedrich-Ebert-Stiftung 26 Prozent der Befragten zu. 15 Prozent waren der Meinung, wir bräuchten „wieder einen Führer, der Deutschland zum Wohle aller mit starker Hand regiert". Und eine Studie mit Jugendlichen aus Brandenburg – fast 4000 wurden befragt – ergab, dass die „hohe" oder „eher hohe" Politikverdrossenheit bei 90 Prozent liegt. 90 Prozent! In einem solchen Klima ist es dann auch fast unmöglich, Demokratie zu lernen – das geht nämlich am besten durchs Mitmachen und

Erleben, in der Schülervertretung, in Vereinen, in Parteien. Politikverdrossenheit behindert auch alle anderen Formen der Beteiligung. Ein selbstbewusster Bürger weiß um seinen Wert, er ist jederzeit bereit, Verantwortung zu übernehmen, danach aber auch wieder in ein nicht-öffentliches Leben zurückzutreten. Die in Deutschland verbreitete „Kleiner-Mann"-Mentalität, die dazu führt, dass man sich „denen da oben" einflusslos, aber quengelnd, ausgeliefert fühlt und für weiter nichts haftbar zu machen ist, hat hierzulande schon zu Katastrophen geführt. Der während des Dritten Reiches emigrierte Politologe Ernst Fraenkel hat bereits vor vierzig Jahren die deutsche Politikverachtung wunderbar auf den Punkt gebracht: „Das kritikbedürftigste Moment des Bonner Parlamentarismus scheint mir die landläufige Kritik zu sein, die an ihm geübt wird", schreibt er: „Sie ist reaktionär und schizophren. Sie sehnt sich heimlich nach einer starken Regierung und bekennt sich öffentlich zu der Herrschaft eines allmächtigen Parlaments. Sie beschimpft den Abgeordneten, wenn es zu einer Regierungskrise kommt, und verhöhnt ihn, wenn er getreulich die Fraktionsparole befolgt. Sie verkennt die notwendigerweise repräsentative Natur eines jeden Parlamentarismus und verfälscht seinen Charakter, indem sie ihn plebiszitär zu interpretieren versucht."

Demokratie

Die herausragende, auch sorgenvolle Frage, der die Bundesrepublik im Westen schon seit ihrer Gründung ausgesetzt war und die sich jetzt immer mehr in den Vordergrund schiebt, lautet dementsprechend: Wird sie Bestand haben oder ist sie durch diese Erosionserscheinungen ernsthaft bedroht?

Im Großen und Ganzen hat sich die westdeutsche Demokratie sicher bewährt. Sie hat mehr als fünfzig Jahre lang gehalten, der

Gesellschaft zu unerwartetem Wohlstand verholfen und in der Bevölkerung stets eine hohe Zustimmung genossen. Aber mindestens im Osten steigt zurzeit die Gefahr, dass die Demokratie infrage gestellt wird. Eine nicht unbeträchtliche Zahl von Bürgern glaubt hier, viele Regelungen – vor allem im sozialen Bereich – seien früher besser gewesen. Die Ostdeutschen haben die Einführung der Demokratie nicht verknüpft mit einem Wirtschaftswunder erlebt, sondern mit – auch wenn es partiell besser geht – sehr vielen entmutigenden Erfahrungen: Abwanderung, Arbeitslosigkeit, Verlust von Sicherheit. Es würde dramatisch, wenn ein ganzer Bevölkerungsteil nicht mehr die Kraft aufbrächte, die Chancen, die eindeutig da sind, wahrzunehmen.

Ob es eine Art Rückschwappeffekt dieser Entfremdungsgefühle Richtung Westen geben kann, ist noch offen: Ich habe allerdings immer bezweifelt, dass die Demokratie in Westdeutschland so tief verankert ist, wie viele das für selbstverständlich halten. Wie sieht es aus, wenn die Demokratie nicht mehr positiv verstärkt wird durch die Verteilung sozialer Chancen und materieller Güter? Die Probe aufs Exempel steht uns noch bevor. Der Westen hat freilich schon eine Reihe von Krisen erlebt, und eine Reihe von Aufschwüngen. Das könnte ihn gewappnet haben. An einen Zusammenbruch unserer Republik wie der von Weimar denkt darum wohl zu Recht kaum einer in Deutschland.

Aber Grund zum Nachdenken über Desintegrationserscheinungen unterhalb der Zusammenbruchsschwelle haben wir gewiss. „Um die politische Freiheit zu verlieren, genügt es, sie nicht festzuhalten!", schrieb Alexis de Tocqueville in der ersten Hälfte des 19. Jahrhunderts.Wenn es stimmt, was dieser große französische Liberale unermüdlich anmahnt, dann hat man die Freiheit, den Grundstein der Demokratie, nie sicher in der Tasche. Vielmehr erfordert sie immer neue Bemühungen, wenn sie nicht verloren gehen soll. Ein anderer Liberaler, Ralf Dahrendorf, beobachtet heute ganz allgemein, nicht nur bei uns, dass die Freiheit durch den schrankenlosen globalen Kapitalismus bedroht wird, der auch traditionell westlich-demokratischen Ländern die Versuchung nahelegen könnte, die neuen sozialen und moralischen Probleme autoritär zu lösen. Wie man hingegen kapitalistischen Wohlstand und soziale Zusammengehörigkeit in einer *freien* Gesellschaft vereinbaren kann: In der Antwort auf diese Frage sieht Dahrendorf eine zentrale Aufgabe der gegenwärtigen Politik.

Die traditionelle Fragestellung nach der als „Entweder-Oder"-Alternative gedachten Stabilität der Demokratie könnte den gegenwärtigen Problemen bei uns unangemessen sein: Es geht um einen graduellen Übergang, einen schleichenden Legitimitätsverlust. Es gibt demokratietheoretische Bemühungen im Zusammenhang der sogenannten „Transformationsforschung", die sich nicht länger auf die Frage „Demokratie, ja oder nein" beschränken, sondern ihre *Qualität* unter die Lupe nehmen. Ein Weg dazu, der mich stets interessiert hat und immer mehr beschäftigt, ist die Untersuchung der politischen Kultur. Ich frage mich, ob gegenwärtig in Deutschland mit all seinen Überdrussmomenten die politisch-kulturellen Voraussetzungen einer lebendigen Demokratie noch sicher gegeben sind. Eine solche Voraussetzung sehe ich in einem besonderen und notwendigen Verständnis von Liberalität. Diese Liberalität scheint mir einerseits von herausragender Bedeutung für die Demokratie zu sein – und andererseits in Deutschland durch mentale Erbschaften durchaus belastet.

Haltung

Liberalität bedeutet dabei gerade *nicht* eine Haltung des indifferenten *Laissez-faire*, die sich für die Mitbürger und ihr Handeln erst dann interessiert, wenn es für die eigene Person von Belang ist. Im Gegenteil: Liberalität speist sich im Wesentlichen aus einer grundlegenden Achtung und einem ebenso grundlegenden

Wohlwollen gegenüber den Mitmenschen. Es geht also nicht um Gleichgültigkeit, sondern um eine Zugewandtheit, die Konflikte nicht tilgt oder verdeckt, sondern aushält und zu überbrücken sucht. Sie wird von der Überzeugung getragen, dass die Freiheit der privaten wie der politischen Selbst- und Mitbestimmung den Grundstein der menschlichen Würde darstellt, die ich nicht nur für mich, sondern – untrennbar damit verwachsen – für alle Menschen reklamiere. Sie ist der Kompass, der mich auch in den scheinbar unwichtigsten Situationen des Umgangs mit meinem Mitmenschen leitet. Sie schließt in der Tradition der westlichen Demokratie nicht nur das Recht auf Privatheit und auf Dissens und die ausdrückliche Verteidigung meiner Freiheit wie derjenigen der Andersdenkenden ein, sondern auch den *Willen zur Verständigung*. Der wäre aber illusionär, wenn ich dafür nicht auf eine tragende Gemeinsamkeit mit den anderen baute, in allem Widerstreit von Überzeugungen und Interessen.

Liberalität bedeutet daher, den anderen nicht nur als Kontrahenten oder Konkurrenten, gar misstrauisch als Feinden zu begegnen – sondern als Partnern, die zu überzeugen gelingen kann. Ohne einen solchen Glauben – ich wähle das Wort mit Absicht – kommt Liberalität in der Praxis nicht aus. Das hat nichts mit Blauäugigkeit zu tun und steht nicht im Gegensatz zur *Kontrolle*, einem anderen Grundstein der Demokratie. Denn selbst Kontrolle hätte ja keinen Sinn, wenn man von dem anderen nur das Negative, den Bruch des Gesetzes, erwarten könnte. Dann bräuchte man gar nicht zu kontrollieren, man wüsste es immer schon.

So umfasst Liberalität eine Reihe von Glaubensannahmen, Tugenden, psychischen Dispositionen oder „Gewohnheiten des Herzens", ohne die sie verdorrt: Sie glaubt an die Liebe zur Gleichheit, also an die Würde des Menschen (trotz aller Endlichkeit und allen Scheiterns) und engagiert sich dafür. Sie baut prinzipiell auf die eigene wie die Fähigkeit der anderen zu vernünftiger, auch vertrauensvoller Kooperation, zur Selbstdistanz gegenüber den eigenen Interessen und Anschauungen, zur wohlwollenden Toleranz auch im Streit. Eine liberale Person öffnet sich und allen anderen immer erneut die Chance, Einsichten zu gewinnen und zu lernen. Sie lehnt Vorurteile und ungeprüfte „Einsortierungen" von Menschen ab. Sie gibt – bei allem Realismus – aus prinzipieller Überzeugung nicht auf, weil sie weiß, dass es unmöglich ist, zu einer freiheitlichen Übereinkunft zu gelangen, wenn man diese Chance von vornherein misanthropisch ausschließt, statt sie aktiv anzustreben.

Das klingt wie eine Sonntagsrede und würde sich wohl auch dafür eignen. Aber so, wie die Woche ohne Sonntag keinen Anfang hätte, kann die Demokratie auf Liberalität als ihr Prinzip nicht verzichten – und zwar auf die Liberalität aller Bürger. Es kann nicht gut gehen, wenn zu viele Einzelne misstrauisch und düster gestimmt beiseitestehen. Zwar ist demokratietheoretisch wohl nicht bestimmbar, ab welchem Mangel an individueller Liberalität die Demokratie „kippt" – oder wie intensiv die Bürger Liberalität leben müssen, damit sie stabil bleibt. Aber dass ohne sie die westliche Demokratie nicht funktionieren kann, scheint mir eindeutig.

Hypotheken

Nun tragen wir Deutschen in Sachen Liberalität eine Hypothek mit uns herum, anders als etwa unsere angelsächsischen Nachbarn. Im 20. Jahrhundert kann man diese Belastung an drei Befunden erkennen. Der erste sind die sogenannten *Ideen von 1914*. Namhafte und repräsentative deutsche Gelehrte haben nach dem Ausbruch des Ersten Weltkriegs den Gegensatz zwischen der „deutschen" und der angelsächsischen, westlichen Freiheit herausgestellt und dabei nicht nur das traditionelle, schon von Hegel wirkkräftig vertretene Missverständnis gepflegt, die Angelsachsen hätten bei dem Wort Freiheit nur Atomismus, Egoismus und Materialismus im Sinn (so etwa Otto von Gierke in: *Unsere Friedensziele* oder Ernst Troeltsch in: *Der Kulturkrieg*). Bei diesen Autoren kommt deutlich zum Ausdruck, dass der Gemeinschaftsvorrang, in den die deutschen Denker „ihre" Freiheit kleiden, die Legitimität von Interessenkonflikten, Abweichung oder Dissens, nicht einbezieht, sondern diskriminiert. Eine Balance zwischen Dissens und Konsens, zwischen Abgrenzung und Zugewandtheit, die von Liberalität gehalten und ausgehalten wird, ist hier nicht formuliert und auch nicht erwünscht. Die „deutsche" Freiheit legt den Akzent auf autoritative oder autoritäre Gemeinwohlanordnung, nicht auf freiwillige Übereinkunft.

Ein weiteres Indiz sind bis in die sechziger Jahre des letzten Jahrhunderts reichende Befragungsergebnisse in West-Deutschland, denen zufolge eine Mehrheit der Deutschen den Nationalsozialismus für eine theoretisch gute Sache hielt, die nur in der Praxis schlecht ausgeführt worden sei. Man kann mit guter Plausibilität vermuten, dass sich das „Schlechte" auf den Holocaust und den Krieg bezieht und das Gute auf den nationalsozialistischen Vorrang der Gemeinschaft und die so legitimierte „wohlfahrtsstaatliche" Politik. Dass auch sie von Anfang an mit der Ausschaltung von Dissens und von Gruppen der Gesellschaft, mit Terror und Gewalt verbunden, dass sie auch theoretisch nicht demokratisch-liberal, sondern diktatorisch und diskriminierend angelegt war, das wird in diesen Antworten nicht als fundamentaler Geburtsfehler wahrgenommen.

Schließlich gab und gibt es analoge Befragungsergebnisse in Bezug auf das kommunistische System in der DDR. Der Kommunismus sei eine theoretisch gute, aber praktisch schlecht ausgeführte Sache gewesen, heißt es da mehrheitlich von Seiten ehemaliger DDR-Bürger. Und wieder meinen sie soziale Sicherheit, staatliche Fürsorge, ohne den Preis der Antiliberalität, die Ausschaltung politischer Gegner und vielfache Verlogenheit dabei in Rechnung zu stellen.

Nun liegt mir eine Diskreditierung von Gemeinwohlorientierung denkbar fern. Aber die beiden entscheidenden Aspekte demokratischer Liberalität: die Einbeziehung von als legitim verstandenem Dissens und die Konsensfindung durch die Bürger – nicht als Ergebnis autoritärer Anordnung – sind für die verlässlich freiheitliche Demokratie unverzichtbar.

Mitläufertum

Wir Deutschen tragen noch eine weitere historische Last mit uns herum, die für die Entwicklung unseres Gemeinwesens keine allzu unbeschwerte Prognose erlaubt: Ich meine die höchst ambivalente Haltung, die hierzulande im Gefolge der Entnazifizierung zur Figur des „Mitläufers" entstanden ist und in gewisser Weise bis heute fortwirkt. Spontan würde man mit diesem Begriff nur Negatives assoziieren, doch durch die Entnazifizierungspraxis der Alliierten wurde seine Bedeutung auf eigenartige – und, wie ich meine, höchst ungute – Weise verschoben. Nachdem nämlich die Alliierten in den Nürnberger Prozessen ausdrücklich nicht die Deutschen allgemein, sondern nur die Hauptschuldigen und die an den NS-Verbrechen beteiligten Institutionen verurteilen wollten, ging es in den Entnazifizierungskonzepten der Amerikaner darum, die Verantwortung der einzelnen Organisationsmitglieder zu ermitteln und mit unterschiedlichen Strafen zu ahnden. Die Prozedur ging ab 1946 in deutsche Hände über und zog sich mehrere Jahre hin. Um den unterschiedlichen Beteiligungsgraden an den NS-Verbrechen gerecht zu werden, wurden die von der Entnazifizierung betroffenen Personen in fünf Kategorien eingeteilt: Hauptbeschuldigte, Belastete, Minderbelastete, Mitläufer und Entlastete. Von den über sechs Millionen Betroffenen im Gebiet der Bundesrepublik wurden mehr als 98 Prozent als Mitläufer eingestuft.

Es ist schwer vorstellbar, dass eine so große Zahl von Menschen für sich die Einordnung in diese Kategorie, wie es der Fall war, für wünschenswert gehalten hätte, wenn sie als moralisch und politisch abwertend wahrgenommen worden wäre. Zumal die Einstufung als Mitläufer auch handfeste materielle und berufliche Vorteile brachte. Und so wurde der Begriff „Mitläufer" denn auch moralisch und politisch als entlastend verstanden. Solche Opportunisten, Karrieristen oder einfach Schwachen, die aufgrund sogenannter Persilscheine, die sie von allen nur möglichen wirklich oder vermeintlich unbelasteten Zeugen anbrachten, als „unpolitisch" und persönlich nicht böswillig qualifiziert wurden, waren dann eben keine Täter, sondern nur „Mitläufer" und als solche gegenüber dem Vorwurf, für die Taten des Nationalsozialismus mitverantwortlich zu sein, befreit. Sicher: Mitläufer waren keine Widerstandskämpfer, keine Helden – aber wer wollte das von normalen Menschen verlangen?

So entstand ein Bild von Normalität menschlichen und bürgerlichen Verhaltens, das politische Verantwortung und Anstand, wo diese Mut und Zivilcourage erforderten, ausschloss und Opportunismus und Karrierismus wenn nicht hoffähig machte, so doch als selbstverständliches menschliches Verhalten akzeptierte. In der Diskussion um den Unrechtscharakter des DDR-Regimes spielte der Mitläuferbegriff aus verschiedenen Gründen nur eine geringe Rolle; hier setzte sich für ehemals opportunistische Ja-Sager eher der „Wendehals" als eindeutig abwertendes Etikett durch.

Recht bald nach der Wiedervereinigung 1990, die insbesondere vom Ausland vielfach mit der Sorge vor der Renaissance eines deutschen Nationalismus begleitet worden war, gab es eine deutlich spürbare Zunahme von Gewaltakten gegen Fremde in Ost- und West-Deutschland. Sie fand ein lebhaftes kritisches Echo in der deutschen Öffentlichkeit, und es schien, dass sich nach einigen Jahren die Sorge der Nachbarn als unbegründet erwiesen hatte.

Seit dem Ende der neunziger Jahre finden sich allerdings (verstärkt in den neuen Bundesländern, doch keineswegs nur dort) Zeichen für eine neuerliche Zunahme von Gewalt und Gewaltbereitschaft, vornehmlich gegen Fremde, aber mehr und mehr gegen alle, die als bedrohlich für die eigene materielle Situation und noch mehr für das eigene Selbstwertgefühl betrachtet werden.

Wie diese Entwicklung weitergehen wird, ist noch nicht abzusehen. Einerseits reagiert die publizistische und politische Öffentlichkeit überwiegend mit der Verurteilung solchen Verhaltens. Andererseits stößt die vielfach für Gewalthandlungen gegebene „Erklärung", die Täter hätten das Gefühl, sozial, materiell oder psychisch zu kurz gekommen zu sein, auf ein durchaus breites Verständnis und die Bereitschaft zur Identifikation mit ihnen. Davon, ob die Grenze zwischen einer solchen prinzipiell legitimen „Erklärung" und deren *Billigung* auf längere Sicht eindeutig und mit breitem Rückhalt in der Gesellschaft gezogen werden wird oder ob das Ressentiment derer, die sich als Zukurzgekommene fühlen, ein verstärktes, die Gewalt „legitimierendes" Echo findet, hängt Entscheidendes ab, nämlich ob und wieweit der Begriff des Mitläufers im Zusammenhang mit Gewaltakten de facto eine erneute inhaltliche Rehabilitierung erfährt. Dann würde das, was eben allgemein als „normal" empfunden würde, wieder zur Norm bestärkt. Und dann würde dies ein erhebliches Demokratiedefizit in Deutschland aufzeigen – von wohlverstandener Liberalität bräuchte man gar nicht mehr zu reden.

Ob der Mitläufer als politisch-kultureller Typus, der sich anpasst, der ohne Überzeugung um der Karriere oder anderer Vorteile willen auch dort politisch (oder handgreiflich) mitmacht, wo es moralische Gebote verletzt, der sich ohne nähere Überlegungen für eine Ideologie, die sein Selbstwertgefühl stärkt, einfangen lässt – ob dieser Typus nur in Deutschland und dort mehrheitlich anzutreffen ist, mag bezweifelt werden. Insbesondere die Komponente der ideologischen Mobilisierbarkeit könnte nach der

Diskreditierung der großen Ideologien des 20. Jahrhunderts für längere Zeit der Vergangenheit angehören.

Was die anderen Merkmale, insbesondere die Labilität des Selbstwertgefühls angeht, sprechen eine Reihe von Umfragen für eine größere Verbreitung und längere Dauer. Da es überdies in Deutschland eine besonders hohe Erwartung an die Schutzfunktion des Staates gibt – die übrigens nicht einfach mit der Forderung nach sozialer Gerechtigkeit gleichzusetzen ist! –, ist vermutlich weiterhin mit einem erheblichen Potenzial an Mitläufermentalität in Deutschland zu rechnen, besonders wenn sich eine Führerpersönlichkeit öffentlich präsentierte, die die Ressentiments des labilen Selbstwertgefühls zu bündeln und auf politische Zwecke zu orientieren verstünde. Gleichzeitig sind leider gegenläufige Merkmale wie Individualismus, Nonkonformismus, Zivilcourage, eigenverantwortliche Initiative und nachbarschaftliche Kooperationsbereitschaft bisher noch nicht die dominierenden Merkmale, die man auf Anhieb mit Deutschland assoziiert. Erst recht nicht Eigenschaften wie Selbstdistanz, Humor, Freundlichkeit und vor allem Selbst- und Fremdvertrauen, die als Habitus eine besonders verlässliche Schranke gegen das Mitläufertum errichten würden. Wir haben an unserer politischen Kultur also durchaus und immer wieder zu arbeiten. Dies schließt das Verständnis für den repräsentativen Charakter des Systems mit ein. Wer Mitbürger kritisiert, die politische Ämter übernommen haben, muss wissen, dass sie nur durch andere Bürger ersetzt werden können. Sich mitläuferhaft auf den Standpunkt des nörgelnden „kleinen Mannes" zurückzuziehen, gilt in dieser Frage nicht: Der selbstbewusste Bürger muss im Zweifelsfall bereit sein, diese Aufgaben jederzeit selbst zu übernehmen. Eine Demokratie, die funktioniert, braucht mehr als Mitläufer.

Identitätsbrüche

Dem Politischen nicht wie etwas Fremdem, Feindseligem gegenüberzutreten, ist eine in Deutschland schlecht eingeübte Haltung: Hier kommt ein grundlegendes Problem unserer politischen Kultur zum Ausdruck, das aus der Geschichte des 20. Jahrhunderts rührt und der Entwicklung von bürgerlicher Liberalität im Wege steht. Angesichts von Nationalsozialismus und Kommunismus, angesichts mehrfacher Regimebrüche und damit einhergehender biografischer Brüche liegt es für viele nahe, die Rekonstruktion ihrer Identität als biografische *Kohärenz* (wozu das redliche Prüfen von Gründen für diese Brüche gehört) als zu schwierig aufzugeben oder gar nicht erst zu versuchen. Stattdessen werden die eigene Biografie wie die Menschen um einen herum und die gesellschaftlichen Gruppierungen in getrennte Schubladen gepackt, deren Inhalt nichts Gemeinsames verbindet. Man war in Weimar Demokrat, im Dritten Reich Nationalsozialist, danach wieder Demokrat; man war Kommunist und ist heute Kaninchenzüchter; man war RAF-Sympathisant und ist heute Unternehmensberater. Das eine hat mit dem anderen in Deutschland zu selten etwas zu tun. Ehedem und heute, Irrtümer und Einsichten, konservativ und links werden zusammenhanglos. Man ändert sich, aber man bleibt sich nicht treu. Oder man hält falsche Überzeugungen im Geheimen aufrecht. Man öffnet eine Schublade nur, wenn man die andere geschlossen hat. Und es ist nur selten ratsam, frühere Schubladen zu öffnen, weil darin Gefährliches lauern kann. Außerdem muss man jederzeit befürchten, seinerseits von anderen einsortiert zu werden. Das ermutigt nicht gerade dazu, sich zu öffnen, sondern legt nahe, sich zurückzuziehen, gegebenenfalls Rechtfertigung im Selbstmitleid zu finden.

So wird ein Habitus von Identitätsbrüchen gefördert, ein Selbstbild von Unsicherheit, Angst, Misstrauen, Abschottung und Unterstellung auf der einen und Rechthaberei auf der anderen Seite:

Es ist nicht das Spiegelbild eines liberalen Bürgers, sondern ein Zerrbild. Und dieses Zerrbild bereitet den Boden für jene Indifferenz und jenen Zynismus, mit dem zu viele von uns unserem politischen System inzwischen gegenübertreten.

Blockaden

Eine Reihe von Verwerfungen, die in den letzten Jahren in der deutschen Politik und Gesellschaft zu beobachten sind, führe ich auf die mangelnde Liberalität, eine der Demokratie nicht engagiert sondern nur mitläuferhaft zugewandte Haltung und die Schwierigkeit reflektierter Identitätsbildung zurück. Diese Lasten schleppen wir mit uns; und zusätzlich findet Politik nun nicht mehr in Zeiten statt, da der Kuchen für alle automatisch größer wird. Das stellt ungewohnte Anforderungen an unsere Verständigungsbereitschaft und Gemeinsamkeit. Die Folge sind vielfach entmutigende Blockaden, die der Öffentlichkeit von den Medien freilich auch häufig mit Häme präsentiert werden und dementsprechend beim Publikum den Eindruck hinterlassen, da gäbe es eine politische Klasse, die entweder dumm oder bösartig sei.

Auffällig oft werden gegen diese Blockaden institutionelle Reformen gefordert, die das System der *checks and balances* zwischen Bund und Ländern oder in den verschiedenen Subsystemen der Gesellschaft (zum Beispiel auch in den Universitäten) zugunsten einliniger Entscheidungs- oder Anordnungsstrukturen einebnen sollen. Widerhaken oder gegenseitige Macht-Bremsen gilt es in diesem Verständnis zu überwinden, damit man die *eigenen* Konzepte, auch die eigenen Interessen besser durchsetzen kann. Viele Repräsentanten der Wirtschaft, der Politik, auch der Kultur glauben offenbar nicht mehr daran, Kontrahenten überzeugen zu können, glauben nicht mehr an einen tragfähigen Grundkonsens oder *common sense*. Stattdessen streben sie nach „glatteren" Institutionen, in denen sich das Überzeugen erübrigt. Ihr Stichwort heißt „Deregulierung".

Dass der Abbau mancher Unübersichtlichkeiten auf einer Reihe von Feldern der Gesetzgebung und auch im Verhältnis zwischen Bund und Ländern geboten war und ist, kann man kaum bestreiten. Aber solche Vereinfachung bringt in der Regel Vor- *und* Nachteile für unterschiedliche soziale Gruppen mit sich. Und sowohl diese Unterscheidung als auch die Regelung des unvermeidlichen Interessenausgleichs müssten Gegenstand einer *Verständigung* und praktizierter, nicht nur rhetorisch proklamierter Gemeinsamkeit sein.

Diese Gemeinsamkeit ist offensichtlich nicht sehr lebendig, und das liegt nicht einfach am normalen Parteienwettbewerb oder am Versagen einzelner Politiker, auch nicht daran, dass plötzlich unser Grundgesetz zu viele *checks and balances* enthielte, sondern daran, dass die Schubkraft eines gemeinsamen Zukunftsprojekts, überhaupt des Glaubens an politische Gemeinsamkeit in diesem Land nicht stark genug ist, um eine Einigung unter heutzutage nun einmal schwierigen Bedingungen herzustellen.

Dass die deutsche Demokratie wegen Politikverdrossenheit, Gleichgültigkeit und mangelnder Gemeinsamkeit auf nahe Sicht zusammenbräche, ist trotz allem nicht zu vermuten. Sie genießt schon noch Vertrauen in der Bevölkerung, sie bietet einer breiten Mehrheit in der Gesellschaft ja auch deutliche Vorteile – wenn die nur bereit ist, sie zur Kenntnis zu nehmen. Ihre Institutionen und ihre Einbindung in internationale demokratische Systeme sind, soweit erkennbar, stabil genug, um sie zu erhalten. Aber für viele Menschen ist diese Demokratie hässlicher, enttäuschender, entmutigend geworden. Begeisterung oder Engagement löst sie – aufgrund der historischen Hypotheken wie der aktuellen Lage – kaum aus. Churchills Einschätzung, die demokratische Regierungsform sei das schlechteste aller politischen Systeme, mit Ausnahme aller anderen, die je ausprobiert worden seien, wird nicht mehr als witziges Understatement, sondern als resignative Realitätsbestimmung genommen. Und die Große Koalition, der viele Bürger vorab mit der Erwartung begegneten, nun werde unter „den" Politikern endgültig alles ohne Rücksicht auf „das Volk" ausgekungelt, stellt in der Tat hohe Anforderungen an die Begeisterungsfähigkeit des Publikums für Kompromisse – jedenfalls wenn, wie bei der Gesundheitsreform des Jahres 2007, Union wie SPD eigentlich unglücklich mit dem Ergebnis sind und Fachkundige hüben wie drüben sich voller Zweifel zeigen. Und die Öffentlichkeit die Gründe für diese Unübersichtlichkeit, die ja nicht im bösen Willen der Politiker liegen, nicht versteht. Dann bleibt auf der Haben-Seite wirklich nur noch der nackte Tatbestand der Einigung, der allerdings eine hohe Integrationsleistung darstellt.

Für diese Form der Politik Begeisterungsfähigkeit und Initiativbereitschaft zu wecken, ist bei ohnehin schwierigen Voraussetzungen und einer unentschlossenen politischen Kultur eine sehr anspruchsvolle Aufgabe. Aber wir brauchen größeres Selbst-, Fremd- und Zukunftsvertrauen – schon als „Produktivfaktor" für die Lösung ökonomischer und sozialer Probleme.

Der amerikanische Soziologe Robert Putnam hat dieses Problem empirisch und demokratietheoretisch in seiner Analyse der Ursachen für die radikalen sozialen Unterschiede zwischen Nord- und Süditalien zu ergründen versucht. Die größere politische und soziale Stabilität im Norden ist demnach nicht Folge des größeren ökonomischen Wohlstands, sondern umgekehrt. Der größere Wohlstand, der seinerseits durchaus stabilisierend wirkt, rührt aus solideren, vertrauensvolleren sozialen Beziehungen, aus dem „Sozialkapital". Dieses speist sich aus einer Erfahrung gegenseitiger Verlässlichkeit und Fairness und setzt jene Flexibilität und Kreativität frei, auf die Reformen unter Bedingungen der Knappheit und unabwendbarer Einschränkungen und Risiken angewiesen sind. Sonst hält man nämlich ängstlich fest, was man hat, und erschwert auf diese Weise die Anpassung an neue Herausforderungen und die Vorbereitung einer gemeinsamen Zukunft. Wenn Erneuerungsfähigkeit zum Fortbestand nicht nur eines lebendigen Organismus, sondern auch eines politischen Systems gehört – und das ist eine plausible Annahme –, dann würden politisch-kulturell begründete Blockaden der deutschen Demokratie langfristig schaden.

Gewiss ist es nicht sinnvoll, die eigene historische Belastung einfach abzuwerfen und sich in eine künstliche demokratische Begeisterung zu flüchten. Das wäre sogar gefährlich. Aber es scheint mir wichtig, in dieser Bestandsaufnahme deutscher Befindlichkeiten den Zusammenhang zwischen historisch begründeten Identitätsbrüchen und dem aktuellen Vertrauensdefizit zu verdeutlichen. Mit dem Mangel an Vertrauen geht die mangelnde politische Bereitschaft einher, sich unter schwierigen Bedingungen und angesichts widerstreitender Interessen auf Reformen, auf *Kompromisse* zu verständigen. Die Wertschätzung für den Kompromiss setzt freilich, wie gesagt, die grundsätzliche Aufgeschlossenheit gegenüber dem Dissens voraus, der uns Deutschen traditionell schwerfällt, und den wir, ähnlich wie die Einfühlung in die Probleme und Schwierigkeiten derjenigen, die den Kompromiss politisch *für uns* zu erringen haben, immer wieder trainieren müssen.

III. Leben in der Mediendemokratie

„Warum dürfen Politiker so lügen?"

„Wut auf neue Renten-Steuer!", „Mehr Arbeitslosengeld für Schwule", „So billig kriegen Politiker ihre Dienstautos", „Was tun gegen Abzock-Politiker?", „Rentenkürzung – Warum wollt ihr immer bei den Kleinen sparen?", „EU-Beamte schon mit 50 in Pension! Und wir sollen bis 70 schuften!", „So schmeißen Bürokraten unser Geld raus", „1,74 Millionen Euro für Brötchen und Kaffee im EU-Parlament!", „Asyl-Irrsinn – 50.000 Euro für Ausländer, damit er geht!", „EU-Irrsinn – 163 Millionen für Dolmetscher!", „Politiker kriegen Freikarten für alle WM-Spiele", „Warum dürfen Politiker so lügen?", „Verhör mit dem früheren Arbeitsminister: Herr Blüm, sind Sie ein Renten-Lügner?", „Das geht an die Brieftasche", „Wann kommt die Steuer fürs Luftholen?", „Heimliches Eilverfahren im Haushaltsausschuss – Mehr Geld für Abgeordnete!", „Jetzt amtlich! Totales Behörden-Chaos bei Hartz IV!" Und so weiter. Und so weiter. Dies ist eine kleine, wirklich kleine Auswahl von Überschriften zu Artikeln eines einzelnen Journalisten, die in den vergangenen Jahren in einer auflagenstarken Tageszeitung erschienen sind. Und immer geht es um „wir" und „die": Auf der einen Seiten stehen die kleinen, wehrlosen Bürger und die noch kleineren, noch wehrloseren Rentner, auf der anderen Seite „die" Politiker, eine Bande von Abzockern, Irren und Geldverschwendern, die sich auf Kosten des Volkes bereichern, die sauer verdienten Steuergroschen der Bürger für Brötchen, Pensionen und Dienstwagen verschleudern, stets am eigenen Privilegienkatalog basteln und sich im Übrigen für lauter Fragwürdigkeiten einsetzen: zum Beispiel für die EU, für Ausländer und für Schwule.

Interessant und problematisch ist an dieser kampagnenhaften Art des Schreibens, ist an diesen agitatorischen Schlagzeilen mit ihren unzähligen Ausrufezeichen, die Tag für Tag die Leser anbrüllen, zweierlei: Zum einen geht es hier nicht mehr, wie man es in den siebziger Jahren regelmäßig vermutete, um die Förderung einer bestimmten Partei oder politischen Position. Was wir hier vorfinden, ist reine Systemopposition: Die politische Klasse versagt, und zwar in toto. „Der Bürger" durchschaut ihre Verderbtheit, ist von ihr angewidert und doch vollkommen hilflos – das ist im Klartext nichts anderes als ein Frontalangriff auf die parlamentarische Demokratie. Denn gerade dadurch, dass „der Bürger" als wehrloses Opfer „der" Politiker apostrophiert wird – und zwar gebetsmühlenartig wieder und wieder – wird auch die einzig demokratische Chance untergraben, die es gäbe, um die Missstände in der politischen Klasse (wenn sie denn tatsächlich so groß wären wie beschrieben) zu beseitigen: Dass nämlich selbstbewusste Bürger sich in Parteien, Gewerkschaften, Verbänden, neu zu gründenden Parteien und Initiativen engagierten, um mit besseren Argumenten und besserer Haltung die angeblich nur auf ihren Vorteil bedachten „Abzocker" abzulösen. Doch unser Leitartikler suggeriert ja gerade, dies habe keinen Zweck – die Botschaft lautet, dass es die Demokratie sei, die keinen Zweck habe. Die Schlussfolgerung mag jeder selbst ziehen.

Die zweite Auffälligkeit besteht darin, dass andere Medien diesen Autor und seine Zeitung kaum oder gar nicht kritisieren; meines Wissens haben ihm auch die Gremien der journalistischen Selbstkontrolle nie eine Ermahnung erteilt. Nicht dass man mich missversteht: Selbstverständlich hat die Presse die Pflicht, die Politik kritisch zu begleiten und Missstände aufzudecken. Aber, wohlgemerkt, die Politik in der Demokratie, nicht mit Blick auf irgendein fiktives Ersatzsystem für die Demokratie, das mancher Schreiber in der Tasche zu haben vorgibt. Und wer kontrolliert solche Schreiber, wer kontrolliert die Medien? Das können kaum „die“ angegriffenen Politiker sein. Es bleiben also für die Öffentlichkeit nur die anderen Medien – und eine engagierte Politikwissenschaft und Publizistikwissenschaft, von denen allerdings in dieser Hinsicht in den vergangenen zwei Jahrzehnten wenig zu hören war. Die weitgehende Abwesenheit von Kritik an derart zerstörerischen – ich wähle das Wort bewusst – Artikeln lässt auf eine erschreckende Gleichgültigkeit der Journalistenkollegen schließen, oder auf einen noch erschreckenderen Standeszusammenhalt, der reflexartig jeden Angehörigen der eigenen Zunft in Schutz nimmt und ihn außerhalb jeder Kritik stellt.

Journalisten weisen oft mit deutlicher Ironie darauf hin, dass die Parteien laut Grundgesetz „an der Willensbildung des Volkes mitwirken“, sprich: sie nicht dominieren dürfen. Medien aber, die im wahrsten Sinne des Wortes *zwischen* den politischen Ereignissen und den Bürgern stehen, verfügen geradezu über ein Monopol auf die Willensbildung des Volkes. Das ist für die Bürger durchaus misslich, denn sie haben lebenspraktisch wenig eigene Möglichkeiten, sich aus erster Hand über politische Vorgänge zu informieren. Diejenigen aber, die tatsächlich Versammlungen besuchen, sind häufig erstaunt darüber, dass dieses oder jenes von ihnen als interessant und aufschlussreich empfundene Ereignis von „zuständigen“ Medien – in der Provinz meist private Rundfunksender und Lokalzeitungen – entweder gar nicht oder verzerrt wiedergegeben wird.

Keine Frage: Es gibt ihn – und dafür bin ich jedes Mal dankbar –, den guten Journalismus. Aber in der Masse brauchen wir deutlich einen selbstkritischeren, kontroverser diskutierenden und vielseitiger informierenden Journalismus!

Es ist vielleicht kein Zufall, dass der amerikanische Autor und Filmemacher Michael Moore, der sich in ganz und gar nicht standesbrüderlicher Kritik an den amerikanischen Medien übt, auch in Deutschland gerade bei jungen Leuten sehr gut ankommt.

Berufsbild: Schiedsrichter

Es hat ja früher mit den bürgerlichen Richtungspressen und den Arbeiterzeitungen durchaus Journalismus gegeben, der einen klar parteilichen Standpunkt einnahm. Das muss gar nicht von Nachteil gewesen sein, weil der Leser keinen Augenblick über die Interessen im Unklaren war, die die Schreiber leiteten. Doch die Haltung der Journalisten hat sich verändert: Heute nehmen viele von ihnen eine Art neutrale Schiedsrichter-Position ein, geben der Politik von außen Haltungsnoten und machen sich selbst häufig gar nicht mehr klar, dass jeder Mensch von erkenntnisleitenden Interessen bestimmt ist, auch beim Schreiben.

Aber das Bewusstsein für die Subjektivität jeder Sichtweise ist für faire Berichterstattung unerlässlich. Und der Bürger-Leser oder -Zuschauer kann eine Haltung der Neutralität ohnehin nicht einnehmen: Erstens *hat* er eigene Interessen, und zweitens bedarf das demokratische Gemeinwesen seiner Beteiligung, wenn es funktionieren soll. Wir können ebenso wenig ein Volk von unbeteiligten Schiedsrichtern sein wie ein Volk von mehr oder weniger verdrossenen Mitläufern.

In den siebziger Jahren herrschte in den Medien wie in den Institutionen der politischen Bildung die Vorstellung vor, man müsse die Massen zur Kritikfähigkeit erziehen; auch heute noch fehlt solche Kritikfähigkeit. Denn kritisieren heißt ja dem Wortsinn nach „sondern", unterscheiden zwischen dem, was richtig, akzeptabel und so weiter ist, und dem, was es nicht ist. Stattdessen dominiert ein oberflächliches Kritikverständnis, das scheinbar überlegen alles verwirft und besser weiß. Es fehlt eine sorgfältige Analyse des politischen Prozesses, die sich der oberflächlichen Personalisierung und Moralisierung enthält – auf der Grundlage einer prinzipiellen und vor allem aktiven Identifikation mit der Demokratie. Die wird den Medien-Konsumenten stattdessen durch eine Reihe von Faktoren schwer gemacht, vor allem durch die unsägliche Neigung zur Skandalisierung. Niemand will eine fröhlich-verlogene Heile-Welt-Berichterstattung à la sozialistische Massenpresse, aber die permanente Dramatisierung normaler Aushandlungsprozesse – bei einer negativen Herausstellung des Streit-Elements – entfremdet das deutsche Publikum, das ohnehin seine Schwierigkeiten mit der Legitimität des Dissenses hat, immer weiter von seinen eigenen politischen Angelegenheiten. Es geht in dieser Gesellschaft eben nicht um „uns", die Bürger und „die" Politiker, es geht um uns alle, und wir haben nun einmal unterschiedliche Standpunkte und Interessen, die unsere von uns gewählten Repräsentanten in notwendigen Auseinandersetzungen für uns vertreten sollen. Dazu haben wir sie gewählt.

Was sich verkauft

Es ist übrigens angesichts des allgemeinen Trends zur Vereinfachung und Skandalisierung überhaupt kein Wunder, dass Politiker häufig in eine floskelhafte Plastiksprache verfallen – gerade die elektronischen Medien drängen sie ja immer wieder geradezu aggressiv zur schlagwortartigen Kürze. Die ist wenig dazu geeignet, komplexe Zusammenhänge darzustellen. Dass Abgeordnete oder Minister stets befürchten müssen, aus ihren ehrlichen, abwägenden, zweifelnden, suchenden und vielleicht noch unsicheren Äußerungen könne die nächste dramatisierende Meldung gestrickt werden, lässt sie eben auf jene „sicheren" Formulierungen zurückweichen, die uns allen wirklich oft auf die Nerven gehen. Ein echtes offenes Gespräch mit den Medien, in den Medien, ist nicht leicht zu führen.

Nun ist es mir vollkommen klar, dass auch wohlmeinende Journalisten unter Zwängen arbeiten, und diese Zwänge haben wiederum etwas mit der kapitalistischen Wirtschaftsweise zu tun, die heute in den unzähligen (Privat-)Sendern und Blättern stärker zum Tragen kommt als in den Re-Demokratisierungsjahren der Nachkriegszeit. Ziemlich beeindruckt hat mich einmal eine gemeinsame Fahrt mit Journalisten zum Flughafen. Sie waren alle in sogenannten „kritischen" Medien tätig, und ihr lebhaftes Gespräch drehte sich durchweg um Quoten und Aufmacher. Dabei ging es durchaus differenziert um ästhetische Fragen und um den Zusammenhang zwischen Aufmacher und Quote – und je höher diese ausfiel, desto mehr leuchteten die Augen der Gesprächsteilnehmer und desto mehr wuchs auch der kollegiale Respekt.

Das Gespräch wirkte sehr professionell, und man bezog sich auf einen breiten Fächer empirischer Veranschaulichungen. Die Frage nach dem Zusammenhang zwischen der Priorität der Quote und der demokratischen Verantwortung der Medien stellte sich den Journalisten nicht, und sie hätte wohl in diesem Zusammenhang auch deplatziert gewirkt, zu abstrakt und theoretisch abgehoben. Aber eben die Diskrepanz zwischen dem, was diese ganz und gar sympathischen Journalisten offenbar vorrangig bewegte und was mich selbst umtreibt – die Diskrepanz nämlich zwischen den Bedingungen des täglichen Erfolgs, der zum individuell-professionellen Überleben der Medien nötig ist, und dem, was ich als die zentrale und überaus wichtige Verantwortung der Medien in der Demokratie ansehe, beschäftigt mich sehr, und nicht erst seit dieser Erfahrung.

Können sich die Journalisten angesichts der harten Konkurrenz auf dem Medienmarkt überhaupt noch um ihre demokratievermittelnde und -erhaltende Aufgabe kümmern? *Müssen* sie nicht in erster Linie auf Quoten und Auflagezahlen achten, um sich zu behaupten? Sind die am Anfang dieses Kapitels aufgelisteten Verdruss-Schlagzeilen vielleicht notwendige Übel im Überlebenskampf, die einigen abwägenden, differenzierenden Schreibern ihre Nischen erhalten? Kann man die Kluft zwischen der demokratischen Verantwortung der Medien und den real existierenden Bedingungen des Geschäfts überhaupt noch überbrücken?

Wie sieht diese demokratische Verantwortung der Medien, positiv formuliert, aus? Sie beginnt mit der Auswahl aus einer prinzipiell unendlichen Zahl von Nachrichten und einem damit einhergehenden (Wert-)Urteil über ihre Bedeutung. Dieses Auswahl-Dilemma kann in einer modernen pluralistischen Demokratie, die nicht nur eine Vielfalt von Interessen *enthält*, sondern diese Vielfalt auch als legitim akzeptiert und wünscht, nicht prinzipiell überwunden, sondern nur demokratiekonform gestaltet werden. Die Grundmaxime dafür liegt in der Forderung, das Spektrum der Interessen breitzuhalten, ihre öffentliche Präsentation vor Einseitigkeit zu schützen und den Raum für eine kontroverse Diskussion zu sichern. Sie bietet die Chance, die einzelnen Interessen und unterschiedlichen Prioritäten mit Kriterien des Gemeinwohls zu vergleichen, etwa gemäß dem Habermas'schen Kriterium der Verallgemeinerbarkeit der Interessen.

Wenn *Demokratie* die gleichberechtigte Teilhabe aller Bürger an der Politik bedeutet (und nicht ein massenhaftes Beiseitestehen von Verdrossenen), und wenn *Politik* im Wesentlichen die Vorbereitung und Durchführung von Entscheidungen bedeutet, die alle Bürger betreffen und die von ihnen kontrovers beurteilt werden, dann haben gemeinwohlorientierte Ziele nur eine Chance, wenn sich die Bürger darüber verständigen. Dazu müssen sie aber möglichst erschöpfend argumentieren und die Implikationen von Entscheidungen verstehen und beurteilen können. Öffentlichkeit wurde jahrzehntelang demokratietheoretisch als eine Art Filter angesehen, der partikularistische oder willkürliche Politik herauszufinden hilft und so das demokratische Gemeinwohl befördert. Immanuel Kant hat es als eine Art Test für die Gerechtigkeit von Entscheidungen bezeichnet, wenn sie zu ihrer Verwirklichung der Veröffentlichung bedürfen, wozu gehört, dass die Öffentlichkeit ihnen zustimmen und eine gerechte Interessenabwägung durchführen kann. Aber was, wenn die Medien, die diese Öffentlichkeit konstituieren, ihre Filterfunktion nicht mehr wahrnehmen (können), weil sie selbst zu Trägern von (wirtschaftlichen) Interessen werden oder weil sie vor allem von ihren Kollegen wahrgenommen und zitiert werden wollen? Oder weil ihre eigenen Akteure der demokratischen Kultur so entfremdet sind, dass sie Beteiligung der Bürger weniger wichtig finden als Aufwiegelung?

Damit ist zugleich gesagt, dass Demokratie, wie ich sie verstehe, nicht einfach ein wertmäßig neutrales Entscheidungsverfahren bedeutet. Vielmehr begreife ich sie als eine normativ gestaltete politische Verfassung *und* Lebensform. Sie dient dem Ziel, die gleiche Würde aller Menschen, ihr gleiches Recht und ihre gleiche Pflicht zur Freiheit, also zur selbstbestimmten und verantworteten Lebensführung und solidarischen Teilhabe am Gemeinwesen zu verwirklichen. Zu ihrer Festigung sind nicht nur Gesetze und Institutionen notwendig, sondern eben auch eine politische Kultur, die deren angemessene Handhabung unterstützt. Wir kennen die Maxime, dass Gesetze ihrem Geist und Buchstaben gemäß angewendet werden sollen. Wir wissen auch, dass man Institutionen immer missbrauchen oder pervertieren kann, weil sich die Wirklichkeit, auf die sie angewendet werden sollen, in keinem Gesetz ganz und gar einfangen lässt. In Bezug auf die Gerechtigkeit hat Aristoteles deswegen in seiner berühmten Nikomachischen Ethik am Ende seiner Ausführungen zur Gerechtigkeit das „Gütige" als ihren Gipfel gerühmt. Es besteht darin, auf ein eigenes Recht zu verzichten, wenn seine Einforderung eine größere Ungerechtigkeit nach sich ziehen würde. Das *Gütige* als Grundhaltung brauchen wir, so Aristoteles, in einem freiheitlichen

Gemeinwesen, weil sich die Gerechtigkeit nie ganz in Gesetzesregelungen umsetzen lässt.

Wenn Demokratie also auf politisch-kulturelle Unterstützung angewiesen ist, dann betrifft das zum einen die Grundhaltung ihrer Bürger. Menschen, die ihr individuelles Urteilsvermögen unbefragten Autoritäten unterordnen, die ihren Mitbürgern eher misstrauisch begegnen und nicht leicht mit ihnen kooperieren, die also weder Fremd- noch Selbstvertrauen und infolgedessen auch keine Zukunftszuversicht aufbringen; Bürger, die ungeniert ihre partikularen Interessen verfechten, ihre Macht ausnutzen und sich um Fairness nicht scheren; Menschen, die es sich abgewöhnt haben, zwischen Wahrheit und Lüge zu unterscheiden, oder die die Lüge für ein vertretbares Mittel halten, Gegner auszuschalten – sie alle können eine Demokratie nicht gut aufbauen oder bewahren. Sie zerstören das Grundvertrauen, das Menschen sowohl für die mutige Gestaltung ihres privaten Lebens als auch für das Gelingen eines freiheitlichen Gemeinwesens brauchen. Vertrauen ist die kulturelle Nahrung, ohne die eine Demokratie verkümmert, ohne die sich die Bürger und Interessengruppen gegenseitig im Wege stehen und blockieren, anstatt die Kraft zur Gemeinsamkeit aufzubringen und etwas zu ihrem gemeinsamen Wohl aufzubauen.

Diese Grundhaltung ihrerseits wird aber – und dies ist das zweite – nicht gedeihen, wenn die Medien ihr zuwiderhandeln, anstatt sie zu fördern. Wenn Menschen einseitig informiert werden, dann fördert dies Misstrauen, weil es der Komplexität der Wirklichkeit und der gesellschaftlichen Wahrnehmungen, Ansprüche und Interessen nicht gerecht wird. Wenn Medien jenseits der Schwierigkeit, angemessen, also in pluralistischer Breite zu kommunizieren, einer ganz anderen Logik folgen, wenn sie um ihres Überlebens willen vor allem auf Gewinn aus sein müssen und deswegen verzerrende Kampagnen betreiben, anstatt aufzuklären, dann werden sie ihrer demokratischen Grundverantwortung, an einer gemeinwohlorientierten Öffentlichkeit mitzuarbeiten und damit das gesellschaftliche Vertrauen, das die Demokratie braucht, mitzuschaffen, nicht gerecht.

Skandalisieren bis zum Abwinken

Ein Aspekt der erwünschten Wächterfunktion der Medien ist der Enthüllungsjournalismus. Doch auch dieser Bereich ist einem ungeheuren, im Ergebnis nicht überwiegend positiven Druck ausgesetzt. Wie zum Beispiel unterscheidet sich heute eine „echte" und nachhaltige Enthüllung von einem Pseudo-Scoop, der viel Verwirrung stiftet, substanziell aber nur – um es mit Shakespeare zu sagen – viel Lärm um nichts produziert? Das Konkurrenz-Dilemma liegt hier ja klar zu Tage: investigativ profilierte Medien müssen mit einer gewissen Regelmäßigkeit Scoops liefern. Enthüllungen in den Medien kommen vor allem auf zwei Wegen zustande: durch Zufälle oder durch ein breites Netz von Informanten. Die größte Spionage-Affäre der österreichisch-ungarischen Monarchie, der Fall des Obersten Redl, wurde nur aufgrund des Zufalls enthüllt, dass der Reporter Egon Erwin Kisch mit eben jenem Schlossermeister Fußball spielte, der auf Geheiß der Spionageabwehr die Wohnungstür des Obersten aufbrach. Ähnlich kamen Bob Woodward und Carl Bernstein auf die Spur der Watergate-Affäre. Das Gegenstück dazu bilden die großen Redaktionen, die ihre Netze weit auswerfen können, die viel Geld in teure Recherchen stecken und auch Informationen kaufen können. Hierfür ist in Deutschland der *Spiegel* prototypisch, der jederzeit personalstarke *task forces* bilden kann, die dann ein Thema monatelang recherchieren.

Ist für schwächer ausgestattete Medien die Versuchung nicht manchmal groß, Sachverhalte als härter recherchiert oder skandalträchtiger auszugeben, als sie tatsächlich sind?

Eine weitere Frage an die Politikredaktionen lautet: Inwieweit ist es heute möglich, besonders innerhalb der zeitlichen und formalen Beschränkungen der elektronischen Medien, der Komplexität politischer Prozesse gerecht zu werden? Kurt Kister schrieb 1999 in der *Süddeutschen Zeitung*: „Zu viele Politiker und Journalisten haben ein in erster Linie antagonistisches, auf Kritik als *Kontroverse* ausgerichtetes Berufsbild. Das übliche Instrument der Auseinandersetzung ist nicht mehr die Debatte, sondern der Krawall."

Diese Tendenz wird durch immer häufiger auftretende Pseudo-Scoops enorm verstärkt. So wurde 2005 alarmiert über die Beförderung von 127 Beamten des Bundesministeriums für Arbeit und Soziales in höhere Dienstgrade geschrieben und gesendet. Die Union versuchte, den Tatbestand zu skandalisieren: Kurz vor einer Bundestagswahl nähme man keine Beförderungen mehr vor. Die Medien griffen diese Kritik großformatig auf. Am Abend des Tages, an dem diese Geschichte auf allen Sendern „lief", traf ich im Zug einen Mann, übrigens sogar einen Akademiker, einen Apotheker, der mir gegenüber behauptete, die Regierung habe als Wahlgeschenk alle deutschen Beamten, also rund eine Million Menschen, kurzerhand befördert. Die Wahrheit ist: Die 127 Beförderungen im Sozialministerium erfolgten auf einen Schlag, da die Beförderungsordnung des Hauses überarbeitet worden war und deswegen in den letzten zwei Jahren gar keine Beförderungen im höheren Dienst stattgefunden hatten. Da sieht man, welchen Unfug undifferenzierte Berichterstattung in den Köpfen der Zuschauer und Leser anrichten kann, auch wenn die Verantwortung für Leichtgläubigkeit letztlich beim Leser und Bürger selbst bleibt. Leider begnügen sich immer mehr – eigentlich aufklärerisch gesinnte – Medien damit, die Zuschauer in ihren liebgewonnenen Vorurteilen zu bestätigen, der sogenannten politischen Klasse pauschal Abzocker-Mentalität zu unterstellen und so die Politikverdrossenheit zu fördern.

Deshalb frage ich mich sehr ernsthaft, und ich glaube übrigens, dass es sehr vielen Bürgern eigentlich auch so geht: Sind Skandale und ein Gestus des Anprangerns alles? Müsste nicht Orientierung und politische Bildung der Menschen auch dadurch erfolgen, dass man über die Normalität, den oftmals sehr effizienten, demokratisch legitimen und übrigens auch interessanten Gang politischer Prozesse spricht? Das geht freilich nicht, wenn zum Beispiel die öffentlich-rechtlichen Sender sich immer mehr an ihr fragwürdiges Umfeld privater Sender anpassen. Die Balance zwischen dem aufklärerischen Journalismus und den ihn einrahmenden Massenmedien verschiebt sich. Die ursprünglich verständigungsorientierte und kommunikative Logik eines Journalismus, der das gesellschaftliche Gespräch ermöglicht und die differenzierte Urteilsbildung fördert, gerät gegenüber der gewinnorientierten Logik massenmedialen Wirtschaftens zunehmend ins Hintertreffen und wird von ihr quasi „kolonialisiert".

Dadurch werden ethische Postulate des journalistischen Handelns zwar nicht in ihrer Gültigkeit eingeschränkt, sehr wohl aber in ihrer Wirksamkeit und Relevanz geschwächt. Gegen den Druck von Auflagen und Quoten können sich journalistische Ethik- und Qualitätsmerkmale oft nicht behaupten. (Obwohl sehr wohl denkbar wäre, dass ihre Erfüllung auch zu wirtschaftlichem Erfolg führen kann.)

Diese Trends markieren keine Entwicklung, die erst in den letzten zehn Jahren eingesetzt hat, sondern sind strukturell in das moderne Mediensystem eingelassen. Der wachsende ökonomische Druck hat allerdings dazu geführt, dass sich das Gleichgewicht zwischen journalistischer Autonomie und medialer Ökonomie zugunsten letzterer graduell verschoben hat. Das zieht Entwicklungen wie einen aufgeregten Sensationalismus nach sich, die ethisch und für die politische Kultur problematisch sind: Einfache Nachrichten müssen zur weltumstürzenden Neuigkeit aufgebauscht werden, um den Absatz zu steigern. Im Gegenzug fehlen oftmals die Ressourcen, um intensive Recherche oder auch nur das nötige kritische Räsonnement zu ermöglichen.

Der Zwang zur Personalisierung und zur Eindeutigkeit macht es zudem sehr schwer, mit bestimmten Inhalten durchzudringen. Als Wissenschaftlerin rennt man manchmal wie gegen eine Wand, wenn man ein neues, wichtiges Thema in den Mediendiskurs einführen will. Es gibt in den Redaktionen offenbar einen verbreiteten Widerwillen gegen komplexe Themen, über die noch keine anderen Medien berichtet haben.

Nur schlechte Nachrichten sind gute Nachrichten

Vor allem stört mich aber auch der Nachrichtenfaktor des Negativismus. Nachrichten sind offenbar umso besser, je schlechter sie sind: Man erinnere sich an das zu Unrecht prognostizierte Chaos bei der Einführung von Hartz IV. Und das Kurzzeitgedächtnis! Es war 2004 vollkommen klar, dass die Arbeitslosenzahl mit der Zusammenlegung von Arbeitslosen- und Sozialhilfe um vielleicht 500.000 Menschen steigen *musste* – eben weil man Beschäftigungslose, auch aus der Sozialhilfe, jetzt statistisch offener und ehrlicher zählte. Trotzdem schrieben Zeitungen nur wenige Tage nach dem Inkrafttreten der Reform von einer Zunahme der Arbeitslosigkeit. Das ist schon fast böswillig und führt mich zu einem weiteren Punkt, der Zurechenbarkeit des Medienhandelns.

Medien müssen ja kurzfristig ihre Zuschauer und Leser für sich gewinnen, brauchen täglich die Neuigkeit. Konsistenz wird unwichtig, der laute Skandal hingegen zur Erfolgsbedingung. Daraus ergeben sich zum Beispiel in der Berichterstattung über politische Reformen problematische Muster: Erst werden die Reformen abstrakt gefordert, dann werden ihre konkreten Nebenwirkungen beklagt, dann technische Umsetzungsmängel moniert und noch bevor sie in Kraft treten, wird ihr Scheitern verkündet. Wenn im

Zuge einer solchen Entwicklung die Entkoppelung von politischer Thematisierung und medialer Spiegelung zum Dauerzustand wird, besteht die Gefahr, dass umfassendere Reformprozesse schon allein deswegen nicht gelingen können, weil durch die Berichterstattung das in der Bevölkerung nötige Vertrauen in die Wirksamkeit der Reformen zerstört wird.

Zudem hat man den Eindruck, dass die rapide Reduzierung fest angestellter Mitarbeiter in den Medien die Qualität der Recherche und der Analyse erheblich beeinträchtigt. Oft wirkt es so, als ob ein Journalist vom anderen abschreibt und, weil einfach die Zeit zur gründlichen Vorbereitung nicht da ist, sicherheitshalber das wiederholt, was sich schon als öffentlich akzeptiert bewährt hat. Man geht dann kein Risiko ein, aber es fehlt für eine gründliche öffentliche Sachdebatte die begründete Kontroverse, die hilft, die Tragfähigkeit von Argumenten auszuloten. Stattdessen gehen Meinungsmoden wie hohe Wellen über uns her, und es scheint am klügsten, einfach unter ihnen durchzutauchen.

Politikerinnen und Politiker, die für ihre Sache einstehen, haben es schwer, dagegen anzukommen. Aber es ist nötig, dass sie es schaffen. Denn die Anpassung an die medialen Stimmungsschwankungen ist gefährlich: Nur eine davon weitgehend unabhängige Politik ist in der Lage, auch langfristige Prozesse klug zu gestalten und das Vertrauen der Bürger zu gewinnen, die die Anpassung schnell durchschauen.

Politische Kommunikation findet vor dem Hintergrund ständig aufsteigender und absinkender Spannungen, wechselnder Gefühlsaufwallungen und immer neuer Reize sowie einer merkwürdigen Abfolge von Wichtigem und Unwichtigem statt. Der „Code der Medien", vor allem die Programmierung des Fernsehens mit ihrem Wechsel aus Information und Unterhaltung, Sport, Dokumentation und Fiktion, lässt einen Brei entstehen, der sich im Kopf des Zuschauers zu einem Gesamtbild verrührt. Dort, wo der politische Diskurs direkt an die *soap opera* anschließt, wo Räsonnement und

Geballer sich berühren, entsteht nur selten ein optimales Rezeptionsumfeld.

Ich habe während meiner Zeit als Kandidatin für das Amt des Bundespräsidenten ein paarmal Interviews gegeben, die mir eigentlich nicht besonders provokant erschienen. Ich habe aber gemerkt, dass die jeweiligen Interviewer an nur einer einzigen Aussage aus dem ganzen Kontext interessiert waren. Und die haben sie dann sofort zu einer Agenturmeldung gemacht: „Schwan kritisiert Schröder" oder „Schwan greift Merkel scharf an". Der kommunikative Mehrwert solcher Aktionen scheint mir gering, und er hat zumindest mein Vertrauensverhältnis zu diesen Journalisten beeinträchtigt. Allerdings ist mir im Allgemeinen von den Medien Fairness und Vertrauenswürdigkeit begegnet.

Kleines Plädoyer für Maßstäbe

So wie die Mediengesellschaft sich heute entwickelt, werden Medien zu eigenständigen politischen Spielern – und damit zu den wichtigsten Orientierungsgrößen für die Politik. Das heißt auf der einen Seite, dass die Politik versucht ist, sich immer mehr der medialen Darstellungs- und Verwertungslogik unterzuordnen. Politische Ereignisse werden im Hinblick auf die zu erwartende Medienberichterstattung geplant, politisches Personal aufgrund seiner Medientauglichkeit ausgewählt, politische Inhalte den – in der Regel recht geringen – Möglichkeiten der Medien, Komplexität zu verarbeiten, angepasst. Mediale Präsenz wird vielfach zur Ersatzhandlung für die im Zeitalter der Globalisierung schwindenden Handlungsmöglichkeiten der Politik. Dies ist die Qualitätsveränderung auf Seiten der Politik.

Doch auch an den Medien selbst geht der gewachsene Einfluss des Medialen natürlich nicht vorbei. Für mich drückt sich das vielfach in einer geradezu kampagnenartigen Behandlung einzelner

Themen und Sachfragen aus. Offensichtlich wird in den großen Redaktionen heute strategisch kalkuliert, wie lange sich ein Thema am Laufen halten lässt, und danach werden der Ressourceneinsatz und die Intensität der Berichterstattung bemessen. Dies kann legitim sein, kann aber auch zu Disproportionen und Verzerrungen führen.

Medien und Medienmacher müssen wissen, dass sie, demokratietheoretisch gesehen, mit geliehener Macht und geborgtem Einfluss als Sachwalter der Gesellschaft fungieren. Sie genießen eine Vielzahl von Privilegien, haben aber – anders als die Politik – keine demokratische Legitimation aus eigenem Recht. Dies zwingt sie nicht zu Meinungslosigkeit, im Gegenteil, verpflichtet sie aber, sehr genau zu reflektieren, wie sie Ereignisse und Vorgänge darstellen und welche Wirkungen dies auslöst. Die breite Debatte um die Qualitätssicherung des eigenen Programms und um die Entwicklung einer journalistischen Berufsethik, welche die öffentlich-rechtlichen Medien und die journalistischen Berufsverbände seit einigen Jahren führen, ist da ein wichtiger Beitrag von Seiten der Akteure.

Wünschenswert wäre es, wenn die *Gesellschaft als ganze* das Thema Medienpolitik wieder stärker als einen zentralen Bereich der politischen Auseinandersetzung auffassen würde, und wenn Medienkritik – wohlgemerkt im Sinne von „sondern" bzw. „unterscheiden" – zu einer akademischen Disziplin würde, der sich einige der besten Köpfe des Landes widmen. Das allgemeine Desinteresse an der ordnungspolitischen Verortung und der inhaltlichen Ausgestaltung der Medien scheint mir eines der größten Defizite in unserer gegenwärtigen Demokratiekrise zu sein. Merkwürdigerweise haben zum Beispiel die Diskussionen um die politische Macht und die kulturelle Wirkung des Fernsehens nach der Einführung des Privatfernsehens 1984 nicht an Intensität zugenommen, sondern sind – im Gegenteil – an den Rand der gesellschaftlichen Debatte gerückt. Dies verwundert umso mehr, als die gesellschaftliche Entwicklung in den letzten zwanzig Jahren eindeutig weiter in Richtung der viel beschworenen „Mediengesellschaft“ gegangen ist. Nur mit einer breiten gesellschaftlichen Diskussion, in der die Öffentlichkeit ihre eigene Kritikfähigkeit schärft und unter Beweis stellt, so dass sich Manipulation und Kampagnenjournalismus weniger auszahlen, besteht die Chance, dass die Medien als generalisierte Vertrauensunternehmer der Gesellschaft ihrer demokratischen Verantwortung nachkommen.

Dabei geht es immer auch um Maßstäbe. Bei aller berechtigten Kritik an fehlgeschlagenen politischen Projekten, bei aller Lust *an der* und allem strukturellem Zwang *zur* Skandalisierung müssen Journalisten auch die Frage berücksichtigen: Wie waren die Verhältnisse in Deutschland eigentlich vor hundert Jahren, und: In welchem bedeutenden Land auf der Welt sind sie gegenwärtig besser? Nur der Vergleich mit früher und mit anderswo ist geeignet, die realistischen Proportionen eines Problems in Erinnerung zu rufen. Und nur so kann die Logik der gemeinwohlorientierten demokratischen Verantwortung der Logik der ökonomischen Marktrentabilität entgegenwirken.

Also, was können wir tun? Wir brauchen demokratiebewusstere journalistische Profis und wachsame institutionalisierte Selbstkritik. Vor allem aber: Das aufgeklärte Publikum muss sich wehren und muss selbst einen Sinn für die Größenordnung ausbilden, in der sich die „Skandale“ und Pannen unserer Demokratie bewegen. Je kritischer und differenzierter die Öffentlichkeit ist, desto mehr hat gute Politik eine Chance. Hier liegt die wichtige Vermittlungsaufgabe der Medien.

IV. Vertrauen ist besser

Am Rande des Abgrunds

Viele Journalisten folgten in den vergangenen zehn Jahren der Mode, das reiche und verglichen mit anderen Teilen der Welt geradezu luxuriös friedliche Deutschland darzustellen, als stehe es unmittelbar vor dem Absinken in den Dritte-Welt-Status. Greser und Lenz, zwei Karikaturisten der *Frankfurter Allgemeinen Zeitung*, haben die allfällige Untergangsstimmung in einer ausgesprochen witzigen Zeichnung festgehalten: Da sitzt ein Al-Quaida-Kämpfer in einem Zelt in Afghanistan, und ein zweiter diktiert ihm einen Brief: Die Glaubensbrüder mögen von terroristischen Anschlägen in Deutschland bitte absehen, „denn dieses Land ist schon kaputt".

Heute, im Jahr 2007, mit einem erkennbaren wirtschaftlichen Aufschwung und aktuell sinkenden Arbeitslosenzahlen vor Augen, ist man geneigt, an der Realitätsnähe der finsteren Bilanzen von gestern noch etwas mehr zu zweifeln als immer schon: Es gab damals – und es gibt jetzt – Probleme. Grund für Katastrophenstimmung bestand damals nicht. Grund für Sorglosigkeit – gerade, was das Vertrauen der Bürger in ihr eigenes politisches System angeht – haben wir heute freilich auch nicht, selbst wenn die politischen Zeitschriften und manche Meinungsproduzenten augenblicklich, mit der vertrauten Kurzatmigkeit, das Ende aller Kümmernisse in Aussicht stellen. Noch einmal: Wir standen in den letzten fünfzehn Jahren nie wirklich vor dem Abgrund. Und wir dürfen nicht erwarten, dass in den nächsten fünfzehn Jahren alles reibungslos verläuft.

Die Negativ-Berichterstattung der Medien förderte gewiss die Angst der Deutschen, aber möglicherweise befriedigte sie auch eine tiefe Sehnsucht danach, sicherheitshalber das Schlimmste anzunehmen – eben damit es nicht eintritt. Es bleibt also abzuwarten, ob das Publikum mit einer weniger dramatisierenden Publizistik überhaupt umgehen könnte – und ob entspanntere Wirtschaftsdaten „der" Politik in den Medien zu einem besseren Stand verhelfen. Gegenwärtig spürt man in dieser Frage bei den Kommentatoren der Leitmedien eine gewisse Unentschlossenheit, ja Verwirrung.

Davon ist freilich ein Kommentar im *Tagesspiegel* zum „Tag der Arbeit" 2004 noch in keiner Weise angekränkelt. Ich zitiere ihn hier, weil nach meiner Überzeugung jene Mischung aus Drohung und Defätismus auch bei kurzfristig aufgehellter Gemütslage in unserem Land weiterwirkt: „So deutlich wie an diesem ersten Mai ist es noch nie geworden: Das Herz des deutschen Sozialstaates, das Normalarbeitsverhältnis, ist schwer krank. Und niemand weiß, wie ihm zu helfen ist. Die Angreifer kommen von außen. Sie heißen Verlagerung von Arbeitsplätzen und Lohnkostenvorteil, oder: Dynamik der Märkte. Sie kommen aber auch von innen. Da heißen sie verschärfte Zumutbarkeitsregeln, Werkvertrag oder Minijob und unterhöhlen den Normaljob. Vordergründig. Tatsächlich sind diese Regeln Notoperationen, damit das System nicht ganz kollabiert." Und weiter heißt es: „Für die Arbeitnehmer kommt es noch dicker: Die breite Lohnsenkungsdebatte – auch die Forderungen nach längerer Arbeitszeit gehören dazu – hat längst auch die Facharbeiter und Ingenieure bei den Werkzeugmaschinenherstellern und bei den großen Autokonzernen erreicht. Wenn aber selbst in den produktivsten und innovativsten Unternehmen künftig für gleichbleibende Einkommen länger gearbeitet werden muss, heißt das, dass niemand verschont bleibt. In Deutschland wird es kaum Gewinner in dieser Auseinandersetzung geben. Das ist, trotz der lauten Reden, die unausgesprochene Einsicht am Tag der Arbeit. Viel gewonnen wäre schon, wenn es weniger Verlierer gibt."

Wenn man dieser Einschätzung folgte, dann war Deutschland 2004 ein sinkendes Schiff, und nirgends war Land zu sehen. Heute hingegen sprechen wir über Lohnabschlüsse zwischen drei und sechs Prozent. Es zeigt sich, wie gering die Halbwertszeit der schwärzesten Prophezeiungen sein kann. Gefährlich ist der Alarmismus trotzdem: Eine für die Medien wichtige sozialwissenschaftliche Theorie besagt, dass das Handeln der Menschen nicht durch Tatsachen bestimmt wird, sondern durch *Meinungen* über Tatsachen. Schlichter ausgedrückt findet sich diese Erkenntnis in einem jüdischen Sprichwort: Wenn die Leute sagen, du bist pleite, dann bist du pleite.

Ein instruktives Beispiel für die normative Kraft der Meinung, genauer: der subjektiven Einschätzung, fand sich in den letzten Jahren in Bulgarien. Eine Studie über den Transformationserfolg in den mittelosteuropäischen Ländern attestiert der dortigen Wirtschaftspolitik, dass sie nach den Regeln der ökonomischen Kunst alles ganz richtig gemacht hat, und doch stellt sich der Erfolg des wirtschaftlichen Aufschwungs nicht ein, weil die Menschen kein Vertrauen in ihre Zukunft haben und auf diese Weise selbst an der Negativspirale drehen, die sie hinabzieht. Die zentrale Ressource, an der es fehlt, so diese Studie über Bulgarien, ist das Vertrauen in die Verlässlichkeit der sozialen Verabredungen, der rechtlichen Rahmenbedingungen, der gesellschaftlichen Akteure und der politischen Institutionen. Da man auf sie noch nicht baut, sichert man sich lieber individuell so gut es geht ab. Die Gesellschaft fällt weiter auseinander – um voranzukommen, müssten die Menschen aber gerade enger und verlässlicher miteinander kooperieren.

Was für Bulgarien gilt – die grundlegende Bedeutung des Vertrauens für eine gedeihende Wirtschaft, beruhend auf der Einsicht, dass die Ökonomie in Wirklichkeit kein isolierter Sektor ist, sondern das Resultat von menschlichem Verhalten, das man in seiner ganzen Komplexität berücksichtigen muss, wenn man erfolgreich wirtschaften und Politik machen will –, das gilt auch für Deutschland. Hier ist es aber vor allem die Politik, die unter einem Mangel an Vertrauen leidet.

Der Politik steht, wie bereits geschildert, ausgesprochen wenig von dieser sozialen Ressource zur Verfügung, und die Medien tun nicht viel, um diesem Missstand abzuhelfen. Ich glaube allerdings, dass die Vertrauenskrise tiefer geht, als es sich in oberflächlichen Verdrossenheitsgesten mancher Menschen ausdrückt.

Die Quellen unserer Kraft

Betrachtet man unsere Gesellschaft als Ganzes, dann sind wir von ungeheuer vielen lebensnotwendigen Vertrauensfragen entlastet: Wir können Leitungswasser trinken, ohne größere Schäden für die Gesundheit befürchten zu müssen. Wir können uns im Großen und Ganzen darauf verlassen, dass alle Verkehrsteilnehmer sich an die Regeln der Straßenverkehrsordnung halten und dass ein Auto, das die TÜV-Überprüfung überstanden hat, nicht plötzlich mit uns an Bord die Räder verliert. Wir verlassen uns auf die Bauaufsicht, auf eine einigermaßen gleichmäßige ärztliche Versorgung – und wo nicht unbedingt auf den einzelnen Lebensmittelhändler (der geneigt sein mag, Produkte jenseits des Haltbarkeitsdatums im Regal zu lassen), da doch auf die Gewerbeaufsicht. Bei allem Gejammer über „Bürokratie" pflegen wir in Deutschland – zu Recht – ein hohes Vertrauen in technische (oder eben: bürokratische) Vorschriften, und das erleichtert uns den Alltag beträchtlich.

Unsere Vertrauenskrise scheint sich also weniger auf technisch zu regelnde Belange als auf das Zwischenmenschliche zu beziehen. So haben die Individualisierung und zum Teil auch die moderne Arbeitswelt mit ihren extremen Flexibilitätserwartungen dazu geführt, dass *Beziehungen* bei uns immer mehr unter Druck geraten sind. Ich bin weit davon entfernt, steigende Scheidungsraten – ein Drittel aller Ehen wird inzwischen geschieden – für den Ausdruck irgendeines moralischen Versagens oder ähnliches zu halten. Aber sie zeigen, dass es offenbar immer schwieriger wird, sich auf ein lebenslanges Zusammengehörigkeitsexperiment einzulassen. Und vermutlich schrecken sie auch diejenigen ab, die dieses Experiment noch nie gewagt haben. Ich bin fast sicher, dass wenigstens ein Teil der heute so zahlreichen Alleinlebenden es aus Angst vor Enttäuschung nicht wagt, eine feste Bindung einzugehen. Man kann dann später mit einer Art Singlekult versuchen, daraus einen attraktiv wirkenden Lebensstil zu machen, aber ich persönlich glaube, dass es den Menschen – oder jedenfalls den meisten von ihnen – nicht gegeben ist, allein zu sein. Und dass wir das Vertrauen in belastbare Beziehungen, die auch einmal einen Sturm von außen aushalten, dringend brauchen, um uns unserer Umwelt hinreichend zuwenden zu können. Beziehungen sind die Energiequellen der Gesellschaft, sie tragen wesentlich zu der Kraft bei, die wir für konstruktives gemeinsames Handeln aufbringen müssen. Ich bin mir nicht sicher, wie gut es mit unserer Energieversorgung in dieser Hinsicht aussieht.

Ein anderer Bereich, in dem selbstverständliches, unbefragtes Vertrauen schwindet, ist der der Religion. Die großen Kirchen sehen sich, ähnlich wie die Parteien, von alternden Gemeinden und Nachwuchssorgen getroffen. Jugendstudien belegen zudem, wie wenig sich junge Leute abseits kurzfristiger Konjunkturen durch besondere Ereignisse (wie die Papstwahl oder den Weltjugendtag) noch an traditionellen Formen des Glaubens orientieren. Viele „basteln“ sich ihre Privatreligion mit einem unkonventionellen höheren Wesen im Zentrum. Diese Praxis aber, ähnlich wie der Boom esoterischer Angebote, scheint eher auf ein Bedürfnis nach Glauben hinzudeuten als auf dessen solide Verankerung, die durchaus eigene, auch intellektuelle Anstrengung verlangt.

Wenn wir uns nun, sicher nicht so anders als andere westliche Industrienationen, mit einer individualisierungsbedingten Unsicherheit in Beziehungsdingen und schwindender Bindekraft der Religion herumschlagen; wenn wir darüber hinaus in den letzten Jahren vermuten mussten, die Repräsentanten der Wirtschaft suchten kein kooperatives, sondern ein konfrontatives Verhältnis zu den Arbeitnehmern – wenn all diese Bereiche, die Vertrauen erfordern *und* Vertrauen schaffen, dermaßen unter Druck stehen, dann kann es nicht sehr erstaunen, dass die Begeisterung für Politik und für Mitwirkung an der Demokratie sich in Grenzen hält.

Wer braucht keine Sicherheit?

Niccolò Machiavelli, dem man gemeinhin einen extrem nüchternen Realitätssinn zuspricht, resümiert in seinen „Discorsi" die Erfahrungen mit der römischen Geschichte in einem Satz: „Will es aber das Schicksal, dass das Volk zu niemandem Vertrauen hat, wie es manchmal der Fall ist, wenn es schon früher einmal durch die Umstände oder durch die Menschen getäuscht worden ist, so stürzt es unaufhaltsam in sein Verderben." Dabei denkt Machiavelli – anders als in seinem berühmten „Fürsten", der unseren heutigen Begriff des Machiavellismus geprägt hat – an die Voraussetzungen für das Gedeihen einer freiheitlichen Republik.

Es gibt verschiedene Motive und Gründe, aus denen Menschen aufeinander zugehen, miteinander Vereinbarungen treffen, zusammenarbeiten und politisch zusammenleben: Zwang, Eigeninteresse, Freude an anderen Menschen oder der Wunsch, gemeinsam die Grundbedürfnisse nach Freiheit und Sicherheit zu gewährleisten und den Wohlstand zu mehren. In Deutschland und in Europa, ja in der Welt wollen wir nicht unter Zwang leben, vielmehr sind Freiheit, Sicherheit und Wohlstand unsere Devise, wobei gerade der Zusammenhang von Freiheit und Sicherheit auch allen großen Demokraten immer bewusst war.

„Politische Freiheit", schreibt der französische Staatsphilosoph Montesquieu, „ist jene geistige Beruhigung, die aus der Überzeugung hervorgeht, die jedermann von seiner Sicherheit hat." Damit meinte er die Sicherheit vor Willkür, ohne die man sich nicht frei äußern und politisch betätigen würde. In den folgenden Jahrhunderten, im Zuge der Industrialisierung und der verschärften Klassengegensätze lernte die Politik, über alle Parteigrenzen hinweg, dass es auch einer grundlegenden *sozialen* Sicherheit bedarf, wenn Menschen ein *freiheitliches Gemeinwesen*, eine freiheitliche Demokratie tragen sollen. Und heute müssen wir diesem Lernerfolg vielleicht hinzufügen, dass auch ihre private, *emotionale* Sicherheit eine Rolle spielt: Sie können sich nur engagieren, können sich nur anderen zuwenden, wenn sie sich nicht allein fühlen.

Unter freiheitlichen Bedingungen kann es die eine wie die andere Sicherheit nicht ohne Vertrauen geben, weil man immer damit rechnen muss und will, dass die Partner aus freien Stücken handeln, dass also Verlässlichkeit, ohne die Zusammenarbeit nicht gelingen kann, auf die freiwillige Zusage der Partner angewiesen ist: im privaten Vertragsverhältnis, in der geschäftlichen Kooperation, in der politischen Verabredung. Daher haben auch die immer wieder (lange Zeit meist negativ) thematisierten sogenannten „Sekundärtugenden" ihren guten Sinn und Stellenwert, wenn sie im Dienste der Grundwerte stehen und nicht für gegenteilige Ziele instrumentalisiert und pervertiert werden, was in der deutschen Geschichte leider mit verhängnisvollen Folgen geschehen ist.

Der Rechtsstaat ist eine wichtige Institution, um die Freiheit zu stabilisieren, indem er für den Bruch einer freiwillig gegebenen verbindlichen Zusage rechtliche, staatlich verbürgte Sanktionen androht. Aber nicht jede kleine Kooperation kann rechtlich abgesichert werden. Vor allem stellt eine übermäßige Verrechtlichung ein Hemmnis dar, weil dann jede gemeinsame Handlung viel Zeit und Spontaneität kostet und das Tempo von Entscheidungen auf der Strecke bleibt. Die Ökonomen nennen so etwas „Transaktionskosten", und sie haben längst gelernt, dass *Vertrauen* diese Transaktionskosten zu aller Vorteil erheblich mindert. Wenn wir in Deutschland immer wieder die Überregulierung beklagen, dann ist damit auch ein historisch entstandener Vertrauensmangel angesprochen – und zugleich die Erkenntnis, dass wir uns, aufgrund nachvollziehbarer geschichtlicher Erfahrungen, offenbar nur mit einem erheblichen Maß an *Regulierung* wohlfühlen, weil nur die es uns erlaubt, uns im Vertrauen auf die Gültigkeit der Regeln einigermaßen frei in der Gesellschaft zu bewegen. Man kann sich natürlich ein Gemeinwesen wünschen, wo dank eines größeren Grundvertrauens weniger oder schwächere Regulierungen erforderlich sind. Aber so einfach schütteln Gesellschaften ihre kollektiven, tief eingeprägten Erfahrungen nicht ab.

In der öffentlichen Diskussion der letzten Jahre wurde das angeblich übertriebene Sicherheitsbedürfnis der Deutschen oft mit herablassendem Unterton thematisiert. Im ökonomischen Kontext erinnerte man gern an die große Inflation in den zwanziger Jahren des vergangenen Jahrhunderts, die bei den Deutschen über Generationen hinweg ein überdurchschnittliches Bedürfnis nach Geldwertstabilität hervorgerufen habe. Richtig ist dabei die Beobachtung, dass Mentalitäten langlebig sind und vielschichtige historische Ursachen haben. Eine zentrale traumatische Erfahrung der Deutschen war der Dreißigjährige Krieg, der Tod, Verwüstung und Schuld in unvorstellbarem Maß über Deutschland gebracht hat und im Westfälischen Frieden nur durch ein strenges Reglement befriedet werden konnte. Ein Reglement, das das spontane private Zusammenleben der Deutschen ziemlich erschwert hat.

Vielleicht war das unvermeidlich. Aber wenn in Augsburg bis ins 19. Jahrhundert hinein der Alltag von Katholiken und Protestanten streng geteilt blieb, wenn sie zwar zusammen Geschäfte machen, aber nicht zusammen privat feiern konnten, wenn der Friede nur zu bewahren war, wenn die Regeln streng beachtet wurden, dann wirft das ein erhellendes Licht sowohl auf unsere Angst vor Unfrieden und Konflikten als auch auf die Schwierigkeit, eine den angelsächsischen Gepflogenheiten analoge Zivilgesellschaft aufzubauen.

Auch Immanuel Kant, in der deutschen Tradition durchaus zurückhaltend in Fragen gesellschaftlichen Vertrauens, wollte handfeste und tragfähige Regelungen lieber für ein „Volk von Teufeln" finden und erlegte den Menschen ein strenges Pflichtethos auf. Sein Vertrauen in die „ungesellige Geselligkeit" der menschlichen Natur war durchaus begrenzt. Das unterscheidet ihn als deutschen Philosophen von angelsächsischen Liberalen wie Adam Smith oder John Stuart Mill. Dennoch war ihm durchaus bewusst, dass ohne ein Grundvertrauen der Menschen in sich selbst, in ihre eigene Verlässlichkeit und in die der anderen weder Frieden noch Rechtsstaat möglich sind. Selbstvertrauen ohne Überheblichkeit kann man, so Kant, aufbauen, wenn man es sich zur Gewohnheit macht, „seinen bisher geführten Lebenswandel mit seinem gefassten Vorsatze" zu vergleichen. Darüber hinaus aber muss auch „irgend ein Vertrauen auf die Denkungsart des Feindes" sogar „mitten im Kriege übrig bleiben, weil sonst auch kein Friede abgeschlossen werden könnte, und die Feindseligkeit in einen Ausrottungskrieg ... ausschlagen würde ..." Dies gilt für alle Arten von Kriegen, ist hochaktuell und behält seine Richtigkeit bis in die innergesellschaftlichen Auseinandersetzungen hinein. Auch wo nicht mit Gewalt und mit Waffen gekämpft wird, muss ein Vertrauen in den Gegner, in seine Verlässlichkeit, aber auch in einen Mindestbestand an gemeinsamen langfristigen Interessen bleiben, sonst läuft die jeweilige Strategie auf die letztliche Ausschaltung des Gegners hinaus, gegen die er sich verständlicherweise in Angst und ohne die erforderliche Flexibilität wehrt.

Strategien gegen die Unübersichtlichkeit

Dies ist aus meiner Sicht auch der Grundbefund jener innergesellschaftlichen Blockaden oder Sackgassen, mit denen wir in den vergangenen Jahren konfrontiert waren und die auch unter der Großen Koalition und in einem etwas freundlicheren Wirtschaftsklima nicht wie von Zauberhand verschwunden sind. Das 20. Jahrhundert hat den hier skizzierten Gründen für Misstrauen und Angst noch weitere, massive Gründe hinzugefügt. Und die Herausforderungen der Globalisierung und der neuen Weltarbeitsteilung sind geeignet, diese negativen Gefühle sofort wieder zu mobilisieren.

In diesem Zusammenhang möchte ich einen Blick auf die ideologisch aufgeladenen Begriffe der „Überregulierung" beziehungsweise der „Deregulierung" werfen. Hinter der Forderung nach Deregulierung, die in den letzten Jahren oft zur Ankurbelung der Wirtschaft erhoben wird, verbergen sich sehr unterschiedliche Dinge, die auseinanderzuhalten für eine erneute Vertrauensbildung in Deutschland sehr wichtig ist: Denn Regeln zu vereinfachen, kann einerseits heißen, sachlich unnötige Hindernisse abzubauen, behördliche Entscheidungen schneller zu fällen, damit Initiativen rascher vorankommen. Eine ganz andere Bedeutung liegt im Abbau von Regeln, die politisch *gewollt* sind, weil sie, zum Beispiel mit Blick auf langfristige gemeinwohlorientierte Interessen, auf die Nachhaltigkeit von Politik, auf die Vereinbarung von ökonomischen und ökologischen Zielen, wirtschaftliche Tätigkeit gestalten sollen. Wenn beide Bedeutungen bewusst oder unbewusst in der Forderung nach „Abbau bürokratischer Hemmnisse" in einen Topf geworfen werden, dann schafft das Misstrauen und beschädigt den gesellschaftlichen Grundkonsens.

Ganz ähnlich sieht es übrigens mit der schon methodisch hoch problematischen, aber in Umfragen sehr beliebten Frage aus, was die Bürger von „den Parteien" hielten. Ebenso gut könnte man fragen, wie sie „Gezerre und Gezänk" finden – mit großer Regelmäßigkeit schneiden denn auch „Parteien" als Institutionen demokratischer Willensbildung ununterschreitbar schlecht ab, während „die Polizei" oder „der Bundespräsident" (also überparteiliche Institutionen, die in ähnlicher Form auch in einem Obrigkeitsstaat existieren könnten) hohes Ansehen genießen. Macht man sich aber die Mühe der Differenzierung und fragt nach der Zustimmung zu einzelnen Parteien, also etwa zur Union oder zur SPD, dann erhält man vollkommen andere, keineswegs verdrossene Ergebnisse – wie die Bürger ja im richtigen Leben recht gut wissen, welche Partei ihre individuellen Interessen vergleichsweise am Besten vertritt.

Aus solcherlei Gründen gehört die Sorgfalt der Unterscheidung, ganz allgemein und vor allem in der öffentlichen Debatte, zu den wichtigsten Quellen der Vertrauensbildung. Dafür ist nicht nur die Politik, sondern die Gesellschaft als ganze verantwortlich – und vor allem diejenigen, die für sich in Anspruch nehmen, zur Elite zu gehören. Sorgfältige Unterscheidungen sind übrigens auch eine Forderung der Gerechtigkeit, die ein wesentliches Element von Vertrauenswürdigkeit ausmacht. Wer alle politische Ziele durcheinandermischt – eine notorische Taktik von Demagogen –, wird denen nicht gerecht, die diese Ziele vertreten, provoziert Misstrauen und sät es zwischen den Menschen und den unterschiedlichen gesellschaftlichen Gruppen.

Vertrauen fällt nicht vom Himmel, kann nicht herbeigeredet, auch nicht gekauft oder erzwungen werden. Personen und Institutionen müssen es sich verdienen. Vertrauen gewinnen Personen, denen man Wahrhaftigkeit, Mut und Gerechtigkeit, aber auch Kompetenz zuschreibt. Dabei handelt es sich um eine besondere, aber gerade keine Spezialistenkompetenz. Denn Gerechtigkeit verlangt die faire Berücksichtigung unterschiedlicher Interessen, die Bereitschaft und die Fähigkeit, sie begründet und kontrollierbar abzuwägen und sich dazu der demokratischen Öffentlichkeit auszusetzen. Es ist die Kompetenz, die Zusammenhänge, in denen politische, wirtschaftliche, kulturelle, soziale Entscheidungen gefällt werden, bewusst zu suchen, um das Maß unbeabsichtigter und abträglicher Wirkungen so klein wie möglich zu halten. Die Kompetenz öffentlicher Vertrauensträger verlangt ein umfassendes und systematisches Ordnungsdenken. Und sie verlangt, sich der Prüfung durch die demokratische Öffentlichkeit zu stellen.

Manchmal scheint es mir, dass Wirtschaftsführer in dieser Hinsicht deutlich mehr Defizite aufweisen als die ungeliebten Politikerinnen und Politiker – sind ihre Entscheidungen doch häufig von noch größerer Tragweite für das Gemeinwesen, ohne dass sie auch nur im Ansatz der Öffentlichkeit rechenschaftspflichtig wären. Die Haupteigentümerin eines der größten deutschen Medienkonzerne, der sowohl in Bezug auf Arbeitsplätze als auch in Bezug auf die Ausrichtung seiner Blätter und Sender eine erhebliche gesellschaftliche Wirkung entfaltet, entscheidet ganz allein, ob und zu welchen Fragen sie öffentlich Stellung nimmt. Und von alldem, was in den siebziger Jahren auf der Linken hoffnungsvoll unter dem Stichwort „Wirtschaftsdemokratie" diskutiert wurde, sind wir heute ohnehin Lichtjahre entfernt.

Der Vertrauensverlust, unter dem Regierungen und Institutionen aller westlichen Demokratien seit Langem, in der Gegenwart aber verstärkt und mit gefährlicher Beschleunigung leiden, liegt nicht einfach an den Mängeln einzelner Personen. Er rührt nicht nur aus dem gleichsam normalen Maß an Unzulänglichkeit, das uns Menschen als endliche Wesen nun einmal auszeichnet, sondern aus der globalen Entgrenzung von kulturellen, technischen und vor allem wirtschaftlichen Entwicklungen, auf die begrenzte nationalstaatliche Politik immer weniger Einfluss nehmen kann. Und doch erwarten dies die Menschen von der Politik. Dabei sind wir mehr denn je, (und das wird eher noch wichtiger) angesichts der zunehmenden Differenziertheit, Komplexität und Anonymität unserer Gesellschaften, auf Vertrauen angewiesen, schon für die einfachsten Handlungen.

Und die Menschen bauen darauf, dass die Politik ihre Aufgaben erledigt. Doch die kann das angesichts der begrenzten Reichweite nationalstaatlicher Entscheidungen nur, wenn zwei Bedingungen erfüllt werden: wenn ihre Entscheidungsräume größer werden, so dass sie einen größeren Bereich vor allem wirtschaftlicher Aktivitäten beeinflussen kann und wenn ihr aus den Gesellschaften ein Grundkonsens entgegenkommt, der gerade in Zeiten wichtiger Transformationen und politischer Veränderungen jene Flexibilität sichert, die dazu unabdingbar gehört. Eben dieser Grundkonsens ist in Deutschland gegenwärtig nicht tragfähig genug – war es vielleicht auch früher nicht in dem Maße, wie wir angenommen haben, als Politik unter Bedingungen scheinbar unbegrenzten Wirtschaftswachstums und generell positiver Zukunftserwartungen stattfand.

Rhetorisch lautete der Grundkonsens, dass wir Deutschen alle in einem freiheitlichen und sozialen Rechtsstaat leben wollen, wie ihn das Grundgesetz vorsieht. Dass es uns auch im täglichen Leben um Freiheit, Gerechtigkeit und Solidarität geht – dies sind die Grundwerte, in denen die parlamentarischen Parteien übereinstimmen. Aber interessieren wir uns *wirklich* für die Freiheit und die Gerechtigkeit in den Regionen, denen es in Ost-, und inzwischen auch in Westdeutschland schlecht geht? Schauen wir wirklich danach, wie junge Familien zurechtkommen und ihren Kindern eine Hoffnung spendende Zukunft bieten, wenn die Rahmenbedingungen partnerschaftliche Familien kaum ermöglichen? Nehmen wir Anstoß daran, wenn es ungeniertes Unternehmensziel ist, junge Mitarbeiter bis an die Grenze ihrer Leistungsfähigkeit zu nutzen, Profit aus ihrer Bindungslosigkeit und ihrer entsprechend hohen Mobilität zu ziehen und sie, wenn das alles nicht mehr winkt, eben zu entlassen? Überlegen wir dann tatsächlich noch, wie solches Verhalten mit der Klage über die demographische Entwicklung zusammenpasst?

Ich sprach von Wahrhaftigkeit, Mut, Gerechtigkeit und Kompetenz, die dazugehören, wenn Personen und – abgeleitet davon – auch Institutionen Vertrauen gewinnen wollen. Es zeugt von einem *Mangel* an Wahrhaftigkeit, Mut, Gerechtigkeit und Kompetenz, wenn wir das Spannungsverhältnis zwischen der Forderung nach mehr Kindern (die ja wohl nicht in Legeanstalten zur Welt gebracht werden sollen) und einer bedenkenlosen Ökonomisierung des Zusammenlebens nicht thematisieren und politisch klug lösen. Entweder wir reduzieren die jungen Menschen auf einen betriebswirtschaftlichen Faktor, dann sollen wir keine Familiengründungen erwarten. Oder wir wenden, wie es jetzt glücklicherweise *langsam* geschieht, mehr Fantasie auf, um die notwendige ökonomische Effizienz mit den Voraussetzungen lebendiger Familien zu vereinbaren. Entweder wir verfechten enge partikularistische Ziele der nationalen Arbeitsplatzsicherung und der Senkung von Lohn- und Sozialkosten auf das Niveau unserer mittelosteuropäischen Nachbarn – oder wir erfüllen die erweiterte Europäische Union mit Leben und vermeiden einen regressiven Nationalismus, der sein Gesicht bereits deutlich zeigt, in West- und Osteuropa. Es gehören Mut und Gerechtigkeit dazu, eingefahrene Denkschemata aufzulösen und die Palette möglicher Wege zu erweitern, die die Chance kreativer Lösungen, die Chance des erneuten Vertrauensgewinns in demokratische Politik eröffnen.

Damit komme ich auf den düsteren 1. Mai-Kommentar zurück, der recht typisch dafür ist, wie viele Jahre lang die Frage der deutschen wirtschaftlichen Wettbewerbsfähigkeit, der Antwort auf die Herausforderung der Globalisierung und einer neuen Weltarbeitsteilung öffentlich diskutiert wurde. Zu diesem Mainstream gehörte die Entmutigung eines großen Teils der Bevölkerung und eine gründliche Diskreditierung des Reformbegriffs, mit dem die Gesellschaft heute in der Regel niedrigere Löhne und zunehmende soziale Unsicherheit, auch Ungerechtigkeit verbindet. Und zwar ohne dass der größere Zusammenhang, in dem diese Reformen angestrebt wurden, ohne dass eine zukünftige Perspektive, die Hoffnungen weckt und Initiativen freisetzt, auch nur ansatzweise skizziert wurden. Als Begründung galt (und gilt leider immer noch), dass diese Art von Reformen „notwendig" seien, um unsere wirtschaftliche Wettbewerbsfähigkeit zu sichern. Doch das ist zu wenig.

Veränderung zum Guten

Hier liegt das grundlegende Defizit der öffentlichen Debatte und derer, die den Reformbegriff einseitig auf die Reduzierung der Arbeits- und Sozialkosten verengt haben – und so zu einer Drohung verkommen ließen. Wollten wir wirklich auf diesem Felde den Wettbewerb gewinnen, dann müssten wir uns auf das Lohnniveau von Südostasien begeben, von wo die wichtigste Billiglohnkonkurrenz ausgeht. Spricht man diese Perspektive deutlich aus, dann zeigt sich die Absurdität dieses Weges, der zu Recht nur Ängste in der Bevölkerung auslöst.

Selbst wenn wir unsere soziale Sicherung finanziell von den Arbeitskosten abkoppeln müssen – dafür spricht viel, und die Anstrengungen in diese Richtung sind lange noch nicht ausreichend – werden wir auch bei den reinen Lohnkosten nicht auf das Niveau unserer entferntesten Wettbewerber kommen können oder *wollen.*

Stattdessen ist es, dies lehrt ein Blick in die Wirtschaftsgeschichte, zumal in die Geschichte der Globalisierung, durchaus vernünftig, niedrigere Produktionskosten zum Beispiel in Polen und den anderen mittelosteuropäischen Ländern zu nutzen, um dort neue Märkte und Kaufkraft zu schaffen, die unserer Wirtschaft wiederum für die Stabilisierung und Erweiterung der Arbeitsplätze in Deutschland zugute kommen. Die Perspektive sollte gemäß der Grundidee des Freihandels eine intelligente globale

Steigerung des Wohlstands und nicht eine globale Regression sein – die fast unweigerlich alle schrecklichen Begleiterscheinungen nach sich zöge, die wir in der ersten Hälfte des vorigen Jahrhunderts erlebt haben. Die Wähler der Nationalsozialisten waren nicht die akut Armen, sondern vor allem solche Schichten, die kein Vertrauen mehr in ihre Zukunft hatten. Das Projekt der erweiterten Europäischen Union kann ebenso wie unsere eigene Demokratie nur gelingen, wenn die Menschen ein Zukunftsvertrauen zurückgewinnen und bewahren können.

Unsere Anstrengungen müssen sich deshalb auf die Dimension richten, in der wir den Wettbewerb kooperativ und mit der Aussicht auf beiderseitige Gewinne auch mit den neuen Mitgliedstaaten der EU gewinnen können: auf die Dimension der innovativen Produktion, sowohl in Bezug auf die Produkte als auch auf die Produktionsverfahren. Dazu sind eben die viel beschworenen Investitionen in Bildung, Wissenschaft und Forschung vonnöten, und zwar sowohl im Technologie- und Naturwissenschaftsbereich als auch in den Geistes-, Sozial- und Kulturwissenschaften. Denn in Deutschland besteht kein Mangel an Wissen und Patenten, wohl aber an produktiven Umsetzungen. Sie sind in erheblichem Maße von kulturellen Faktoren abhängig, von unternehmerischer Entschlossenheit, Kommunikationsfähigkeit, sozialer Kompetenz, von der Kenntnis unterschiedlicher historischer Horizonte, die das Gesichtsfeld öffnen und aus der Erfahrung der Geschichte neue Perspektiven für den Weg in die Zukunft öffnen. Auch die Vertrautheit mit unterschiedlichen Kulturen gehört dazu, sie weckt die Fantasie, gibt Einsicht in unterschiedliche Märkte und erleichtert die Kooperation über den eigenen Tellerrand hinweg.

Die Erhöhung eines intelligenten, nachhaltigen Wachstums bleibt auf dem Gebiet der Wirtschaft eine unserer wichtigen Aufgaben. Sie kann nur nachhaltig gelingen, wenn wir die Einbettung der Wirtschaft in ihre außerökonomischen Zusammenhänge erkennen. Der wichtigste ist das Grundvertrauen unserer Gesellschaft darein, dass wir genügend gemeinsame Wertüberzeugungen und langfristige Interessen haben, so dass wir uns über die politischen und ökonomischen Schritte im Einzelnen tüchtig streiten können. Dann ist dieser Streit inhaltlich und für die Auslotung aller Möglichkeiten förderlich. Dann verbindet dieser Streit, weil er uns alle weiterbringt. Dann müssen wir uns auch nicht mit diesem trostlosen Panorama des eingangs zitierten Kommentars begnügen, dass wir alle nur verlieren können und es höchstens noch darauf ankommen mag, etwas weniger zu verlieren.

Immer wieder wird man gefragt: Ja, aber was sollen wir nun *konkret* tun? Diese Frage fürchte ich ein wenig, denn es gibt nicht einen großen Hebel, aber unzählige konkrete Dinge, die helfen können, Vertrauen (wieder) aufzubauen: in Betrieben, in Schulen, in Parteien. Einige ergeben sich aus der hier vorgenommenen Bestandsaufnahme. Die Medien, das scheint mir der wichtigste Punkt, brauchen mehr gegenseitige (Qualitäts-)Kontrolle und dürfen bei aller Kritik an politischen Missständen, die ihre Aufgabe ist, weder in einen letztlich populistischen Negativismus verfallen noch vergessen, dass sie ihre Aufgabe *innerhalb der Demokratie* wahrzunehmen haben. Das bedeutet, dass sie unser politisches System nicht verächtlich machen dürfen und dass sie es dort zunächst durch schlichtes Erklären stützen sollen, wo sie am liebsten gleich (ver-)urteilen mögen.

Darüber hinaus bleiben uns in unserem Land mit seiner schwierigen Geschichte und seinem Erbe problematischer Mentalitäten aktuell vor allem drei Bereiche, um die wir uns kümmern sollten – vielleicht gar nicht gleich mit detaillierten, *konkreten* Aktionsplänen, sondern indem wir uns darauf verständigen, dass hier Entwicklungsmöglichkeiten liegen. Ich meine die Sphäre der privaten Beziehungen zwischen Männern und Frauen, die offensichtlich einer gewissen Neuaushandlung bedürfen; ich meine das Bildungswesen, und vor meinem persönlichen Hintergrund vor allem die Universitäten, die zugleich der Schlüssel zu vielen gesellschaftlichen Verbesserungen *und* von einem Vertrauens- und Bedeutungsverlust betroffene Institutionen sind; und ich meine den Glauben, ohne den es nach meiner Überzeugung der einzelne Mensch wie die Gesellschaft insgesamt viel schwerer mit dem Leben haben, zumal mit dem guten Leben.

V. Das Versprechen

Glauben wollen

Ich möchte beginnen mit der privatesten dieser drei Fragen, dem Glauben an Gott. Der Glaube ist, dies möchte ich zu Beginn klar sagen, keine *Strategie* zur Verbesserung des Lebens, er ist eine Fähigkeit der Seele, die man nicht herbeizwingen und instrumentell einsetzen kann, ein Sprung vom Erkenntnistheoretischen ins Ungewisse. Ich *vertraue* darauf, dass es Gott gibt und dass seine Schöpfung einen Sinn hat, und ich *möchte*, dass es so ist – es geht nicht darum, ob ich das in einem empirischen Sinn für wahr halte. Ich freue mich zwar auch über empirische Indizien für die Möglichkeit der Existenz Gottes, dafür, dass die Annahme seiner Existenz meiner Welterfahrung nicht fundamental widerspricht. Aber für die Verlässlichkeit des Versprechens, das er uns mit dem Schöpfungsgeschehen macht, gibt es keine Garantie. Der Glaube ist aktives Handeln, kein passives Geborgensein. Er erfordert Wagnisse: Es könnte ja sein, dass mein Gegenüber mich belügt, dass da gar kein Gott ist, und kein Sinn. Man vollbringt dieses Wagnis nur, wenn man in der Lage ist zu vertrauen. Das ist gleichsam ein totalisierender Akt vorab, aus dem sich alles Weitere ergibt. Man lässt sich auf eine Instanz ein, die nicht messbar, nicht kalkulierbar und nicht manipulierbar ist.

Das kann mitunter schwer sein. Glaube ist definitiv kein bloßes Gefühl, schon gar kein ausschließliches Wohl-Gefühl. Glauben, der nur das sein wollte, kann ich nicht ganz ernst nehmen: biografische und systematische Zweifel gehören für mich untrennbar zu meinem Verhältnis zu Gott. In Zeiten, als es mir sehr schlecht ging, hatte ich Zweifel nicht an der Existenz, wohl aber an der *Güte* Gottes. Große Gläubige wie Augustinus oder Pascal haben große Krisen auf ihrem Glaubensweg erlebt. Selbst Jesus, der Sohn Gottes, fragt am Kreuz: „Mein Gott, warum hast Du mich verlassen?"

Aus diesem Grunde habe ich sehr viel übrig für das alttestamentarische Verständnis des Haderns und Handelns mit Gott, des Klagens – da sympathisiere ich mit der jüdischen Sichtweise des Allmächtigen, die für den Gläubigen partnerschaftlicher ist als die christliche. In der christlichen Wahrnehmung verbietet es ja die Demut, dass ich mich gegen Gott auflehne. Ich konnte stets die Verzweiflung von Hiob gut verstehen, der doch versucht hatte, alles richtig zu machen, und von Gott nur immer schlimmer und schlimmer geprüft wurde. Nur weil Gott die Macht hat, weil Gott sagen kann: ich entscheide. Wie kann man sich *nicht* dagegen auflehnen? Die Wende tritt in der biblischen Geschichte übrigens ein, als Hiob sich nicht mehr allein auf sein eigenes Schicksal konzentriert, sondern sich anderen zuwendet, sich um andere kümmert – von diesem Punkt an gelingt ihm ein neues Leben, und das ist für mich eine zentrale Botschaft des christlichen Glaubens. Wir sollten uns nicht zurückziehen auf uns selbst, uns in Gedanken oder Zweifeln immer nur um uns selbst drehen, sondern uns anderen zuwenden, dafür ist der Mensch da, und das ist für mich auch der christliche Kern allen politischen Engagements. Wir sollten andere nicht draußen stehen lassen, wir sollten Menschen zusammenführen und das Gemeinsame stärken.

Ich habe mich in meinem Leben immer wieder gefragt, woher mir diese unmittelbare Erfahrung der Psalmen, dass ich nicht alleingelassen bin, kommt. Und ich glaube, dass ich sie schon meiner Mutter verdanke, die wunderbar trösten konnte und eine liebevolle Mutter, wenn auch zugleich eine sehr leidenschaftliche, zuweilen zornige Frau war. Ich konnte Urvertrauen entwickeln, und ich erlernte wohl auch eine grundsätzliche Haltung der Dankbarkeit gegenüber dem Leben, die nichts für selbstverständlich nimmt. Manche schrecklichen, traurigen oder enttäuschenden Erfahrungen, die ich später gemacht habe, erwiesen sich im Nachhinein als so fundamental wichtige Wendepunkte zum Besseren, dass ich einfach nicht umhin kann, ihren erst später sich erschließenden Sinn für einen Hinweis zu halten.

Meine persönlichen Erfahrungen sind selbstverständlich kein Maßstab für Krisen, die sich bei anderen Menschen nicht zum Besseren gewendet haben – und die Theodizee, also die Frage, warum Gott das Leid in der Welt duldet, kann ich nicht beantworten. Kann ich trotzdem an Gott glauben?

Ja: Es scheint mir immer noch erträglicher zu denken, dass es auch für die Leidenden dieser Welt eine gute Zukunft gibt, als dass alles sinnlos wäre. Aber lähmt uns nicht genau diese Vorstellung vom Jenseits, könnte man fragen, hindert sie uns nicht daran, die Leidenshypothek im Diesseits abzutragen? Keineswegs, der Glaube gibt mir die ermutigende Hoffnung, dass wir als Menschen auch im Diesseits bei unseren Bemühungen nicht alleingelassen sind und dass wir eine gute Zukunft haben. Er ist das aus Gnade geschenkte Gefühl, aufgenommen zu sein; er ist der Anspruch und stärkt uns, das Wagnis des Vertrauens immer wieder einzugehen; er ist der Auftrag, das, wozu man geschaffen ist, täglich zu vollziehen und dabei nicht zu verzagen; er ist das Versprechen, dass das Gelingen unserer Bemühungen möglich ist.

Anders als Hiob hat übrigens Augustinus später die Theodizeefrage mit dem Gegensatz von ungetrübter Güte und Allmacht Gottes auf der einen und dem Bösen in der Welt, seiner Schöpfung, auf der anderen Seite zu beantworten versucht. Er hat den fast übermenschlichen Versuch unternommen, diese Frage mit seiner Vernunft zu beantworten. Heraus kam allerdings eine Anthropologie, die mir gar nicht zusagt: nämlich, dass alles, was Böse ist, dem freien Willen des Menschen zugesprochen wird und das Gute dem göttlichen Willen – den der Mensch nur gleichsam nachvollziehend erfüllt, wenn er Gutes tut. Das Gute folgt dann nicht mehr aus der menschlichen Entscheidung, die Freiheit ist seine Freiheit zum Bösen.

Ja: Der Mensch als göttliches Geschöpf hat die Fähigkeit zum Bösen in sich. Er hat das Potenzial dazu, genauso wie zum Guten, aber er *ist* nicht böse. Darum ist der Kampf gegen das Böse in uns auch eine ständige Herausforderung. Dabei gibt es wohl kaum einen Menschen, der das Böse um des Bösen willen tut. Menschen wollen im Allgemeinen moralische Wesen sein, gegen nichts wehren sie sich mehr als gegen einen Vorwurf der Schuld. Das Gängige ist, dass sie das Böse geschehen lassen oder sich, wie Kant sagt, „blauen Dunst vormachen", also nicht so genau erkennen wollen, ob, was sie tun oder getan haben gut oder böse ist beziehungsweise war. Menschen sind nicht darauf angelegt, andere Menschen zu quälen, aber sie *können* es, und wir alle sind dafür verantwortlich, Bedingungen zu schaffen, in denen ihre Potenziale zum Bösen nicht begünstigt werden. Diktaturen, erst recht totalitäre Systeme, überhaupt Machtkonzentrationen begünstigen das Böse.

Wie sehr uns die Religion, übrigens auch in ihrer traditionellen Form, den Mut geben kann, uns dem Bösen zu widersetzen, und wie wichtig eine Vorstellung von *heiligen Dingen* ist, wenn es gilt, der Banalität und der Tücke des Bösen Widerstand zu leisten, zeigt ein Gedicht des sozialdemokratischen Dichters Theodor Kramer aus dem Jahr 1941, das mich sehr bewegt. „Fronleichnam" heißt es:

Wenige waren es, die Stellung nahmen,
hinterm Himmel, um zur Stadt zu gehen;
als sie singend ihres Weges kamen,
blieben viele auf den Steigen steh'n,
blieben viele auf den Steigen steh'n.

Dünn nur quoll der Weihrauch und die Reiser
längs der Straße standen hier entlaubt;
klagend sang der kleine Chor sich heiser,
und die Leute entblößten still das Haupt.
Und die Leute entblößten still das Haupt.

Manche kannten nur vom Hörensagen
noch den Umgang, doch dem baren Haar
tat es wohl, dass selbst in diesen Tagen
irgendetwas manchen heilig war,
irgendetwas manchen heilig war.

Und indes sie hinterm Zug dreinstarrten,
salz'gen Auges, Mannsvolk, Weib und Kind,
schwenkten auf den Masten die Standarten
alle das verbogne Kreuz im Wind,
alle das verbogne Kreuz im Wind.

Unter den Hakenkreuzfahnen, die auch über Österreich, Kramers Heimat, wehen, findet sich eine kleine Schar von katholischen Christen zur Fronleichnamsprozession. Ihr Glaube ist nicht verboten, die Teilnahme an der Prozession nicht unmittelbar gefährlich – aber doch weit, weit entfernt vom nationalsozialistischen Alltag, von den anderen Dingen, die der Mehrheit damals „heilig" waren. Und man darf glauben, dass dieser kleine, aber doch entscheidende Bekennermut der Gläubigen gestützt und befördert wird durch die bekannten Formen, das vertraute Ritual.

Sie leisten keinen Widerstand, jedenfalls nicht jetzt, hier, auf der Straße – aber sie erinnern ihre Mitmenschen daran, dass es eine andere Ordnung gibt, in der Menschlichkeit zählt und Liebe, nicht Verdächtigung, Denunziation, Gewalt und Unterdrückung. Dass die großen Kirchen in ihrem Verhältnis zu den Nationalsozialisten auch bittere Schuld auf sich geladen haben, tut Kramers kleiner, ergreifender Szene keinen Abbruch.

Bewährungsproben

Eine Journalistin, die ich sehr schätze, hat mich einmal eindringlich befragt, warum ich, die ich als Kind nicht getauft worden war, mich für den katholischen Glauben entschieden habe. Dabei spielen natürlich Prägungen im Elternhaus eine Rolle. Meine Mutter war Katholikin, wenn auch eine unkonventionelle, und hat mich als Kind oft mit in die Messe genommen. Mein Vater hingegen war aus der evangelischen Kirche ausgetreten, weil er von ihrer Haltung im Ersten Weltkrieg zutiefst enttäuscht und desillusioniert war. Er wollte, dass mein Bruder und ich uns als Erwachsene entscheiden sollten, wie wir zur Kirche – welcher auch immer – stünden. Diese Verbundenheit meines Vaters mit dem Grundgedanken der Aufklärung, der Mündigkeit des Einzelnen, war für mich überaus prägend. Lehrer, der er war, achtete er streng auf intellektuelle und sprachliche Klarheit, auch bei unseren vielen Gesprächen während der familiären Mahlzeiten, und trug das Seine dazu bei, dass ich meinen Glauben ohne unbewusste Zwänge und irrationales „Gewölk" entwickeln konnte. Dafür bin ich ihm bis heute dankbar.

Aus diesem Grunde hatten wir beide keinen Kommunionunterricht, und ich konnte mir in der Schule jeweils den interessantesten Religionsunterricht aussuchen, was ich mit großem Interesse, auch mit voller Billigung meiner Eltern tat. Von jüngeren, heute ja häufig nicht getauften oder aus der Kirche ausgetretenen Eltern in meinem Bekanntenkreis höre ich übrigens einen interessanten Trend: Offenbar scheinen sich manche Jugendliche ostentativ der Kirche wieder zuzuwenden – sei es, weil das zu den wenigen Dingen gehört, die ihre liberalen Eltern zu irritieren vermögen, sei es aus echtem Bedürfnis. Ich habe keine Ahnung, wie stark dieses Tendenz wirklich ist, und der Jugendforschung scheint sie bisher noch nicht aufgefallen zu sein. Aber wäre es nicht hochinteressant, wenn in diesen weltlichen und ökonomisierten Zeiten ein bekennender, auch in Riten praktizierter Glaube eine Art Provokation würde? So wie vor dreißig Jahren die Verletzung bestimmter bürgerlicher Konventionen? Das wäre zugleich erschreckend und erfreulich: Erschreckend, weil es zeigen würde, wie weit sich diese Gesellschaft insgesamt von einer sie tragenden und stützenden religiösen Praxis entfernt hat; erfreulich, weil eine ernsthafte und reflektierte Religion eben immer in der Lage bleiben wird, aufgeschlossene, hoffnungsvolle und nachdenkliche Menschen zu begeistern. Mir liegt ausdrücklich daran, dass Religion und Reflexion verbunden bleiben. Und ich will hoffen, dass die Eltern diesen jungen Leuten nicht mit Indifferenz oder gar Spott, sondern mit Ernsthaftigkeit begegnen.

Für mich jedenfalls war die erzieherische Kombination aus katholischer Mutter und skeptischem Vater eine glückliche Fügung. Das Verständnis meiner Mutter vom Glauben war uneingeschränkt von der Liebe geprägt. Sie hat uns nicht mit einem Rächergott erschreckt. Mit 17, 18 Jahren erreichte ich selbst einen Punkt in meinem Leben, wo ich meinen de facto längst existierenden und gelebten Glauben dann auch formal bekennen wollte, und ich meine, dass eine solche bewusste Entscheidung ihn in der Tat nur stärken kann. Dass ich mich am Ende für die katholische Kirche entschied, hatte, denke ich, zwei Gründe: Ich war mit der Heiligen Messe besser vertraut als mit dem evangelischen Gottesdienst, fühlte mich da mehr zu Hause und mochte ihren Ritus lieber. Und dann hatte ich den Eindruck gewonnen, dass die katholische Theologie die Menschen als Personen nachsichtiger und wohlwollender behandelte, sie mehr in ihrer geistig-körperlichen Ganzheit annimmt als die evangelische, da sie die menschliche Natur nicht von vornherein als durch und durch von der Erbsünde verderbt begreift. Gottes Schöpfung ist erst einmal gut, die Erbsünde hat den Menschen beschädigt, aber er muss seine Natur doch nicht ständig unter den Verdacht der Sündhaftigkeit stellen.

In den achtziger Jahren kam der katholische Erwachsenenkatechismus heraus, an dem Walter Kasper mitgearbeitet hatte; ihn und die Schriften von Sigmund Freud habe ich in diesen Jahren gleichzeitig gelesen, in einer Zeit, die für mich persönlich sehr schwer war, und in der ich sehr mit Gott rang. Das war die Phase, als mein erster Mann schwer an Krebs erkrankt und sein Tod absehbar war. In den letzten Sommerferien, die wir noch zusammen erlebt haben, waren dies für mich wichtige Fragen: Im Katechismus kam ein Bild von der menschlichen Natur zum Ausdruck, das mir plausibel erschien, das meinen Vorstellungen entsprach. Freuds unerbittliche Eindringlichkeit stieß die Tür dazu auf, sich auch mit den beunruhigenden, ja schockierenden Vorgängen im Menschen zu beschäftigen. Diesen Mut bringt man meiner Meinung nach leichter auf, wenn man sich nicht von vornherein als Ausgeburt der Sünde betrachten muss. Es war eine gute Ergänzung zu einem Glauben, der mich frei ließ zu wagen und zu entdecken. Die körperlich-geistige Ganzheitlichkeit und das Vertrauen gegenüber der guten Geschöpflichkeit der Natur machen für mich das Katholische meines Glaubens aus. Sie bedeuten mir eine grundsätzliche Zustimmung zu Gottes Schöpfung, die tragfähig ist, auch in der Not. Ich glaube übrigens auch, dass es unendlich viel leichter ist, auf dieser Grundlage Politik zu machen, was ja verlangt, sich anderen Menschen, auch wenn sie einem nicht auf Anhieb sympathisch sind, zuzuwenden und sich für ihre Belange zu interessieren. Das geht sicher auch aus reinen Vernunftgründen, aber mit dem Glauben daran, dass wir alle Kinder Gottes sind, fällt es mir leicht. Übrigens beziehe ich diese gemeinsame Gotteskindschaft auf alle Menschen, nicht nur auf Christen.

Dass mein Mann sterben musste, dass er einen so schweren Tod hatte, war eine Grenzerfahrung, die viel auf den Prüfstand gestellt hat: mich, den Glauben, unsere Ehe. Um seine Rettung habe ich intensiv gebetet, ohne allerdings je die Erfüllung meiner Gebete zu einer Art Bedingung für die Fortdauer meines Glaubens zu machen. Als es ihm schlechter und schlechter ging – drei Jahre lang war er krank – da habe ich, wie gesagt, mit Gott gehadert, innerlich gegen ihn rebelliert, weil ich mich in große Ratlosigkeit und moralische Verunsicherung über mich gestürzt fand. Und nach dem Tod meines Mannes fiel ich in eine so tiefe Depression, dass alles, auch Gottes An- oder Abwesenheit, vorübergehend ganz egal zu werden schien, nein, mir wirklich egal *war*. Es kam auf gar nichts mehr an. Das klingt schrecklich von einer Mutter, schließlich hatte ich meine beiden Kinder – sie waren damals vierzehn und zwölf Jahre alt –, aber vorübergehend, das muss ich ehrlicherweise zugeben, habe ich zwar versucht, sie so gut ich konnte zu versorgen, sie aber nicht als Trost *wahrgenommen*. So wurde diese Zeit auch für sie noch furchtbarer und hat gewiss Spuren hinterlassen. Diese Art von Schuld wird man nicht los, man kann sie nur annehmen.

Ich machte schließlich eine Psychoanalyse, was sich für mich als großes Glück herausstellte, weil ich den tieferen Gründen meiner Depression nachgehen konnte, also auch anderen Problemen, die sich in meinem Leben angesammelt hatten: meiner Einsamkeit; den Schwierigkeiten, die es auch in meiner Ehe, die mir so wertvoll gewesen war, gegeben hatte; den Schuldgefühlen, die die Grenzerfahrung des Todes eines nahen Menschen wohl bei uns allen auslösen. Denn wir bleiben immer hinter dem Gebotenen zurück, und der Tod stellt uns vor ein absolutes Vorbei. Auch vor die Frage, wie es denn ohne Leid und Krankheit mit uns weitergegangen wäre. Gerade das letzte Jahr vor Alexanders Tod war sehr schwierig, weil in dieser Zeit deutlich wurde, wie sehr wir – aus Rücksicht, aus Hilflosigkeit – begonnen hatten, uns im Gespräch aus dem Wege zu gehen. Wir, die wir doch immer so kommunikativ miteinander gewesen waren! Die Möglichkeiten des Missverständnisses wurden plötzlich ungemein groß.

Besonders schmerzlich wurde das erkennbar im Zusammenhang mit den ärztlichen Untersuchungen. Seine Ärzte ließen ihn bis zum Schluss über seinen Zustand im Unklaren. Ich wollte lieber bei der Wahrheit bleiben, aber doch auch seine Hoffnung nicht zerstören! Sein Vertrauen in die Ärzte nicht untergraben! Wir haben nach diesen Terminen zusammen im Auto gesessen und geschwiegen, was vorher nie vorgekommen war. Ich schwieg, weil ich einfach aufpassen musste, dass ich nicht spontan irgendetwas sagte, was ihn hätte beunruhigen können. Er selbst hatte zum Schluss die Tendenz, die volle Wahrheit gar nicht wissen zu wollen. Das ist wohl oft so, auch bei hochintelligenten Menschen, wie er einer war.

Ich weiß natürlich nicht, wie es mir in der gleichen Lage ginge, aber ich *glaube*, dass es mir lieber wäre, Bescheid zu wissen. Mehr noch, ich halte Heilung auf der Basis von Unehrlichkeit für ein fast unmögliches Unterfangen. Jahre nach Alexanders Tod hat mich der Zusammenhang zwischen „Heilen" und „Vertrauen" weiter beschäftigt. In einem Vortrag für einen Ärzte-Kongress, zu dem mich sein besonders fürsorglicher Chirurg eingeladen hatte, habe ich meine Überlegungen einmal so formuliert: „Schließlich stellt sich natürlich die Frage, ob der Appell an Glauben und Vertrauen in unserer säkularisierten Welt nicht dem Ruf in der Wüste gleicht. Zeigen nicht das weitverbreitete Sicherheitsdenken, das Misstrauen, das in der Wahrnehmung vieler Ärzte zum Beispiel durch die Medien gesät wird, wie hoffnungslos verloren es um die Sache des Glaubens und Vertrauens bestellt ist? Kein Zweifel: Dort, wo Vertrauen nicht mehr aufgebracht werden kann, tritt das

Verlangen, ja manchmal die Sucht nach Sicherheit auf den Plan, die dem bewussten Wagnis des Vertrauens diametral und lähmend entgegensteht – übrigens in allen Lebensbereichen, nicht nur in der Medizin. Aber es hat keinen Sinn, dem einfach die Forderung nach fraglosem Vertrauen oder Gehorsam entgegenzuhalten. Vertrauen kann man nur freiwillig schenken. Wo es gelitten hat oder zerstört worden ist, kann es nicht rückgefordert oder anbefohlen, sondern nur durch das Zeugnis zuverlässiger Wahrhaftigkeit, von personaler Zuwendung und Kompetenz neu erworben werden. Dazu sind nicht nur gravierende strukturelle Veränderungen nötig, zu denen der medizinische Fachverstand wie die Politik aufgerufen sind. Ohne unsere Einsicht in die Notwendigkeit solchen Vertrauenszeugnisses für das Heilen, das heißt letztlich für das Gelingen unseres persönlichen wie sozialen und beruflichen Lebens, werden sie fruchtlos bleiben." Dieser Überzeugung bin ich immer noch.

Die Krankheit und das Sterben meines Mannes waren sicher keine Erfahrungen, die ich als Wendepunkte zum Besseren bezeichnen kann. Es sei denn so verstanden, dass man auch nach Zeiten tiefster Trauer und fundamentalsten Zweifels die Erfahrung machen kann, mit Gottes Hilfe wieder in die Welt zurückzukehren. Der Keim der Hoffnung darauf war bei mir in der Tatsache angelegt, dass ich, selbst als es am schlimmsten war, mein Interesse an anderen Menschen nicht vollständig verloren habe. Ich konnte noch meine Pflicht als Dekanin erfüllen und mich auch weiter um andere kümmern – das hat mich getragen.

Bei anderen Ereignissen in meinem Leben sehe ich ausgeprägter einen ordnenden Willen am Werk, den wir nur nicht immer gleich erkennen können. So versuchte ich zum Beispiel 1999, Präsidentin der Freien Universität (FU) in Berlin zu werden, und habe (allerdings erst abends zu Hause!) bittere Tränen vergossen, als das nicht gelang. Aus heutiger Sicht würde ich sagen: Mein Leben hat sich so glücklich entwickelt, vielleicht auch *weil* ich an dieser Stelle eine andere Abzweigung nehmen musste als ursprünglich gewollt. Ich trauere der FU-Präsidentschaft kein bisschen nach. Denn die stattdessen zwei Tage nach der Niederlage an der FU an mich herangetragene Aufgabe, die Europa-Universität Viadrina in Frankfurt (Oder) als Präsidentin zu leiten, habe ich von Anfang an mit großer Freude wahrgenommen und als eine ganz und gar sinnvolle Erfüllung meines jahrelangen Polen-Engagements empfunden.

Eine gewisse Formalisierung und Institutionalisierung des Glaubens halte ich übrigens durchaus für notwendig, sonst geht er leicht im Alltag unter. Insofern interessieren mich die Bemühungen der evangelischen Kirche, einen Weg zu „besseren" Gottesdiensten zu finden, wie Bischof Wolfgang Huber es einmal ausgedrückt hat. Vielleicht hat die evangelische Kirche mit der Form auch noch ein etwas größeres Problem als die katholische: Jedenfalls konnte ich mit dem objektiveren Ablauf der katholischen Messe als junger Mensch mehr anfangen als mit der sehr stark von der Qualität des Pfarrers oder der Pfarrerin abhängigen Predigt bei den Protestanten. Aber wie auch immer: Natürlich kann ich überall, auch auf dem weiten Felde, zu Gott beten. Doch eine Institutionalisierung ist für die Tradierung, für die Weitergabe der Religion unverzichtbar. Ich selbst bin froh, wenn ich regelmäßig eine möglichst gute Messe besuchen kann. Das gibt mir immer wieder die Chance, mir das Wesentliche meines Welt- und Transzendenzbezuges zu vergegenwärtigen. Und es ist eben wichtig, sich in einer Zeit, wo andere Einflüsse so laut sind, grundlegende Orientierungen immer wieder in Erinnerung zu rufen: Die Verabsolutierung des Wettbewerbsgedankens etwa, die unsere Jahre prägt, ist mit der gleichen Gotteskindschaft aller Menschen nicht vereinbar. Außer dem inneren Freiraum für die Konzentration auf das Gebet, den die Messe bietet, schätze ich auch die Regelmäßigkeit und Verlässlichkeit von Ritualen und Institutionen. Sie sind ja dazu da, uns zu stützen und uns im hektischen Alltag ein Geländer zu geben.

Der Tod öffnet eine Tür

Der Stachel der Sterblichkeit spielt in der Religion eine zentrale Rolle. Wir können auf längere Sicht in unserem Leben nicht so tun, als wäre der Tod etwas Banales, etwas, das uns nicht zu beunruhigen brauchte und nicht vor existenzielle Fragen stellte. Freilich gibt es den Trend, den Tod aus dem Leben zu verdrängen, die eigene Endlichkeit und die Endlichkeit anderer nicht sehen zu wollen. Er manifestiert sich zum Beispiel in der neuen Tendenz zu anonymen Bestattungen oder in der Hospitalisierung von Todkranken und Sterbenden, so dass wir uns ihrem Leid nicht stellen müssen. (Diese Tendenz ist übrigens von der neuen, sehr zu begrüßenden Hospizbewegung wohl zu unterscheiden.) Aber ein Leben, das den Tod verdrängt, wird selbst banal, wird in einer Weise diesseitig, die uns am Ende nicht wird trösten können.

Wenn man erlebt, wie ein Mensch stirbt, wenn man mit diesem endgültigen, unfassbaren Unterschied zwischen Leben und Tod konfrontiert wird, dann spätestens wird einem klar, dass hier nichts banal ist. Fast immer geht es in solchen Situationen auch um Schuldgefühle, um das Gefühl, dem anderen etwas schuldig geblieben zu sein. Ich denke nicht, dass man sich dagegen feien, sich quasi emotional „versichern" kann, indem man den Tod rechtzeitig in genügend großen Raten mitbedenkt. Aber indem man ihn nicht leugnet, hat man vielleicht doch die Chance, manches rechtzeitig zu sagen oder zu tun, was die Schuld schließlich etwas geringer und leichter zu tragen macht.

In der Zeit meiner tiefen Depression hatte der Tod für mich – und das erschreckt mich heute – gar nichts Erschreckendes; die Vorstellung von ihm versank, wie alles andere, in einem grauen Nebel der Gleichgültigkeit. Heute, da es mir gut geht, da ich die Depression überwunden und die Freude an meinen Kindern und Freunden zurückgewonnen, ja sogar nach langen Jahren des Alleinseins wieder einen Menschen gefunden habe, mit dem ich voller Freude und Liebe das Leben teile, empfinde ich ein Gefühl, das wohl viele Menschen kennen. All dies Schöne soll jetzt nicht so schnell enden. Aber nichts garantiert uns dies und schon gar nicht, dass wir ohne Leid leben. Umso wichtiger ist die Hilfe eines transzendenten Rahmens, der Religion, in die wir die unberechenbaren und unvermeidbaren Wechselfälle des Lebens, gerade auch das Leid, sinnvoll einbeziehen können. Manchen mag dies als Feigheit erscheinen, der Sinnlosigkeit die Stirn zu bieten. Dieser Einwand ist auch ein traditionelles Element der Religionskritik. Ich habe meinerseits nichts dagegen, meine Hilfsbedürftigkeit anzuerkennen. Wäre damit eine Blindheit verbunden, die mir die irdischen Pflichten verstellte, dann müsste ich dagegen angehen. Aber das Heldentum, mir täglich die eigene Sinnlosigkeit vor Augen zu halten, strebe ich nicht an. Mir selbst kann ich, wenn ich erkenntnistheoretisch redlich bleibe, als endliche Person keinen absoluten, von der Zufälligkeit freien Sinn zuschreiben. Für Camus' Alternative, den „fröhlichen Menschen" Sisyphos, der im Angesicht des Absurden und der Vergeblichkeit den Stein immer wieder bergan rollt, habe ich hohen Respekt, wie überhaupt für alle meine Freunde, die meinen Glauben nicht teilen. Auch meinen eher ungläubigen Vater habe ich ja geliebt (der übrigens im hohen Alter nicht unglücklich über meine Taufe war).Wenn der Glaube uns im Angesicht unserer Endlichkeit etwas sagt, dann dies: Wir werden nicht alleingelassen.

Mit 64 Jahren fragt man sich natürlich öfter als mit 35: Was kann ich meinen Kindern vorleben? Kann ich meinen Kindern zeigen, dass auch dieser Lebensabschnitt gelingen kann, dass es, sowieso nicht jetzt, aber eben auch nicht notwendig in zehn oder zwanzig Jahren eine depressive Phase geben muss, weil man vor einem unvermeidbaren Abschied steht? Dass dies kein „Leben zum Tode", kein Leben der Trauer und des vorbeugenden Verzichts sein muss? Ich wollte immer wissen: Gibt es etwas danach? Können wir uns Hoffnungen machen? Diese Fragen sind ebenso kindlich wie fundamental.

Ich selbst habe keine Angst vor dem Einschlafen – wie sich ja vermutlich die meisten Menschen das Sterben als friedliches Einschlafen wünschen. Ich stelle es mir sogar mitunter nicht nur erträglich, sondern angenehm vor, von der Last des Bewusstseins befreit zu sein. Aber selbst ein subjektiv einfaches Lebensende ohne Kampf und Schmerzen brächte doch Kummer: Ich muss Abschied nehmen von Menschen, an denen ich hänge und die an mir hängen. Das würde erträglicher, wo es gelänge, auch in der Zeit unmittelbar vor dem Abschied mit den anderen, meinem Mann, meinen Kindern, meinem Bruder und seiner Frau, überhaupt mit der großen Familie, die wir beide haben, in Heiterkeit zu leben, einander dann auch heiter gehen zu lassen. Doch jeder tröstlichen Heiterkeit steht die Endgültigkeit des Abschieds entgegen. Ist der Tod dieser definitive Schnitt? Oder dürfen wir nicht doch hoffen, dass es weitergehen kann? Der große Fernsehjournalist Hans-Joachim Friedrichs hat das kurz vor seinem Tod ganz flapsig ausgedrückt: Ich winke euch dann von Wolke sieben, hat er gesagt, und dieser Satz war ein einziger Ausdruck der Hoffnung auf Kontinuität.

Der Schriftsteller Arno Schmidt hat in seiner Kurzgeschichte „Tina" Scherz getrieben mit einer weltlichen Vorstellung vom „Weiterleben" nach dem Tode. Gern wird ja gesagt, von den Menschen bleibe, was von ihnen erinnert werde. In Schmidts Geschichte dürfen die Toten deshalb erst endgültig ruhen, wenn ihr Name nirgends mehr genannt, gedruckt, geschrieben wird, was besonders für die Klassiker unter den Schriftstellern Probleme aufwirft. Doch als Idealvorstellung steht am Ende der Erzählung nicht das Erinnertwerden, sondern – endlich! – das Nichts.

Der große deutsche Soziologe Norbert Elias, während der Zeit des Dritten Reiches emigriert nach England, schreibt in seinem Essay *Über die Einsamkeit der Sterbenden* wesentlich ernsthafter: „Der Tod verbirgt kein Geheimnis. Er öffnet keine Tür. Er ist das Ende eines Menschen. Was von ihm überlebt, ist das, was er anderen Menschen gegeben hat, was in ihrer Erinnerung bleibt." So sehr mich das Pathos dieser schlichten Worte bewegt: So empfinde ich nicht. Den Tod begreife ich nicht als das Versinken in einem dunklen Nichts, sondern ich vertraue auf Gott, und mit diesem Vertrauen verbindet sich die Hoffnung, dass unsere Existenz nach dem Sterben nicht ausgelöscht wird. Auch der für seine nüchterne Vernunft bekannte Hans-Jochen Vogel hat vor einiger Zeit einen solchen Glauben an ein Weiterleben nach dem Tode bekundet. Das hat mich bestärkt. Unsere Aufgabe ist es, Trauer, Leid, Tod und Sterben in unser Leben bewusst einzubeziehen. Es gibt kein wirkliches Glück, wenn man diese Dinge ausblendet, und Wahrhaftigkeit in dieser Frage bewahrt uns vor Banalität. Das Bewusstsein für den Tod fügt sich in meinen umfassenderen Glauben, meine Vermutung darüber, wie wir unser Leben leben sollen: Nämlich nichts verdrängen, was unangenehm ist; das bewusst aufnehmen, was eigentlich stört; und sich den Widersprüchen stellen, die uns begegnen. Nur so, glaube ich, können wir gut zusammenleben und eines Tages, wenn nicht heiter, so doch gelassen sterben. Das ist, wie zu Beginn dieses Kapitels gesagt, keine „Strategie" zur Lebensbewältigung. Es ist ein Weg und eine Wahrheit, die mir, wenn sie gelingen, gnädig geschenkt sind und die mein Leben leiten. Schon anderen dazu zu raten, würde dem nicht gerecht.

VI. Bildung in dürftiger Zeit

Bildung jenseits der PISA-Debatte

Vom Kindergarten bis zur Hochschule gehören die Institutionen des Bildungswesens zu jenen Instanzen, die in einer Gesellschaft Vertrauen stiften können und es in einem stärkeren Maße auch *müssen*, je mehr nämlich die Familien unter Druck geraten. Druck, weil die (moralischen) Standards der Erziehung fragwürdig und in manchen Kreisen beliebig geworden sind; Druck, weil mit dem Argument der Globalisierung Flexibilität bis hinein in die Familien erzwungen wird; Druck, weil eine neue Partnerschaftlichkeit von Männern und Frauen sich erst langsam Bahn bricht. Wenn in dieser Situation auch das Bildungswesen einen tief greifenden Vertrauensverlust erleidet, wie wir es in Deutschland im Gefolge der PISA-Debatte beobachten mussten, dann ist das besonders problematisch.

In den sechziger Jahren des vergangenen Jahrhunderts war die große Bildungsreform so etwas wie ein diesseitiges, innerweltliches Versprechen. Allen, die sich anstrengten, sollte es besser gehen. Jeder, der eine Begabung vorzuweisen hatte, sollte gefördert werden. Um dieses Versprechen zu geben, musste der Staat scheinbar nicht viel mehr tun, als zusätzliche Schulen und Universitäten zu bauen. Doch offenbar ist das Versprechen nicht eingelöst worden. Heute verbindet jedenfalls kaum ein junger Mensch mit seinen Bildungsmöglichkeiten Begeisterung oder Dankbarkeit. Und für eine bestimmte Gruppe, die von zu Hause keine bildungsbürgerlichen oder zumindest leistungsorientierten Voraussetzungen mitbringt, hat die Schule auch tatsächlich fast nichts mehr anzubieten.

Über diese Missstände muss man in aller Offenheit reden, dabei freilich nicht die vielen, vielen Versuche vergessen, die landauf, landab unternommen werden, um auch den vermeintlich Perspektivlosen eine Chance zu geben. Es gibt da neue Ansätze, die erhebliche Erfolge verzeichnen mit jungen Menschen, die schon praktisch aufgegeben waren, denen man einen Abschluss nicht mehr zutraute. Es fehlt also nicht an guten Ideen, aber an dem entschiedenen Willen, sie auch dann umzusetzen, wenn sie von gewohnten Schemata der Finanzierung abgehen – zum Beispiel, weil sie heute eine Zusatzinvestition verlangen, die sich zwar auf längere Sicht rechnet, die aber die normalen Jahresscheiben eines Ministeriumshaushalts überschreiten. Hier flexibler zu werden, eher gesamtwirtschaftlich zu rechnen, würde sehr weiterhelfen.

Bei all dem ist es mir wichtig, die Schwierigkeiten unseres Bildungssystems nicht einfach auf die Lehrerinnen und Lehrer abzuwälzen. Man kann nicht zuerst Erzieherinnen und Lehrern alles Mögliche absprechen – die richtige (Aus-)Bildung, das nötige Engagement, die Bereitschaft, es mit moderner Methodik zu versuchen –, um dann von den so Geschmähten die Lösung der Probleme zu erwarten, die sie doch angeblich selbst verursachen.

Zu wenig, so scheint mir, wurde bei der PISA-Debatte bedacht, welchen Einfluss die jeweilige politische Kultur auf das Erziehungssystem ausübt. Ich glaube, dass die Skandinavier deshalb überall – nicht nur in der Erziehung – so viel besser fahren, weil sie einen tiefen Sinn für die gleiche Würde aller Menschen und ein damit zusammenhängendes Verständnis für den Wert ihrer jeweiligen Individualität entwickelt haben, der eben auch in der Schule ein gelungenes Zusammenspiel des berühmten „Forderns und Förderns“ zustande bringt. Jahrelang gemeinsam zu lernen und doch die Möglichkeit zur Entfaltung individueller Begabungen zu bekommen – und zwar durch Ermutigung statt Demütigung – das, so scheint mir, ist der Schlüssel zu einer wirklich gelungenen Bildung, nicht nur für Eliten, sondern für alle.

In dieser Frage bin ich stark durch meinen Vater geprägt, der sich nach dem Krieg in den 20er Jahren des vorigen Jahrhunderts als junger Volksschullehrer den linken reformpädagogischen Bestrebungen anschloss, die eine individuelle Förderung jedes Kindes in den Mittelpunkt stellten und eben jene Kultur der schulischen Demütigung endlich überwinden wollten.

Auch bei meinem Bruder, einem sehr leistungsstarken, aber auch unangepassten Schüler, konnte ich beobachten, wie wenig eine auf Konformismus statt auf Kreativität orientierte Pädagogik zu leisten vermag. Mein Bruder hat aus seinen Erfahrungen übrigens eine Lebensaufgabe entwickelt: Nach dem Studium von Mathematik und Physik und einer Habilitation in Soziologie machte er sich daran, pädagogische Konzepte gerade für schwache Schüler zu entwickeln, die nicht abstrakt-theoretisch und lebensfern bleiben, sondern die Jugendlichen aktiv einbeziehen, die er aber auch als Konzept für eine allgemeine Schulreform vertritt. Sein Berliner „Institut für produktives Lernen“ berät zum Beispiel Schulen dabei, wie sie über projekt- und praxisorientierten Unterricht vollkommen demotivierte und verzweifelte Schüler wieder „einfangen“ können: Schlicht, indem sie ihnen die Möglichkeit geben, sich selbst zu entfalten und aus den von ihnen selbst gefundenen Praktika Fragen für das weitere Lernen zu entwickeln. Natürlich ändert sich in diesem Konzept auch die Rolle der Lehrer: Sie sind weniger Vorturner und Animateure als Mentoren und Begleiter.

Das Verfahren kann massive Erfolge verbuchen, und ich führe das darauf zurück, dass die fraglichen Jugendlichen sich zum ersten Mal seit langer Zeit gefordert, angeschaut und ernst genommen fühlen. Gemeinsam mit meinem Bruder habe ich mich dafür eingesetzt, dass das „produktive Lernen" an einer Gesamtschule in einem nicht eben privilegierten Stadtteil von Frankfurt (Oder) ausprobiert werden konnte. Ich war selbst überrascht, wie gut es funktionierte: Die Abbrecherquote sank dramatisch, und viele Eltern berichteten, für ihre Kinder sei dieser Ansatz geradezu ein Erweckungserlebnis gewesen.

Gewiss gibt es andere Methoden, gerade für benachteiligte Schüler den Bildungserfolg sicherzustellen – aber ich vermute, dass es bei allen um Praxiserfahrung und vor allem um ein sehr genaues Hinschauen geht und um die Wertschätzung, die dem Einzelnen, auch dem schwierigen Schüler, entgegengebracht wird.

Insgesamt freilich sind Kindergartenpädagogik und Schulpolitik weniger meine Themen als eine kritische Auseinandersetzung mit dem Zustand der Hochschulen – von denen aus die Achtundsechziger einst die Gesellschaft verändern wollten, während Wissenschaftler heute kaum noch in politische Debatten eingreifen. Der Typus des „Öffentlichen Gelehrten", hieß es in einer sehr schönen Laudatio auf den aus dem Amt scheidenden Historiker Heinrich August Winkler, „den Winkler und mit ihm viele seiner Generation so erfolgreich verkörpern, wird selten an den sich in Drittmittelanträgen und Exzellenzwettbewerben aufreibenden deutschen Universitäten."

Wissenschaft, die sich rechnet

Mit eben diesen sich aufreibenden Hochschulen habe ich mich in dem Essay *Braucht Wissenschaft Religion* befasst, dessen wichtigste Thesen ich hier wiedergeben möchte. Meine zugegeben provokante These lautet, dass Wissenschaft, wie sie heute funktioniert, zwar verfassungsrechtlich frei, aber faktisch unfrei ist, weil sie sich aus verschiedenen Gründen Einzelaspekten und -

interessen unterordnet und damit den ganzheitlichen Charakter von Wahrheit verfehlt. Meine Zusatzprovokation geht dahin zu behaupten, Wissenschaft brauche zu ihrer faktischen Befreiung Religion, um sich wieder einer absolut verpflichtenden, umfassenden Wahrheitssuche unterzuordnen und damit ihre Partikularisierung zu überwinden.

Wissenschaft wird, so mein Ausgangspunkt, nicht im luftleeren Raum betrieben, sondern an Hochschulen und privaten wie öffentlichen Forschungsinstitutionen. Dies geschieht in weltweiter Vernetzung und in weltweitem Wettbewerb. Vielfältige Faktoren wirken darauf ein, was erforscht und was in der Lehre vermittelt wird. Naiv wäre die Vorstellung, dabei spiele die Neugier der Wissenschaftler die entscheidende Rolle. Weichenstellend für die Forschungseinrichtungen und Fragestellungen (nicht für die einzelnen Forschungsergebnisse, die allerdings durch die Fragestellungen vorgeprägt sind) sind vielmehr die Prioritäten derjenigen Personen und Institutionen, die die Wissenschaft finanzieren. Dies sind der Staat, öffentliche und private Stiftungen, die Spitzenorganisationen der deutschen Wissenschaft, Wirtschaftsunternehmen und sonstige private Sponsoren.

Der mit Abstand wichtigste Gesichtspunkt, der dabei auch die staatliche Finanzierung in Deutschland leitet, ist die absehbare wirtschaftliche Rentabilität wissenschaftlicher Ergebnisse. Das deutlich gewachsene Gewicht dieses Gesichtspunktes rührt vor allem daher, dass Hochschulen und Wissenschaftsinstitutionen angesichts der leeren öffentlichen Kassen zunehmend auf private Finanzierung angewiesen sind und es in Deutschland, anders als zum Beispiel in den USA, noch keine Tradition des weitsichtigen, über kurzfristige Interessen hinausgehenden Mäzenatentums gibt. Aber auch staatliche Ausgaben für die Wissenschaft sollen sich ganz vorrangig dadurch rentieren, dass sie Wirtschaft entwickeln und Arbeitsplätze schaffen. Die Investitionen sollen sich lohnen! Und zwar bald.

Nicht unmittelbar verwertbare (und ökonomisch wirksame) Aspekte wie Bildung, kulturelle Tradierung, die systematische Zusammensicht unterschiedlicher Wissensgebiete, schlicht und scheinbar naiv: die zweckfreie Wahrheitssuche spielen dabei keine nennenswerte Rolle mehr. Zwar gibt es, vor allem in den Geistes- und Sozialwissenschaften, immer noch Nischen, in denen Personen unabhängig von solcher „Leistungs"-Logik ihre Fragen in Forschung und Lehre verfolgen. Außergewöhnliche Geister wie Jürgen Habermas erzielen damit in der öffentlichen Meinungsbildung auch immer noch eine große Wirkung. Aber das Gros der Wissenschaftsfinanzierung geht in andere Bereiche und folgt der Logik ertragreichen Wirtschaftens. Auf der Strecke bleiben dabei weiter reichende Fragen: Was bedeuten chemische Dünger im Lichte neuerer geologischer, meteorologischer oder klimatologischer Forschung? Wie hängen ökonomische Modelle mit sozial- und moralpsychologischen Fragen zusammen? Woher rühren aktuelle Forschungskonzentrationen etwa auf den Bereich embryonaler Stammzellen? Welche kulturellen und sozialen Fragen haben ihre (anwendungsorientierten) Ergebnisse? Wer bestimmt – mit welcher Legitimation? –, wo die zukünftigen Akzente gesetzt werden? Diskussionen darüber können wir in den verdienstvollen Feuilletons renommierter Zeitungen verfolgen, auch in politischen Beiräten, aber die Wissenschaften selbst, insbesondere die Hochschulen, geben dafür keine systematische Anregung und haben auch nicht die zum Nachdenken erforderliche Zeit.

Sofern verantwortungsvolle Menschen in der öffentlichen Debatte trotzdem die Forderung erheben, angesichts möglicher abträglicher Folgen z. B. in der Genforschung, andernorts eingeschlagene Wege nicht weiter zu beschreiten, löst dies reflexartig den Einwand aus, man könne sich im globalen Wettbewerb weltweiten Entwicklungen nicht entgegenstellen, es bleibe nur die Wahl, sich ihnen anzuschließen oder hoffnungslos zurückzufallen.

Zur Erläuterung meiner kritischen Sicht sollte ich wenigstens eine „Arbeitsdefinition“ von Wissenschaft vorlegen. Wissenschaft wäre demnach für meine weiteren Überlegungen ein methodisch reflektiertes Erkennen von Wirklichkeit, das diese hinsichtlich ihrer Entstehung und Beschaffenheit, ihrer inneren Zusammenhänge, ihrer Ursachen und Entwicklungen zur Sprache bringt und damit ihre Wahrheit, vielleicht auch verschiedene Wahrheiten bzw. Wahrheitsaspekte, entdeckt. Methodische Reflexion und Sprachlichkeit unterscheiden sie von der Kunst (die ebenfalls die Wahrheit von Wirklichkeit zum Ausdruck bringt), das theoretische Erkenntnisziel vom allein praktischen und technischen Umgang mit der Wirklichkeit. Wissenschaft verlangt mit der Begründung ihrer Aussagen den wissenschaftstheoretischen Rückgang auf letzte Aussageprinzipien, die die ausgesprochene Erkenntnis theoretisch hinsichtlich ihrer Wahrheit bzw. Richtigkeit legitimieren. Diese enthalten unvermeidbar allgemeine Annahmen über Erkenntnisprinzipien und die zu erkennende Wirklichkeit, bis hin zu der Grenzposition, dass es solche Annahmen als zu rechtfertigende Wirklichkeitsprinzipien nicht gebe bzw. dass man sie nicht ausweisen könne. Implizierte Annahmen und daraus abgeleitete Erkenntnisse könnten dann immer nur als Entwürfe, Konstruktionen, Perspektiven gelten, deren Nicht-Beliebigkeit allenfalls in ihrer inneren Kohärenz oder Schlüssigkeit, in der Fähigkeit zu umfassender Deutung oder Erklärung von empirischen Phänomenen oder in ihrer technischen Handhabbarkeit auszumachen wäre, nicht aber in einer Übereinstimmung zwischen Erkenntnis und Wirklichkeit.

Wichtig bleibt dabei allerdings das Postulat, die Wahrheitskriterien wissenschaftlicher Aussagen jederzeit zu reflektieren und durchsichtig machen zu können, auch wenn in der Einzelforschung der methodische und methodologische Rückgang nicht immer ausdrücklich vorgenommen wird. Von dieser so wichtigen methodologischen Rückbindung an das zugrundeliegende Wahrheits-

und Wirklichkeitsverständnis hängt jedoch die Fähigkeit der Wissenschaft zur Kritik ab, zur Sonderung zwischen „richtigen" und „falschen", zwischen haltbaren und beliebigen Aussagen. Zur Kritikfähigkeit gehört deshalb auch der umfassende und systematische Zusammenhang von Wissenschaft: Ihre Aussagen müssen sich prinzipiell allen potenziellen Erkenntnissen, Zusammenhängen und Wahrheitsprämissen stellen und Widersprüche zwischen ihnen thematisieren. Ob diese immer ausgeräumt, auf höherer Ebene „versöhnt" oder nur stehen gelassen werden können, ist eine offene Frage. Unvereinbar mit Wissenschaft ist aber vorsätzliche oder unbedachte Borniertheit, die willkürliche Selbstbeschränkung auf einen einzelnen Aspekt.

Mit der zuvor beschriebenen Instrumentalisierung von Wissenschaft (zu ökonomischen Zwecken) geht nun ihre ständig gesteigerte Spezialisierung und damit Partialisierung einher, die den ganzheitlichen Charakter von Wahrheit verfehlt. Sie findet in den Karrieremustern von Wissenschaftlern eine weitere Verstärkung. Die Spatzen pfeifen es inzwischen von allen Dächern: Kein Mensch kann die sich täglich rasant vermehrenden Publikationen mehr überblicken. Das gelingt höchstens noch in ganz schmalen Wissensbereichen – auf Kosten des größeren Zusammenhangs. Damit ist eine Dynamik mit absurden Konsequenzen ausgelöst: Höchstes Spezialistentum in einer Teildisziplin geht mit Banausentum in den Nachbardisziplinen einher.

Wenn sich junge Wissenschaftlerinnen und Wissenschaftler den Blick über den Tellerrand ihrer Disziplin erlauben wollen, müssen sie geradezu Übermenschliches leisten. Denn bei ihrer Bewerbung fällt vor allem die Zahl (wenn es glücklich läuft, auch die Qualität) ihrer Veröffentlichungen im Spezialgebiet ins Gewicht. Was darüber hinausgeht, erweckt eher den Eindruck eines unprofessionellen, und das heißt: unseriösen Dilettantismus. So entsteht ein Habitus nicht nur des Spezialistentums, sondern auch der Abschottung in Diskurszirkeln und Forschungsschulen, außerhalb derer man sich nicht zu sehr tummeln sollte, wenn es um die Bewerbung um die nächste offene Stelle geht. Für die Wissenschaft und für die Gesellschaft, die von der Wissenschafft gemeinwohlorientierte Impulse erhofft, ist dies gleichermaßen schlecht.

Die Einschränkungen der Wissenschaftsfreiheit rühren also aus ihrer Abhängigkeit von einer verwertbarkeitsorientierten Finanzierung, aus der Akzeptanz eines angeblich nicht beeinflussbaren „Selbstlaufs" oder Sachzwangs, aus ihrer extremen Ausdifferenzierung und der dadurch bedingten disziplinären Abschottung. Zusammen laufen alle diese einschränkenden Faktoren in der Instrumentalisierung von Wissenschaft zugunsten von wirtschaftlichen Interessen und ihrer Unterwerfung unter partikularistische Gesichtspunkte. Eine übergeordnete und umfassende Wahrheitsverpflichtung besteht, zumindest in der alltäglichen Hochschulpraxis, nicht mehr.

Eine größere Wahrheit

Das besondere an der Religion ist es nun, dass sie in der Lage wäre, die Wissenschaft gegen all diese sie einengenden Faktoren zu feien, weil sie auf einem transzendenten Wahrheitsanspruch gründet. Das hat nichts mit einem Rückfall hinter die Aufklärung zu tun, im Gegenteil. Es scheint ja gerade die Aufklärung zu sein, die sich allein als zu schwach erweist, um die Verpflichtung der Wissenschaft zur Wahrhaftigkeit durchzusetzen. Die „Wahrheit" von begründeten Aussagen ist hierbei als ganzheitlicher Horizont, als unaufhörliche Offenheit gegenüber begründeter Infragestellung zu verstehen; zudem als unermüdliche Beachtung von (und Suche nach) Zusammenhängen, und insofern als unabschließbares Kommunikationsgeschehen.

Im Offenbarungsglauben kommen zur allgemein auf die Wahrheitssuche verpflichtenden Transzendenz der Gedanke der Wirklichkeit als Schöpfung, der Verantwortung für diese und für das Heil der Welt sowie das Vertrauen in die Vernunft und in letztliches Gelingen hinzu, trotz der menschlichen Endlichkeit.

Der Glaube an die *Verpflichtung* wie an die *Treue* Gottes machen uns offen für die Zukunft. Sie befreien uns von Ängstlichkeit und Borniertheit. Sie ermutigen uns als verantwortliche Partner Gottes zur Selbstbestimmung und zur Auflehnung gegen vermeintliche Zwangsläufigkeiten und stärken mit unserem Gewissen die Bereitschaft, das Wagnis der *unbeschränkten* Wahrheitssuche in der Kommunikation auch dort einzugehen, wo unvereinbare Paradigmen, widersprüchliche methodische Ansätze oder die gegenseitige Fremdheit der Disziplinen die Aussicht auf ein Übereinkommen zu versperren scheinen.

Indem Wissenschaft mit der Verpflichtung auf Wahrheit wieder den Grund in den Blick nähme, *warum* Menschen eigentlich nach der Erklärung von Wirklichkeit suchen, und erkennen würde, dass Erklärung ohne die Frage nach diesem Grund ihren Boden verliert, würde sie frei von verblendender Enge und frei für eine den Menschen bekömmliche Zukunft. Dabei denke ich an die mentale Befreiung der Akteure in der Wissenschaft. Doch selbst wenn Religion dazu in der Lage sein sollte, bleibt immer noch die Frage, ob der Glaube auch die Berge sozialer und ökonomischer Zwänge versetzen kann.

Wie auch immer die Antwort lautet, es gibt diesseitige Schlussfolgerungen. Die öffentliche wie die private Finanzierung von Hochschulen und Wissenschaft müssten sich deutlicher abkoppeln von der derzeitig herrschenden Förderbedingung rascher wirtschaftlicher Rentabilität. Bildung, die in der geistigen Konfrontation mit historischen und kulturübergreifenden Erfahrungen Urteilsfähigkeit stärkt (und disziplinüberschreitende Kommunikation), müsste in den Hochschulen stärker institutionalisiert und als Prüfungsleistung anerkannt werden. Die Kirchen und Religionsgemeinschaften müssten sich hoch qualifiziert einlassen auf den

Dialog mit der Wissenschaft auf ihrem jeweils neuesten Stand, um ihre Gesichtspunkte sachgerecht einbringen zu können. Ein weites Feld der Widerstände tut sich hier auf. Sie als Herausforderung anzunehmen und nicht zu resignieren, auch dazu braucht Wissenschaft Religion.

Ob sie sie in absehbarer Zeit findet, ist vollkommen offen – gegenwärtig scheint die Wissenschaft für viele Moden, ja geradezu für Ersatzreligionen anfällig zu sein, aber nicht unbedingt für umfassende Wahrheitssuche oder breite politisch-gesellschaftliche Wirksamkeit. Die jüngste dieser Moden, denen wir uns ausgesetzt sehen, die eine Menge Kraft und Aufmerksamkeit absorbiert, ist die Anbetung von sogenannter „Exzellenz". Dieser Begriff hat mich von Anfang an geärgert, denn selbstverständlich ist es die Aufgabe (und der Anspruch) *aller* Universitäten, auf höchstem Niveau herausragende junge Leute zu bilden und auszubilden und die bestmöglichen Forschungsergebnisse zu erreichen. Niemand kann bestreiten, dass das unterschiedlichen Wissenschaftlern, unterschiedlichen Hochschulen und Fakultäten unterschiedlich gut gelingt. Andererseits wird der Begriff oft ganz gedankenlos verwendet, ohne sich über Leistungskriterien explizit zu verständigen und ohne die legitime Umstrittenheit solcher Kriterien zu berücksichtigen. Als Ergebnis dieser vielfältigen Unreflektiertheit kommt meines Erachtens kein Leistungs-, sondern ein Reputationswettbewerb heraus, der sich aus Diskurs- und Kooperationszirkeln speist und die Oberflächlichkeit unserer öffentlichen Diskussion über die Aufgabe von Wissenschaft und Bildung und deren Bewertung noch bekräftigt.

Zusätzlich irritierend ist es dann, wenn Repräsentanten der deutschen Wissenschaft öffentlich behaupten, es gäbe rein wissenschaftliche – das heißt unpolitische und wertfreie – Leistungskriterien. Dass dies wissenschaftstheoretisch unhaltbar ist, hat schon Max Weber eindringlich gezeigt. Trotzdem wird die Behauptung aufrechterhalten. Auf diese Weise kann man die eigenen politischen Motive verstecken und gegen eine öffentliche Diskussion immunisieren. Ein Denkmal setzen sich die Wissenschaftsorganisationen damit nicht. Es ist jedenfalls zu bezweifeln, ob diese Art von konkurrenzfixiertem Leistungsverständnis mit unbefragten Leistungskriterien wirklich zu der Art von Qualitätssteigerung führt, die wir brauchen, ob sie Fachidiotentum und Verwertbarkeitswahn stoppen kann und bessere, souveränere Wissenschaftler, die zugleich herausragende Persönlichkeiten sind, hervorbringt.

Ich glaube es nicht. Aber ich beobachte auch, dass die Hochschulen kaum noch die Kraft und auch nicht die charismatischen Repräsentanten haben, um jene Debatten, die sie existenziell betreffen, noch selbst gestalten zu können. So sind etwa die Bachelor- und Masterstudiengänge, für die gewiss vieles spricht, die aber auch gewaltige Vereinbarkeitsprobleme zur deutschen Wissenschaftstradition und zum erklärten Ziel der Internationalisierung der Bildung mit sich bringen, mit rein technokratischen Argumenten eingeführt worden. Man wollte internationale Verrechenbarkeit und dadurch die Vergleichbarkeit der Leistungen herstellen – was vermutlich auch anders, durch lockerere Vereinbarungen etwa, gegangen wäre. Auf die läuft es übrigens de facto auch mit Bologna vielfach hinaus. Die traditionell herausragenden Hochschulen behalten sich schon vor – ECTS hin oder her –, die jeweiligen Bachelor oder Master im Studentenaustausch anzuerkennen. Die ernsthafte Hoffnung bestand wohl darin, dass sich die europäischen Hochschulen im Wettbewerb mit den US-amerikanischen Universitäten besser behaupten könnten, wenn sie ihre Abschlüsse angleichen würden. Aber war nicht die Konkurrenzfähigkeit der deutschen Hochschulabschlüsse gegenüber amerikanischen auch vorher schon gegeben – im Gegensatz vielleicht zum Angebot gut dotierter Forschungsstellen (auch in der Industrie), die junge deutsche Wissenschaftler gern in Amerika antreten? Und für die sie gern genommen werden.

Vor allem wehren sich die wenigsten Wissenschaftler dagegen, dass die grundlegende akademische Ausbildung – lebenslanges Lernen hin oder her – für die meisten auf sechs Semester verkürzt wird, und das, obwohl alle immerfort die Zukunft und die Erfordernisse der Wissensgesellschaft ausrufen. Späteres Weiterlernen ist natürlich wichtig, aber ganz grundlegende Fragen kann man dabei in der Regel angesichts der knappen Zeit und des Berufsdrucks nicht mehr verfolgen. Die Lösung, die die Finanzknappheit diktiert: Viel mehr, aber deutlich schlechter auszubilden, bedeutet nicht gerade, Vorsorge für eine Zukunft tragen, deren Herausforderungen wir heute noch nicht kennen und die die Ausschöpfung aller kreativen Intelligenz – im weitesten Sinne des Wortes – zum Gebot machen sollte.

„Im Beobachten steckt mehr, als man beobachtet"

Die Reduzierung aller Reformvorhaben in der Wissenschaft auf den Wirtschafts- und Wettbewerbsaspekt verheißt jedenfalls nichts Gutes – nicht für die Wissenschaft und nicht für die Gesellschaft. Sicher, angesichts der seit Jahren viel zu hohen Arbeitslosigkeit und der Erfahrung, dass Wissen, Bildung und Ausbildung die besten Chancen bieten, die Arbeitslosigkeit zu verringern und die Wirtschaft voranzubringen, ist diese Orientierung erklärlich. Und doch glaube ich, dass die Beschränkung auf sie überwunden werden muss, weil eine solche verkürzte Sicht auf Hochschulen zu einer kulturellen Verarmung führt und die umfänglichere Perspektive der Aufgaben von Bildung und Ausbildung in einer freiheitlichen und demokratischen Welt-Gesellschaft vernachlässigt, mit möglicherweise langfristig verhängnisvollen Folgen.

Welchem Ziel sollen sich die Hochschulen unter *demokratischen* Gesichtspunkten widmen? Traditionell werden als nichtökonomische Ziele Bildung und Ausbildung genannt. Häufig und gern werden sie auch gegeneinander ausgespielt: In dieser Verzerrung steht dann die „zweckfreie" Persönlichkeitsentfaltung dem Training für den Arbeitsmarkt entgegen. Oft wird noch die wohlmeinende Warnung hinzugefügt, heute könnten die Hochschulen doch nicht mehr nur für die Wissenschaft ausbilden. Als ob sie dies je in solcher Einseitigkeit getan hätten!

Allerdings hat die Unsicherheit über das künftige Gesicht des Arbeitsmarktes das Ziel der berufsbefähigenden Ausbildung immer unklarer werden lassen. Wir wissen einfach nicht präzise, wie der Arbeitsmarkt der Zukunft aussehen wird. Was also sollen wir den jungen Leuten beibringen? Und es ist ja noch komplizierter: Der Arbeitsmarkt kommt nicht wie ein unabänderliches Schicksal über uns, sondern er ist beeinflussbar. Der globale Wettbewerbsdruck kann bei den Unternehmen die unterschiedlichsten Reaktionen auslösen. Sie können arbeitsintensive Produktionen ins billigere Ausland verlagern, sie können vor Ort rationalisieren (die Deutschen sind Weltmeister darin), oder sie können sich innovativen Verfahren wie zum Beispiel Fertigungsinseln, Boxen- und Sternmontage oder Gruppenarbeit zuwenden. Die zukunftsträchtigste Lösung scheint die letztgenannte zu sein. Sie verlangt aber hoch qualifizierte Mitarbeiter. Die italienische Firma Fiat wollte in den neunziger Jahren eine solche Innovation in ihrem neuen Werk in Melfi einführen, musste sie jedoch erheblich „abspecken", weil nicht genug qualifizierte Arbeiter zu bekommen waren.

Eine hoch qualifizierte, auf Eigenständigkeit, Kreativität und Verantwortungsfähigkeit gerichtete Ausbildung kann also auch dann durchaus sinnvoll sein, wenn noch keine konkrete Verwendung auf dem Arbeitsmarkt erkennbar ist – weil das Angebot hoch qualifizierter Arbeitskräfte innovationsbereiten Unternehmern überhaupt erst die Chance bietet, neue Wege zu gehen.

Dieses Beispiel legt nahe, dass gute, gleichsam „nachhaltige" Ausbildung keineswegs im Gegensatz zur Bildung steht. Denn da die Zukunft offen ist, kommt es mehr und mehr nicht auf technische Fertigkeiten an, sondern auf die Fähigkeit des Einzelnen, sich eigenständige Kategorien für die überbordenden Informationen, insgesamt für die „Welterfahrung" zu erarbeiten, um über die nackten Informationen hinaus zu reflektiertem Wissen zu gelangen, neue Ideen zu entwickeln, Initiativen zu ergreifen und mit anderen kooperativ umzusetzen.

Alle diese Schritte erfordern ein hohes Maß an Reflexion. Die bezieht sich zum einen auf die methodische und theoretische Grundlage von Informationen und Wissen. Dies allein verlangt einen langen Atem. Aber vor allem verlangt es Geduld gegenüber der Unsicherheit, die jede Methode und jede Theorie birgt, weshalb es sicheres, einfach handhabbares Wissen, ohne die Beachtung seiner jeweiligen Voraussetzungen, eben gar nicht gibt. Das gilt selbst für die kleinste Beobachtung. „Im Beobachten steckt mehr, als man beobachtet", formuliert der Philosoph und Wissenschaftstheoretiker Günter Abel. Die wissenschaftstheoretische Naivität, die sich in unzähligen auch hochoffiziellen Plädoyers für die neue Wissensgesellschaft findet, empfinde ich als blamabel. Als sei Wissen etwas, was man wie einen Feuerhaken handhaben kann.

Zum anderen bezieht sich die Reflexion auf die Verständigung mit den anderen Menschen, mit denen gemeinsam ich mich um das Wissen bemühe, mit denen ich mich austausche und mit denen ich kooperiere. Wer es nicht gewohnt ist, über die Voraussetzungen des eigenen Denkens und Handelns nachzudenken, hat Schwierigkeiten, in komplexen Zusammenhängen mit ihnen gemeinsam zu handeln.

Reflexionsfähigkeit ist also zugleich eine Voraussetzung zukunftsfähiger Ausbildung und ein wesentliches Element von Bildung. Und Bildung ist kein handliches Gut, über das der Bildungsbürger, um eine sarkastische Formulierung von Friedrich Nietzsche zu verwenden, als Bildungsphilister verfügen kann, sondern die andauernde Anstrengung, mit der eine Person die Welt erkennt, sich eine moralische Orientierung erwirbt und nach dieser Orientierung handelt. Der Wissende kennt die Grenzen des Wissens besser als der nur Informierte.

Der demokratische Auftrag der Hochschulen

Wenn gegenwärtig die Notwendigkeit lebenslanger Weiterbildung mit der angeblich kurzen sogenannten „Halbwertszeit" des Wissens begründet wird, verweist dies auf eine unglaubliche Gedankenlosigkeit, die aufzudecken wichtig ist, wenn man die Ziele der Hochschule auch noch unter der Bedingung von Computergläubigkeit und Informationsflut bestimmen will. Wirklich reflektiertes Wissen wird nämlich *nicht* nach drei Monaten ungültig, so wie die Information über einen Fahrplan ungültig wird, wenn dieser sich geändert hat. Auf die Herausbildung langlebigen, weil reflektierten, und vom Wissenden selbst zu verantwortenden Wissens käme es also an. Eines Wissens, das man nicht als Chiffren in Kästchen packen und mit Kausalität fingierenden Pfeilen versehen kann, sondern das sich in der Praxis erfahrungsreicher Reflexion verwirklicht und auf andauernde Verständigung mit sich selbst und mit anderen Personen angewiesen ist. Platons Dialoge und Aristoteles' Metaphysik sind über mehr als zweitausend Jahre aktuell geblieben, weil gründliches Nachdenken in der Auseinandersetzung mit Gegenargumenten viele Umwege erspart und seine Geltung behält.

Wenn Bildung und Ausbildung angesichts des rapiden technologischen Wandels keinen prinzipiellen Gegensatz mehr darstellen, dann erhebt sich die Frage, ob auch eine weitere politische Dimension des hier skizzierten Bildungsverständnisses, das Bildung an Moral und bürgerliche Verantwortung koppelt, für die Zukunft der Hochschule bedeutsam wird. Ist Wissenschaft nicht notorisch „wertfrei"? Jedenfalls sagt man das oft und meint, sich dabei auf Max Weber berufen zu können. Doch das ist ein Missverständnis. Denn Max Weber war es nur darum gegangen, die Wertentscheidungen, die unvermeidlich in jede wissenschaftliche Untersuchung eingehen, kenntlich zu machen und keine Allgemeinverbindlichkeit für sie zu beanspruchen. Das gilt übrigens nicht nur für die Geistes- und Sozialwissenschaften. Auch Naturwissenschaft und Medizin gehen in ihren Methoden immer von Vorverständnissen über die Wirklichkeit oder über den Menschen aus, die Wertentscheidungen einschließen, und sei es nur, dass sie um der Verlässlichkeit einer erprobten Methode willen weiter greifende Fragestellungen aus der Untersuchung ausschließen.

Muss man das Ziel der Universität also auch politisch definieren? Kann man das überhaupt? Zwingt uns nicht die Logik der ökonomischen Globalisierung, auf politische Vereinbarung, auf Demokratie, Freiheit oder Gerechtigkeit zu verzichten, um der ökonomischen Effizienz, der Selbstbehauptung und des Überlebens willen? Schärfer formuliert: Ist die im aufklärerischen Bildungsverständnis enthaltene Idee von bürgerlicher Politik, vom *politisch*, also für das Gemeinwesen verantwortlich handelnden Bürger, die im Rahmen des Nationalstaates geboren wurde, durch die Globalisierung nicht obsolet, ja sogar unmöglich geworden?

Diese Fragen sind keineswegs akademisch abgehoben, sondern stellen sich, gerade wenn es um die Bildung von Entscheidungs- und Verantwortungsträgern geht, ganz real. Auch auf sie gibt es allerdings keine verbindliche Antwort. Der scharfsinnige Soziologe Niklas Luhmann hat aus seiner systemtheoretischen Sicht der Politik für die Zukunft keine Chancen mehr eingeräumt. Der Politikwissenschaftler Fritz Scharpf hat dem widersprochen, aber nicht einfach mit theoretischen oder empirischen Argumenten, sondern vor allem aus dem normativ, vielleicht sogar moralisch begründeten Impetus, die Probleme, die auf uns lasten oder auf uns zukommen, nicht einfach dem Zufall zu überlassen. Er *will*, dass wir trotz aller Schwierigkeiten die Verhältnisse doch zu gestalten versuchen. Allerdings hat Scharpf die Triftigkeit seiner Antwort, dass demokratische Politik (also die auf Erörterung und Vereinbarung beruhende Gestaltung von Entwicklungen, die uns alle betreffen) möglich bleibt, an eine Bedingung geknüpft: die Fähigkeit zur *Mehrsprachigkeit*, fein wissenschaftlich ausgedrückt: zur „Multilingualität". Gemeint ist damit die Fähigkeit, sich zugleich in *mehreren Bereichen der Wirklichkeit* auszukennen, ihre unterschiedlichen „Sprachen" zu sprechen, weil wir uns sonst nicht verständigen, die Lebens- und Erfahrungswelt der anderen nicht begreifen können und notgedrungen aneinander vorbeireden. Im Klartext bedeutet das: Wir brauchen weniger Fachidioten und mehr intelligente, gebildete Generalisten.

Die „Mehrsprachigkeit" ist wichtig, damit die unvermeidliche Spezialisierung unserer Kenntnisse nicht zu einer solchen Verengung unseres Wirklichkeitshorizonts führt, dass es zur Wahrheitsverzerrung und zu einer geradezu strukturellen Verantwortungslosigkeit kommt, weil wir die vorhersehbaren Folgen unseres Denkens und Tuns gar nicht mehr in den Blick bekommen. Wir werden dann (in der subtilen Ironie Thomas Manns) „grenzenlos borniert", und das kann uns teuer zu stehen kommen. Wenn wir also die Wirklichkeit nicht verzerren und weiter Einfluss nehmen wollen auf die Welt, in der wir leben, dann müssen wir zunehmend „mehrsprachig" werden.

Wäre also die bürgerlich-politische Dimension des aus der Aufklärung stammenden Bildungsverständnisses auch heute noch eine nicht nur mögliche, sondern sogar notwendige Komponente universitärer Bildung? *Ja*, wenn es uns wichtig ist, den Gefahren einer partiellen Blindheit und einer strukturellen Verantwortungslosigkeit zu begegnen. *Ja*, wenn wir den Gedanken nachvollziehen, dass ein Überleben auf dieser Erde zur Eindämmung der grassierenden Gewalt an moralische und politische Bedingungen wie Freiheit und Gerechtigkeit gebunden ist. *Ja*, wenn wir uns vergegenwärtigen, dass die Fortentwicklung der freiheitlichen, ein

Mindestmaß an Gerechtigkeit verlangenden Demokratie die Voraussetzung für unser aller Überleben in einer gemeinsamen Welt darstellt. Dies wäre ein grundlegendes und umfassendes Ziel, dem sich die ökonomische Effizienz der Hochschulen und ihre Technologisierung unterzuordnen hätten. Und so wäre es den Universitäten aufgegeben, die *Verständigungsfähigkeit* zu fördern – in vielerlei Hinsicht: im Sinne der (kognitiven) Einsicht in die Voraussetzungen unseres Wissens, Denkens und Handelns; in der reflektierten Kenntnis unterschiedlicher Wirklichkeits- (also auch Wissenschafts-)bereiche; in der Entwicklung des Vermögens, sich in andere Denkweisen hineinzuversetzen. Nicht von ungefähr schwingen in dem Wort „Verständigung" eine kognitiv-intellektuelle und eine moralische Seite mit. Sie haben beide ihre unverzichtbare Bedeutung. Denn es geht bei „Verständigung" zum einen darum, Neues zu begreifen – das ist das ureigene Gebiet der Forschung. Zum anderen wird es aber auch immer lebens-, ja überlebensnotwendiger, mit anderen Menschen zu einem Einvernehmen zu gelangen, auf sie zuzugehen mit durchaus klaren eigenen Vorstellungen, aber eben auch mit der Bereitschaft, im Falle von Konflikten zu gerechten Lösungen zu gelangen. Das wiederum kann man nur, wenn man nicht im eigenen Kenntnis- und Lebensbereich verkapselt bleibt, sondern sich auch auf anderes versteht. Das vielfach proklamierte „Wissensmanagement" verhält sich zur Verständigungsfähigkeit wie das Kegeln zum Schachspiel, allerdings ist es weniger kunstvoll, sportlich und lustig als das Kegeln.

Traumcampus

An der Viadrina bemühen wir uns, wie ich hoffe mit ganz ordentlichem Erfolg, um Verständigungsfähigkeit sowohl zwischen den unterschiedlichen Disziplinen als auch zwischen Deutschen und Polen. Das geht nicht immer von allein, weil die Tendenz, unter sich zu bleiben, sowohl hinsichtlich der Sprache als auch hinsichtlich der Disziplin eine Art natürliche Trägheit entwickelt. Man muss die Grenzen überschreiten *wollen.* Glücklicherweise zieht unsere Universität viele Studierende und auch Lehrende an, die diese Neugier aufbringen. Wir unterstützen dies mit besonderen Einführungs-Workshops, mit Exkursionen und fakultätsübergreifenden Lehrprogrammen, auch mit internationalem Wohnen und vor allem mit einem großen Gewicht, das wir auf Sprachen legen. Aber auch wir sind natürlich noch weit entfernt von dem, was wir eigentlich erreichen wollen, und vor allem von einem konstanten lebendigen Gespräch innerhalb unserer Universität und zwischen unserer Hochschule und der umgebenden Gesellschaft. Wie sehr mir genau das immer am Herzen lag, ist mir beim Sortieren alter Unterlagen aufgefallen, als mir eine Kandidatenrede um die Präsidentschaft der Freien Universität Berlin von 1999 in die Hände fiel. Ich hatte damals einen „Traum" formuliert, den ich noch heute gern träume, und daran lässt sich vielleicht ablesen, was die Hochschule in unserer Gesellschaft *auch* sein könnte:

Es hatte einen Hauch von Oxford. Glyzinien und Goldregen rankten sich an den Wänden der Rostlaube (einem wichtigen Gebäude der FU) empor, davor standen in Büschen bunt blühende Malven. Der Rost war nur noch hie und dort zu sehen und verlieh dem ehemals so hässlichen Flachbau eine Patina, die ihn in eine anheimelnde Studierstätte verwandelte. Auch die Innenhöfe waren wunderschön angelegt und erinnerten an pittoreske Kreuzgänge. Es war ein warmer Sommertag, auf den Bänken suchte man zum Lesen den Schatten.

Eine Tutorengruppe traf sich, um eine gerade besuchte Vorlesung zu diskutieren. Sie gehörte zu den neuen Attraktionen der FU: Natur-, Geistes- und Sozialwissenschaftler hatten sich wahr-

haftig zusammengetan, um ein Semester lang ihr jeweiliges Verständnis von Wahrheit und Wirklichkeit auszutauschen, nicht nur nebeneinanderzustellen. Sehr fundamental, sehr universal, um nicht zu sagen universitär, und doch ganz und gar spannend, weil sie selbst und die Studentinnen und Studenten das geistige Abenteuer miterleben konnten, einander zunächst fremde, ja befremdliche Welten zu erschließen.

Fröhlich ging es zu. Von Weitem konnte man erkennen, wie die Historiker Hagen Schulze und Arnulf Baring sich über die Bedeutung von nationalen Interessen stritten, ganz engagiert, aber durch und durch kollegial. Sie waren auf dem Weg zum Faculty Club an der Clayallee, der endlich auf dem neuen FU-Campus hatte eröffnet werden können. Die beiden Historiker erwarteten gemeinsam Kollegen aus Berkeley zum Lunch. Im Faculty Club saß die Professorin Erika Fischer-Lichte, die dem Kollegen Helmut Gabriel voller Verve vermittelte, welche Bedeutung die Theaterwissenschaft für die Fortentwicklung der Oberflächenphysik habe, Randolph Menzel erläuterte einer nicht deutlich erkennbaren Kollegin eindringlich, aber geduldig, warum die Neurobiologie eine Leitwissenschaft sei.

Dass man so viel mehr, und mit stimulierender Wirkung auf die Wissenschaft, miteinander ins Gespräch kam, lag nicht zuletzt an dem neuen Campus, den die FU dank der tatkräftigen Hilfe der Amerikaner, deutscher Politiker und vor allem der privaten Stiftung „Freie Universität" gerade hatte beziehen können. Endlich war es gelungen, sich aus der Zerstreuung der vielen Villen und Gebäude überall in der Stadt hier, im ehemaligen amerikanischen Headquarter, zu versammeln. Die Zeit des Exils war vorbei. Man traf sich nun viel häufiger und gab sich gegenseitige Hinweise beim Mittagessen.

Die festliche Begehung dieses Neuanfangs stand für den Abend zu erwarten: Nicht John F. Kennedy, sondern Hillary Clinton sollte beim Festakt die große Einweihungsrede halten, schließlich hatte der Feminismus seine Spuren hinterlassen. Es sollte auch nicht um die Gesundheitsreform, sondern um C.P. Snows „Two Cultures" gehen.

Eine hochkarätige Zuhörerschaft hatte sich angesagt: Weder Claudia Schiffer noch Lothar Matthäus wollten es sich nehmen lassen, nachdem sie zuvor die Attraktionen der neuen Rostlaube besichtigt hatten (gemeinsam, versteht sich), bei dieser Zelebration der FU-Renaissance dabei zu sein, der Bundeskanzler war immer noch im Amt (vielleicht hatte der Zauberer David Copperfield seine Hand dabei im Spiel) und wartete begierig (so hieß es) auf Hillary's erhellende Worte, die Initiatoren der FU-Stiftung (wichtige Persönlichkeiten aus dem Banken- und Unternehmerbereich, die aus Bescheidenheit anonym bleiben wollten) waren zu erwarten, und als der Festakt nach einem würdigen Introitus begann, sah man Annette Fugmann-Heesing, wie sie Eberhard Diepgen – wirklich entspannt! – zulächelte, als wollte sie sagen: ‚Ist es nicht wunderbar, dass wir der FU seinerzeit so einvernehmlich unter die Arme gegriffen haben?'

Trotz Rauchverbots zog Klaus Böger dahinter souverän lächelnd an seiner Pfeife, und auch Peter Radunski war's im Verein mit Sybille Volkholz ganz und gar zufrieden. Deep Blue saß vorn in der ersten Reihe, weil er so klein ist. In diesem Moment traf ein reitender Bote ein und verkündete: ‚Alles abblasen, der Berliner Senat hat soeben der Presse mitteilen lassen, dass die FU geschlossen wird.' Da bin ich aufgewacht.

Was ist kühner: zu träumen, dass Models und Fußballstars sich für die Leistungen einer Universität interessieren könnten? Oder dass „wichtige Persönlichkeiten aus dem Banken- und Unternehmerbereich" nicht genannt werden wollen, wenn sie eine bedeutende Spende tätigen? Der britische Autor David Lodge lässt in einem seiner berühmten Universitätsromane seine Heldin, die junge Dozentin Robyn Penrose, in einem ganz ähnlichen Modus träumen: Ihre Universität hat den Campus, den Faculty Club, den viele deutsche Hochschulen so sehr entbehren, aber auch im fiktiven *Rummidge* ist der Austausch zwischen Wissenschaft und Gesellschaft gering, und die Studenten, die in Sommerkleidung auf dem Rasen sitzen und lesen, haben nichts mit den Arbeitern zu tun, die um sie herum das Gras mähen und die Rabatten harken. Robyn Penrose träumt, die Studenten würden beiseite rücken und Platz in ihren Reihen machen, und die etwa gleichaltrigen Gärtner würden sich neben ihnen niederlassen und mit ihnen diskutieren. Was tun die Hochschulen für die Gesellschaft, ist David Lodges unausgesprochene Frage, und er meint damit nicht die Anhäufung ökonomisch verwertbarer Erkenntnisse, sondern just – Verständigungsfähigkeit.

Aus dem Achtundsechziger-Traum von den Hochschulen als politischen Orten, als Veränderungsagenturen der Gesellschaft, gab es ein relativ unsanftes Erwachen. Es ist nicht schön, wenn das erste, was man, noch schlaftrunken, erblickt, die Massenuniversität ist. Allzu oft ersetzte ein überheblicher universitärer Gestus der Kritik tatsächliches Wissen und echte Kenntnis des kritisierten Gegenstandes. Und nicht über jeden Forschungsgegenstand kann man voraussetzungslos mit Studenten Abstimmungen veranstalten. Aber jetzt ist die Stimmung gänzlich ins Gegenteil umgeschlagen: Niemand, der als professionell gelten will, verbindet mehr irgendwelche Träume mit Hochschulen, viel zu wenige stellen sich die Frage, was Universitäten für das Gemeinwesen, vor allem für die Demokratie tun müssten. Die exzessive Spezialisierung, der Effizienzdruck verhindern ein inneruniversitäres Gespräch, das doch für das Gespräch in einer Demokratie überhaupt paradigmatisch sein könnte: indem es widerstreitende Positionen zusammenführt, sich dem Zwang des Arguments (nicht: des bloßen Meinens) unterwirft und auf die Verallgemeinerbarkeit seiner Ergebnisse achtet. Leider, das sehe ich sogar in der Viadrina, mag sich aufs Argumentieren nur einlassen, wer sich stark fühlt. Und wer die Mühe nicht scheut. Zu vielen ist es im Zweifelsfall lieber, wenn sie sich auf traditionelle Weise verführt oder erpresst fühlen. Diese Haltung entspricht einem weitverbreiteten Grundgefühl auch außerhalb der Hochschulen. Die Freude am Argument zu wecken – damit auch an legitimem Dissens – wäre eine der großen Aufgaben für moderne Universitäten.

Eliten in Deutschland

Vor dreißig Jahren hätte es sich übrigens nicht gehört, die Menschen, die an Universitäten lehren und lernen, als „Eliten" zu bezeichnen, ganz egal, ob sie es de facto waren oder nicht. Heute, im Kontext von „Exzellenzwettbewerben" und diffusen Vorstellungen von der „Wissensgesellschaft", ist die Fremd- und Selbstbeschreibung als Elite kein Tabu mehr (wenn sie es je war), sondern gehört beim Dinner zum guten Ton. Die Diskussion um angeblich notwendige deutsche „Eliteuniversitäten" bildet seit einiger Zeit eine Art basso continuo. – Das wäre verständlich, sogar erfreulich, wenn darunter Institutionen wie Oxford oder Cambridge, wie Stanford oder Harvard verstanden würden, aber bei einschlägigen Kongressen klingt es anders. Da reden die amerikanischen Repräsentanten von dortigen Eliteuniversitäten über ihre demokratische Verantwortung, die deutschen sprechen in einem erschreckend technokratischen und fantasielosen Sinn von Anfang an nur von Wettbewerb. Diese Art von Elitenbewusstsein brauchen wir meines Erachtens nicht besonders dringend. Die gegenwärtige Diskussion oszilliert zwischen unkritischer Anbetung eines wettbewerbsfixierten Elitenmodells und einer resignativen Verweigerung der diesbezüglichen Auseinandersetzung.

Das ist bedauerlich. Die alte Bundesrepublik ist mit ihrem Verzicht auf die systematische Heranziehung und explizite Sonderstellung von Eliten nicht schlecht gefahren. Der Soziologe Oskar

Negt hat recht, wenn er auf die Gefahren hinweist, die mit der Existenz starker Eliten einhergehen: Neben den unvermeidbaren Tendenzen zur Privilegierung und sozialen Absonderung, zur Entstehung einer abgeschotteten *snob culture*, die die Gleichheit der Lebensverhältnisse infrage stellt, besteht vor allem die Gefahr, die Gesellschaft zu desintegrieren und eine Kultur des „Ihr da oben, wie hier unten" zu fördern. Die Bereitschaft, sich klein, hässlich und für nichts verantwortlich zu fühlen, ist bei uns aber ohnehin zu weit verbreitet und wird durch das Elitengerede noch weiter angeregt.

Ganz zu schweigen von den Versuchungen des Elite-Seins: der Eitelkeit, sich partout zu einer nicht näher definierten Elite zählen zu wollen, die sich im schlechtesten Fall nur noch durch geistige Trägheit und blasierte Überheblichkeit auszeichnet. Denn Macht bedeutet, frei nach Karl Deutsch, das Privileg, nicht mehr lernen zu müssen. Man sieht: Zwischen freiheitlicher Demokratie und Elitenbildung besteht tatsächlich eine unauflösbare Spannung, und wer normativ am Begriff der gleichen und freien Beteiligung aller festhalten will, muss allen Elitenkonzepten mit einer gewissen Skepsis entgegentreten.

Hinzu kommt, dass sich die deutschen Eliten im 20. Jahrhundert nicht gerade mit Ruhm bekleckert haben – um das Mindeste zu sagen. Übrigens auch die anderer Nationen nicht immer. Weder eine ausgefeilte intellektuelle Bildung noch hohe künstlerische oder sportliche Begabungen oder das Privileg, traditionell zu den Verantwortungsträgern zu gehören, bringen notwendig das hervor, was Aristoteles „Klugheit" genannt hat: eine Tugend, die Mäßigung, Urteilsfähigkeit, intellektuellen Mut und moralischen Verantwortungssinn verbindet. Vorsicht ist also geboten.

Andererseits zeigt die historische Erfahrung, dass sich bisher in jeder Gesellschaft und unter jedem politischen System funktionale Eliten herausgebildet haben. Auch belegen soziologische und politikwissenschaftliche Beobachtungen, dass die alten Eliten nach einem Systemwechsel oft ein erstaunliches Durchhaltevermögen entwickeln und dass es überdies schwer, wenn nicht unmöglich ist, beim Neuaufbau von Gesellschaften ganz auf die „belasteten" Eliten des gestürzten Systems zu verzichten, wenn das moralisch Gute oder Überzeugende der Demokratie nicht an der handwerklichen Ungeübtheit der neuen Akteure scheitern soll.

Transformationsstudien legen auch die Vermutung nahe, dass der politische Wandel langfristig zwar „von unten", besser: von *allen* getragen werden muss, wenn er erfolgreich sein soll. Aber für den Anschub ist man auf Eliten, auf „leadership" elementar angewiesen. Und genau in solchen Situationen lautet die Gretchenfrage dann, woher diese Führungseliten kommen, welche Ziele sie vertreten und welche Methoden sie anzuwenden bereit sind. Eine Gesellschaft ist also gut beraten, die Bildung ihrer Eliten nicht dem Zufall zu überlassen.

Fast alle großen sozialtechnischen Utopien der vergangenen hundert Jahre sind an der Störrigkeit des Menschen gescheitert, an dem ihm innewohnenden kommunikativen Eigensinn, der ihn auf *social engineering* ausgesprochen renitent reagieren lässt. Man kann keine Eliten schmieden – obwohl das der Begriff nahelegt –, genauso wenig wie man Demokraten hämmern oder Solidarität herbeibohren kann.

Jedes Konzept von Elite muss die alltagsweltliche Erfahrung einbeziehen, dass Menschen unterschiedliche Talente und Begabungen haben. Von dieser Feststellung auf die Existenz von Mehr-Begabten und Minder-Begabten zu schließen, wäre freilich grundfalsch. „Unterschiedlich" heißt nicht von vornherein, dass Eliten aus der künstlichen Betonung des Höher- oder Minderwertigen entstehen müssen. De facto ist es jedoch bisher in fast jeder Gesellschaft misslungen, diese Unterschiedlichkeit zu bewahren und funktionale Differenzierungen herzustellen, ohne dass diese sich sozial zu einer Hierarchie der Macht, des Reichtums und vor allem der Wertschätzung fortentwickelt und verfestigt hätten.

Immerhin, theoretisch stehen Begabungsvielfalt und unterschiedliche Leistungen demokratischer Egalität nicht entgegen.

Damit kommen wir zur Kernfrage demokratischer Bildungspolitik: Wie kann die demokratisch legitime, Erfolg versprechende und bereichernde Vielfalt der Talente und Fähigkeiten optimal gefördert werden, so dass die Individuen wie die Gesellschaft als Ganzes daraus Gewinn ziehen, ohne die oben genannten demokratischen Gleichheitsrechte zu konterkarieren? Und ohne soziale Ränge zu verfestigen? Wie fördern wir vielfältige Spitzenleistungen und Verantwortungsträger als demokratisch legitimes und wertvolles Äquivalent zur tendenziell privilegienbegünstigenden Elitebildung?

Erstens müssen wir über den Begriff der „vielfältigen Spitzenleistungen" Klarheit erzielen. Gemeint ist damit die höchstmögliche Leistung gemessen einerseits am Potenzial einzelner Individuen und andererseits an den normativen und politisch-sozialen Erfordernissen demokratischer Gesellschaften. Diese Erfordernisse schließen Verantwortungs- und Gerechtigkeitssinn, Vertrauenswürdigkeit aufgrund von Sachkompetenz und Wahrhaftigkeit ein – sowie die Fähigkeit, über den eigenen Bereich hinauszublicken. Gefordert ist also die Abkehr von der naiven Idee eines objektiv geltenden Kriteriums für Elitenzugehörigkeit, anhand dessen man „die Spitzenleistung" einfach ermitteln könnte.

Zweitens: Zu einem sinnvollen neuen Elite-Diskurs gehört die Einsicht, dass Bildung und daraus resultierende Spitzenleistung weder ein Konsumgut noch eine ökonomische Kennziffer ist, sondern eine eigenverantwortliche Anstrengung (die auch noch dazu Spaß machen kann!). Die Chancen für herausragende Leistungen erhöhen sich dort, wo einerseits soziale Benachteiligungen ausgeglichen werden und andererseits, vom Kindergarten bis zur Universität, das Prinzip der fordernden Ermutigung in persönlicher Zuwendung gilt. In Deutschland setzt man dagegen nach wie vor zu sehr auf Druck, Demütigung und den Ehrgeiz des Einzelnen, im Wettbewerb die anderen zu übertrumpfen. Amerikaner wie Skandinavier legen hingegen den Akzent auf „empowerment“: Sie bauen darauf, dass Menschen dann ihr Bestes geben, wenn sie sich stark fühlen und mit den ihnen gesteckten Zielen übereinstimmen. Dieser mentale und politisch-kulturelle Unterschied kann gar nicht überschätzt werden, und die hohe Innovationsfähigkeit in diesen Ländern hat sicherlich mit diesem anderen Bildungsverständnis zu tun. Doch wie kann man von dieser Erkenntnis zu einer veränderten Praxis, zu einer neuen Form der Elitenbildung kommen?

Institutionell gesehen folgt aus meinen Überlegungen auf jeden Fall der Zwang zu einer besseren finanziellen Ausstattung der Bildungsinstitutionen. Lehrende und Lernende müssen überhaupt die Chance haben, einander persönlich zu begegnen. Außerdem brauchen die Bildungseinrichtungen – wieder von der Schule bis zur Hochschule – ein hohes Maß an Autonomie, um sich auf die jeweils konkreten inneren und äußeren Leistungsanforderungen einstellen zu können. Ist der in der aktuellen Diskussion zu Tode geredete Wettbewerb wirklich der beste Mechanismus, um unter pluralistisch-demokratischen Bedingungen Leistungen zu definieren, zu motivieren und zu messen? Nur, wenn man ihn hinsichtlich der genannten demokratischen Werte relativiert und zureichend komplex versteht. Primitive *rankings* werden diesen Anforderungen nicht gerecht.

Die verabsolutierte Behauptung, dass nur die Besten auf dem Markt eine Chance hätten, vergisst nicht nur zu sagen, was aus den vielen anderen werden soll, sondern entmutigt und verängstigt auch gerade die intelligenteren und sensibleren und deshalb oft sehr selbstkritischen jungen Menschen. Damit geht wichtige Leistung verloren. In Bezug auf die Märkte muss man darüber hinaus zumindest zwischen dem der Studierenden, dem der Forscher und Lehrer, dem späteren Arbeitsmarkt und nicht zuletzt dem hochempfindlichen Markt der Reputation unterscheiden. Um auf sie reagieren zu können, brauchen Hochschulen ihre Autonomie, für die als Finanzierungsgrundlage eine Mischung aus staatlicher Grundausstattung, Stiftungseinkünften und privaten Sponsoren am besten geeignet wäre. Deren Kontrolle sollte nicht dem Staat, sondern einem unabhängigen Kuratorium von Vertrauenspersonen obliegen, die mit der erforderlichen wissenschaftlichen und ökonomischen Kompetenz die spezifischen Leistungen der jeweiligen Hochschule angesichts ihrer Potenziale und der komplexen Marktanforderungen transparent überprüften. Selbst auf der Basis der gegenwärtig überwiegend leistungsbezogenen Mittelvergabe, die die Universitäten auf Landesebene in einen Wettbewerb schickt, der den Besonderheiten der einzelnen Hochschulen nicht gerecht werden kann, wäre eine so zugeschnittene Kontrolle autonomer Hochschulen den angestrebten Spitzenleistungen eher förderlich.

Spitzenleistungen durch möglichst große Autonomie der Bildungsinstitutionen und Rückbindung an die Normen der Demokratie – das könnte die zeitgemäße Antwort auf die traditionelle Frage nach der Elitenbildung sein.

Demokratiepolitisch hätten wir so die Chance, zu einem „humaneren" Begriff von Elite vorzudringen, als jenem, der in den vergangenen Jahrzehnten die Diskussion bestimmte – ohne auch nur im Geringsten zur Stützung einer wenig selbstbewussten Demokratie beizutragen. Aber damit kehre ich zurück zu einer früheren These: Eine Institution wie die Hochschule kann das demokratische Gemeinwesen nur erhalten und stärken, wenn sie ihre eigenen Fundamente und ihre Wertbegründung zureichend reflektiert.

VII. Familie als kapitalismusfreier Raum

Gemeinsam am Esstisch

Eine der schönsten privaten Situationen, die ich kenne, ist das sogenannte „Family-Dinner", das wir in wechselnder Besetzung etwa um halb acht am Sonntagabend veranstalten: In der letzten Zeit trafen wir uns dazu meist im Haus meines Mannes Peter Eigen in Berlin. Das Haus hat eine Holzterrasse zum Garten hin, und im Sommer kann man dort wunderbar sitzen und in die unendlichen Grünschattierungen der Bäume und Büsche blicken. Meine Tochter kommt häufig mit ihrem Freund und unserem kleinen Enkelsohn; mein Sohn und ein Neffe mit Freundin nehmen ebenso teil wie manchmal gute alte Freunde oder Kollegen. Alles kann hier besprochen werden: jede Art von Problemen, Peters Überlegungen für seine neue Aufgabe der „Extractive Industry Transparency Initiative", das Neueste über die Universität, über Bekannte, über die Politik. Ich merke, dass mir diese Zusammenkünfte mehr als vieles andere Kraft geben für einen Alltag, der ja zwischen Frankfurt (Oder), Berlin und den vielen Vortragsorten und Hochschulterminen, zu denen ich reisen muss, nicht ganz stressfrei ist. Das liegt, glaube ich, nicht an einer übertriebenen Fixierung auf Rituale, obwohl ich eine gewisse Regelmäßigkeit in meinem Leben angenehm und notwendig finde, sondern eher daran, dass dieses gemeinsame Essen für mich symbolisiert, was

Familie sein kann. Nämlich ein Ort, auf den sich alle freuen, an dem man sich sicher fühlt, an dem man nicht immer beherrscht und überlegen wirken muss, an dem man vorbehaltlose Solidarität erfährt, sich auf andere einlässt, Spaß hat und vor allem die Sorgen des Alltags miteinander besprechen kann, ohne dass sie einen beherrschen. Familie ist, wenn es gut geht, eine kapitalismusfreie Zone, eine Sphäre der Selbstbestimmung, die ihre Grenzen in der freiwilligen und freundlichen Rücksicht auf die anderen findet.

Mit ist klar, dass ich hier einen Idealzustand schildere. Auch bei uns wird gestritten. In manchen Familien herrscht Schweigen, in manchen gibt es autoritäre Verhältnisse. Zu viele Menschen begegnen sich auch zu Hause mit Gleichgültigkeit. Nicht immer ist die Familie stark genug, um sich gegen die Überwältigung durch die Arbeitswelt zu wehren. Sehr viele Menschen leben heute allein, weil sie die richtigen Partner für eine Familiengründung nicht finden oder sich selbst dieses Wagnis nicht zutrauen.

Aber als jemand, die selbst sehr lange – dreizehn Jahre nach dem Tod meines ersten Mannes – allein lebte, fühle ich mich berechtigt, erstens das Glück dieses Familienlebens, und dazu gehört für mich eben ein Partner, aus vollem Herzen zu genießen. Und zweitens fühle ich wenigstens eine gewisse Sicherheit, wenn ich behaupte: Die meisten Menschen sind allein nicht wirklich glücklich. Wir können uns das Unvermeidliche vielleicht schönreden, uns gar von der Bewusstseinsindustrie mit einem ausgefeilten Single-Kult trösten lassen, aber in Wahrheit ist allein sein nicht schön, in Wahrheit sehnen sich die Menschen nach anderen Menschen. Das *kann* nicht immer eine Familie sein, und dann muss man andere Wege finden, wenn man sich nicht hinsetzen und verzweifeln will. Aber im Großen und Ganzen sind Partnerschaft und Familie das Beste, was uns passieren kann, und zwar, weil es dort gar nicht um Konkurrenz, Wettbewerb und Marktgängigkeit, sondern um Liebe, Vertrauen, Zutrauen, Aufgehobensein geht. Deshalb reagiere ich auch allergisch auf eine Beziehungsvorstellung, in der Menschen verbraucht werden wie neue Kleider. Mir fällt es schwer, Menschen zu schätzen, die ihre Partner allzu schnell für noch attraktivere „Optionen" austauschen. Dass eine gute Beziehung Kraft und Engagement, vor allem Einfühlungsvermögen kostet, ja eigentlich ein Kunstwerk ist und dass man auch ein Scheitern akzeptieren muss, steht auf einem anderen Blatt.

Das Misserfolgsgeheimnis

Vielleicht haben wir freilich die Erfahrung des Scheiterns, ja die bloße Möglichkeit des Misslingens in den Diskussionen und Gesprächen der letzten Jahre zu stark in den Vordergrund gestellt und dabei die Ermutigung durch Gelingen vernachlässigt. Familie erschien dann immer schon als verkorkst. Und ein wenig droht in diesem Kontext eine unzulässige, manchmal hochnäsig verurteilende Vereinfachung: Die Leute lassen sich scheiden, also *wollen* sie wohl nicht so lange verheiratet sein; viele Frauen sind alleinerziehend, also *wollen* sie wohl mit den Vätern ihrer Kinder nichts zu tun haben; die Singles sind Singles, also ist das wohl ein Lebensstil und kein Schicksal. Ich glaube all dies nicht. Ich glaube, dass die Menschen bergende Familien, gelingende Beziehungen *wollen*. Und dass es in erster Linie ökonomisch-kulturelle Faktoren sind, die sie daran hindern, diese Wünsche realisieren zu können. Deshalb brauchen wir einen Kampf für das Recht von Menschen, sich den nicht-marktförmigen Freiraum der Familie zu schaffen. In Familien entsteht das persönliche Vertrauen, das auch für eine vertrauensvolle Gesellschaft und für das so dringend nötige politische Engagement unerlässlich ist. Allerdings nur, wenn sie partnerschaftlich gelebt werden, nicht in herkömmlichen Strukturen autoritärer Rollenverteilung.

Der ökonomische Druck auf Familien und Beziehungen (die dann oft gerade keine Orte sein können, an denen „Sozialkapital" entsteht) stellt zumal Liberale vor ein Dilemma und zwingt sie zu einem neuen Nachdenken über diese Institution: Bedeutung hat sie *nicht* nur für das persönliche Wohlbefinden, sondern auch als Quelle sozialen und demokratisch-staatsbürgerlichen Verhaltens. Die Familie erweise sich, so der amerikanische Sozialwissenschaftler William A. Galston, immer mehr als „kritische Arena", in der die Tugenden und Fähigkeiten der liberalen Demokratie entstehen. (Oder, so muss man hinzufügen, eben nicht entstehen.) Die Schwächung der Familie sei fatal, Aufgabe der Eltern sei es, ihren Kindern zu helfen, sichere, selbständige junge Leute zu werden, die Mäßigung, Solidarität, die Wendung nach außen ebenso zu lernen wie Toleranz, Wahrhaftigkeit und Unternehmensgeist. Freiwillige Zusammenschlüsse wie die Familie seien es, wo man solche Haltungen und auch Verantwortungssinn einüben könne. Aber noch einmal: Ein partnerschaftlicher Geist ist auch für diese politisch-kulturelle Rolle unabdingbar.

Männer und Frauen passen doch zueinander

Die Familienpolitik der Großen Koalition, eingeleitet durch die energische Sozialdemokratin Renate Schmidt und nun fortgesetzt unter der klugen Federführung einer Unionsministerin, beseitigt auch andere Modernisierungsrückstände: Endlich nimmt Deutschland den Ausbau des Kinderbetreuungswesens in Angriff, das beiden Eltern erlaubt, was jedenfalls die Jüngeren heute ganz überwiegend wollen: zumindest in einem gewissen Umfang berufsfähig zu sein und damit auch außerhalb der Familie einen eigenen Raum aufzubauen. Diese nachholende Modernisierung ist absolut notwendig und uneingeschränkt zu begrüßen. Ich sehe dabei allerdings zwei Gefahren, vor denen wir uns schützen sollten: Zum einen wird zu wenig über die Bedürfnisse der Kinder gesprochen und fast gar nicht darüber, was sie in ihren Krippen, Kitas und Horten erleben. Man kann sich getrost von dem Aberglauben verabschieden, dass Fremdbetreuung Kindern generell schade, aber wir müssen sicherstellen, dass die „Fremden", die sie betreuen, sie annähernd so gern haben können, so viel Zeit für sie aufwenden können und sich um sie sorgen, wie die Eltern dies tun würden.

Wenn Mäßigung, Solidarität, die Wendung nach außen, Toleranz, Wahrhaftigkeit und Unternehmensgeist (Galston) heute *weniger* in Familien und *mehr* in Kindergärten und Schulen erlebt und gelernt werden, dann müssen diese mehr werden wie Familien, persönlicher, mehr auf die Individualität bedacht. Dazu bedarf es einer Menge unterschiedlicher Voraussetzungen, und das Selbstbild der Erzieherinnen ist nicht die unwichtigste. Dass es übrigens dringend auch *Erzieher* geben muss, ist eine weitere.

Eine zweite Gefahr sehe ich darin, dass wir in unserer Begeisterung über die längst überfällige familienpolitische Bewegung vielleicht eins übersehen: Es geht darum, besonders Frauen die Möglichkeit zu geben, einer erfüllenden, sinnstiftenden, Anerkennung erweckenden und, ja, auch: ökonomisch lohnenden Tätigkeit nachzugehen. Es kann *nicht* vordringlich darum gehen, dem (demografisch bedingt schrumpfenden) Fachkräfte-Arbeitsmarkt neue „Ressourcen", neues „Humankapital" zu erschließen. Das wäre genau jene Verzweckung von Menschen zum Arbeitskräftematerial, die auch jetzt schon am Werk ist und die Familien untergräbt. Männer, Frauen und Kinder brauchen auch, gerade mit bester Kinderbetreuung, Zeit füreinander und nicht nur für den Arbeitgeber. Die Familienpolitik muss sich der totalisierenden Vereinnahmung durch die Ökonomie unbedingt erwehren.

Trotz aller Schwierigkeiten bin ich doch fasziniert davon, wie sehr sich unsere Gesellschaft verändert hat. Ich denke da besonders an die Rollenbilder und sehe zwar eine gewisse Verunsicherung unter jungen Leuten, aber vor allem Verbesserung. Für die

Generation meiner Eltern war eigene Berufstätigkeit häufig noch eine ungewohnte Vorstellung. Meine Mutter war anders, wollte nicht nur zu Hause sein, aber es ist ihr nicht gelungen, Familie und Beruf zu vereinbaren. Darunter hat sie gelitten und manchmal auch die Stimmung in der Familie. Deswegen hatte ich ursprünglich nach meiner Promotion vor, mich doch nur um die Familie zu kümmern, und dafür „richtig"! Es war mein großes Glück, dass mein erster Mann – untypisch für die Zeit – sich das gar nicht vorstellen konnte, dass er eine wirkliche Partnerin wollte, dass er mich zum Beispiel überhaupt erst darauf gebracht hat, mich nach der Promotion zu habilitieren. Ich war ihm dafür überaus dankbar, obwohl die Verbindung von Kindern und Beruf extrem anstrengend war. Er hat, anders als ich zu Beginn, gesehen, dass ich, wenn ich mich „nur" für die Familie entschieden hätte, einfach so weit jenseits meiner Möglichkeiten geblieben wäre, dass ich wohl nicht hätte glücklich sein können. Und letztlich war es denn auch mein Interesse an Wissenschaft, an geistigen Auseinandersetzungen, das mir sogar in den dunkelsten Phasen meines Lebens geholfen hat, einigermaßen unbeschadet zu überleben. Ich meine damit nicht, dass man berufliche Tätigkeit quasi instrumentell als Versicherung gegen die Wechselfälle des Lebens sehen soll. Das funktioniert so wenig wie eine „Investition" in den Glauben. Nein, man muss nach Möglichkeit die Sache um ihrer selbst willen lieben und tun. Was heißt „die" Sache – mehrere Sachen! Zu einem erfüllten Leben gehören für mich Partnerschaft, Kinder, Beruf und Freunde – in welcher Reihenfolge auch immer!

Ich kann mir heute kaum noch vorstellen, dass ich einmal anders gedacht habe. Aber, wie gesagt: Ich brauchte dazu durchaus die Hilfe meines Mannes, und solchermaßen partnerschaftliche Männer waren rar damals.

Heute beobachte ich, dass den jungen Männern gar nichts anderes mehr übrig bleibt als Partnerschaftlichkeit, wenn sie sich mit den überaus selbstbewussten jungen Frauen zusammentun wollen, und ich könnte mir vorstellen, dass das, neben den Ängsten vor Statusverlust, doch auch eine ungeheure Erleichterung bedeuten muss: Wie viel spannender, ausgeglichener ist eine Beziehung auf Augenhöhe. Und es muss doch ein Gefühl der Entlastung bedeuten, nicht allein für den ökonomischen Erhalt der Familie zuständig zu sein. Ganz abgesehen davon, dass der (verantwortliche) Umgang mit Kindern etwas unbezahlbar Erstaunliches, Stärkendes und Beglückendes ist.

Partnerschaftlichkeit erfordert natürlich ein viel höheres Maß an Aushandlungsgeschick als autoritäre Anordnungsstrukturen. Und so erwarte ich von den modernen Beziehungen, fast mehr noch als von den zahlreicher werdenden Frauen in Politik und Wissenschaft, eine Veränderung des allgemeinen Verhaltens auch in der politischen Arena. Wer nicht befehlen kann, sondern tagtäglich zu klugen Kompromissen kommen muss, wird andere Politik machen als die (gerade noch) dominierende Generation der sechzigjährigen Männer. W*enn* natürlich überhaupt die Möglichkeit zur Familiengründung besteht und genutzt wird.

Die spezifischen Fähigkeiten von Frauen in der Politik will ich nicht überbewerten – sie haben in der Vergangenheit verschiedentlich gezeigt, dass sie sich den Männern durchaus anverwandeln können. Und auch Männer können zuweilen geschickt moderieren. Aber es gibt vielleicht doch einen etwas größeren Hang zur Integration bei Frauen, zur Vermeidung sinnlos konfrontativer Situationen, es gibt womöglich, zumindest noch, einen Hauch mehr Einfühlungsvermögen: Das alles sind Qualitäten, die in einer Zeit, die von immer größeren Integrationsproblemen geprägt ist, hochwillkommen sind. Und nach allem, was ich aus dem Kabinett der Großen Koalition höre und gehört habe, geht es der Bundeskanzlerin sehr darum, jeden Standpunkt zumindest zur Kenntnis zu nehmen.

Moderne Partnerschaften sind also aus meiner Sicht ein Grund zum Optimismus auch für die Sphäre der Politik, ebenso wie das verstärkte (aber bei weitem noch nicht ausreichende) Engagement von Frauen. Worauf wir aber achten und wofür wir uns einsetzen müssen, ist die unironische Wahrnehmung von Familie als Keimzelle der Gesellschaft. Das ist sie, das soll sie sein, das hat nichts mit Gefängnis zu tun und ist auch nicht von vornherein eine zum Scheitern verurteilte Operation. Bei alledem gilt: Familie ist für mich dort, wo unterschiedliche Generationen dauerhaft und verlässlich füreinander sorgen.

Diktatur der Lebensläufe

Ihre Chance auf Erfolg erhöhen wir übrigens nach meiner Überzeugung, wenn es uns gelingt, unser in Erz gegossenes Bild von Lebensläufen zu überwinden. Das traditionelle Dogma geht dahin, Kinder erst nach einer ordentlich absolvierten Ausbildung zu bekommen. Die Gesellschaft sollte sich dringend darauf einschwören, dies auch vorher zu ermöglichen – ebenso wie sie von ihren Vorurteilen ablassen sollte, wenn Frauen die Mutterschaft möglichst weit hinausschieben. Gewiss, dieser Entscheidung sind biologische Grenzen gesetzt, aber diese Grenzen verändern sich! Alles spricht dafür, die vollständige Überlastungsphase, die Berufseinstieg und kleine Kinder zur selben Zeit mit sich bringen, so oder so zu entzerren. Das gilt auch für das Zusammenpferchen von Familie und Karrierehöhepunkt – für Männer und Frauen! Es muss nicht alles zwischen 25 und 45 geschehen.

Denn mit einer höchst erfreulich steigenden Lebens- und Gesundheitserwartung haben wir die Chance, sehr viel länger berufstätig zu sein und also auch absorbierende Führungsaufgaben erst später, mit Mitte fünfzig zum Beispiel, wahrzunehmen. Die Vorstellung von einem immer längeren, überwiegend hobby-geprägten Ruhestand verliert an Attraktivität. Ich selbst kann nicht sagen, dass ich mich heute weniger leistungsfähig fühle als vor zehn oder fünfzehn Jahren, und bei manchen Entscheidungen, die ich beruflich treffen muss, bin ich über die zusätzliche Lebenserfahrung und das zusätzliche Wissen, das ich erworben habe, mehr als froh. Das scheint mir ein Argument dafür zu sein, auch Karriereverläufe nicht mehr so traditionalistisch zu betrachten, wie es bisher bei uns üblich war. Warum gilt oft als „gescheitert", wer es bis 45 dahin nicht „geschafft" hat? Warum nehmen wir von den 45-Jährigen nicht den Druck, sich die nächsten zwanzig Jahre lang zu fragen, welchen beruflichen Gipfel sie nun noch ersteigen sollen?

Um veränderte Karrieremuster durchzusetzen, wäre allerdings ein erhebliches Umdenken in den Personalabteilungen vonnöten: Man müsste sich dort mutig von bestimmten Formen des Jugendwahns verabschieden, von einer Borniertheit, die Älteren keine Kreativität, keine Initiative und keine Risikobereitschaft mehr zutraut. Meine Beobachtung ist eine ganz andere. Es sind eher die mittleren Jahrgänge, die sich aufgrund ihrer Vielfachbelastung – junge Familie, unter Umständen zu pflegende Angehörige und Maximalbelastung im Beruf – vorsichtig absichernd verhalten und das ist nachvollziehbar. Dieses Verhalten hat den Vorteil, dass es auch Kompromissfähigkeit einschließt. Aber Risikofreude, gar ein gewisser fröhlicher Radikalismus, findet sich wieder eher bei den Älteren. Denen spielt der demografische Wandel sowieso in die Hände, denn schon bald werden so viele Fachkräfte fehlen, dass die Lücken nicht einmal zu decken wären, wenn wirklich alle Frauen sich auf den Arbeitsmarkt würfen. Es deutet sich auch langsam ein Mentalitätswandel an: Personalchefs beginnen, die Erfahrung der Älteren durchaus wieder zu schätzen. Warum sollten sie es auch nicht tun, außer weil sie einer vernagelten Ideologie folgten? Dass viele Ältere selbst mit dem Ruhestandsdasein allein nicht zufrieden sind, zeigt sich an der Unzahl von Initiativen, an denen ältere Menschen sich beteiligen, sei es, dass sie, wie Henning Scherf in Bremen, Kindern vorlesen, die sonst keinen

Zugang zu Büchern haben, sei es, dass sie als Sozialpaten oder Familienlotsen helfen, Schulprobleme oder allgemeine Fragen der Lebensgestaltung zu lösen.

Und darin scheint mir der Keim für einen interessanten Gedanken zu liegen: Gegenwärtig haben wir 20 Millionen Rentner in Deutschland (Ruheständler gibt es noch mehr). Nicht jeder soll, will oder kann sich engagieren, aber wenn nur jeder Zehnte von ihnen bereit wäre, sich über seinen privaten Lebenskreis hinaus für *einen* anderen Menschen einzusetzen, dann hätten wir Hilfe für zwei Millionen Jugendliche, die sich aufgrund ihrer häuslichen Bedingungen schwertun. Durch Patenschaften könnten sie einmal genau das erleben, was ihnen bisher typischerweise gefehlt hat. Dass sich jemand ernsthaft für sie interessiert. Und es ist keineswegs abwegig, dass sie die freundlich-konsequente Zugewandtheit eines ehemaligen Maschinenschlossers oder einer pensionierten Richterin mehr beeindruckt als die wackelige Autorität ihrer desorientierten Eltern oder der erschöpfte Aufmerksamkeitsbruchteil, den ihre Lehrer erübrigen können.

Das ist natürlich ein Traum mit vielen praktischen Haken: Ich glaube, wie gesagt, nicht, dass es am Engagement fehlt, aber wir tun uns noch schwer damit, die Engagierten mit denen zusammenzubringen, die Hilfe brauchen. Neulich hörte ich von der Leiterin einer Kindertagesstätte, die sich bitter darüber beklagte, ständig wollten irgendwelche Amateure ihren Kindern vorlesen. Nun kenne ich die Umstände nicht, und es mag ja sein, dass das freiwillige Angebot zur Unzeit kam oder sich nicht recht in die Abläufe der Kita integrieren ließ. Trotzdem scheint mir diese Haltung sowohl typisch als auch ein wenig problematisch für soziale Einrichtungen in Deutschland. Sie haben wenig Erfahrung mit dem Einsatz von Freiwilligen und verschließen sich solchen Ansätzen manchmal in der Furcht, diese könnten ihnen noch mehr Arbeit machen, als sie ohnehin schon bewältigen müssen. Diese Gefühle gilt es zu überwinden, und es hat dabei überhaupt keinen

Sinn, über die Sichtweisen der „Profis“ großzügig hinwegzugehen.

Der Prozess wird vermutlich erschwert dadurch, dass eine bestimmte Fraktion der Neoliberalen „Freiwilligkeit“ und „Zivilgesellschaft“ immer auszuspielen suchte gegen staatliche Angebote, die man ja nicht mehr brauchen würde, wenn sich nur Leute fänden, die zufällig gerade Lust hätten, die Kinder zu erziehen, die Alten zu pflegen, die Drogenabhängigen zu beraten. Das war immer eine abwegige Position. Sozialstaatliche Angebote brauchen die Kontinuität, Verlässlichkeit und Qualität, die nur kenntnisreiche, freundliche Festangestellte geben können. Aber darüber hinaus brauchen sie auch jede nur vorstellbare Menge privaten, zivil-gesellschaftlichen, Engagements, wenn sie die wachsenden Integrationsprobleme bewältigen wollen, die sich heute eben nicht auf benachteiligte Migrantenfamilien beschränken, sondern eine ganze Palette von allgemeinen Ausgrenzungsphänomenen betreffen.

VIII. Eine neue Kultur der Gemeinsamkeit

Reformieren, ohne zu erschrecken: Beispiel Augsburg

Eine solche neue Bewegung, eine sich entwickelnde *neue Kultur der Gemeinsamkeit*, in der keiner zurückgelassen oder ignoriert wird, würde ich für einen echten sozialen Fortschritt halten. Der Prozess, in dem Freiwillige und Institutionenvertreter dafür aufeinander zugehen müssten, würde Zeit brauchen, und Behutsamkeit auf beiden Seiten. Ein solcher Prozess hätte dann in meinen Augen die Qualität einer positiven gesellschaftlichen Erneuerung, die unserem Reformbegriff in den letzten Jahren fast vollständig abhandengekommen ist.

Die Bildungsreform der sechziger Jahre, ich erwähnte es schon, war ein Versprechen an viele. Die „Reformen" der vergangen zehn Jahre wurden von den meisten Menschen als Drohung empfunden, und zumindest für manche Repräsentanten der Wirtschaft fiel der Begriff „Reform" auch wirklich in eins mit „Härte" oder „Zumutung". Dass auf diese Weise jede positive Konnotation verloren geht, kann nicht erstaunen. Vielleicht lässt sich mit dem Begriff „Reform" vorerst wirklich nicht mehr viel anfangen, wenn man eine Veränderung zum Besseren beschreiben will. Und vielleicht gehört dazu auch, viel stärker als in den letzten Jahren, eine innere und äußere Beteiligung derjenigen, für die etwas verändert und verbessert werden soll. Ich möchte mich im Folgenden mit einigen politischen Erneuerungsvorhaben und einigen Aspekten zivilgesellschaftlichen Handelns befassen, die ich als beispielhaft empfinde: weil sie die Betroffenen einbeziehen; weil sie versuchen, alle Akteure auf gleicher Augenhöhe miteinander ins Gespräch zu bringen; weil sie unsere spezifisch deutsche zivilgesellschaftliche Tradition nicht verkennen; weil sie nicht versuchen, (sozial)staatliche Institutionen und Privatleute gegeneinander auszuspielen; weil sie eingeübte Denkweisen einmal aus einer anderen Perspektive beleuchten, ohne den Wert von Erfahrungen zu leugnen; weil sie den Blick eher auf Stärken und Möglichkeiten als auf Schwächen und Hemmnisse lenken.

Selbstverständlich ist mir klar, dass es inzwischen unzählige Beispiele für kluge Weiterentwicklungen von Bildungswesen und Sozialstaat gibt, und es ist vollkommen ausgeschlossen, noch so etwas wie eine vollständige Bestenliste zu führen. Es kann also nur darum gehen, solche Beispiele zu finden, an denen sich möglichst viele der genannten Kriterien beobachten lassen. Immer wenn man das tut, löst man übrigens eine Welle von Interesse und Begeisterung aus, die ich sehr ermutigend finde.

Die Stadt Augsburg, zuvor schon erwähnt als Ort des Religionsfriedens, eines einst strengen Reglements für den zivilen Umgang zwischen Katholiken und Protestanten, sieht sich heutzutage etwas – aber auch nicht vollkommen – anderen Herausforderungen ausgesetzt als nach dem Ende des Dreißigjährigen Krieges. In Augsburg gibt es einen hohen Anteil von „Menschen mit Migrationshintergrund“. Es sind rund 30 Prozent. Darunter sind Zuwanderer aus der Türkei ebenso wie EU-Ausländer oder Spätaussiedler aus Russland und deren Angehörige. Zudem hat die Stadt, wie jede deutsche Großstadt, auch soziale Probleme mit Deutschen, die aus unterschiedlichen Gründen nicht im vollen Umfang am gesellschaftlichen Leben teilnehmen können.

Man machte sich also Gedanken um einen möglichst umfassenden Integrationsbegriff. Anlass für den sogenannten „Weißbuchprozess“ als Ergebnis dieses Nachdenkens war zunächst die kontroverse Debatte über eine neue Moschee im Stadtteil Hochfeld gewesen. Zudem hatte die Stadt bereits einige Erfahrungen mit interkulturellen Hearings gesammelt und in einem „Handbuch der Sozialregionen“ eine gute faktische Informationsgrundlage über die Situation von Migranten in Augsburg geschaffen. Nun wollte die Stadt (auch im Zusammenhang mit dem neuen Einwanderungsgesetz) den Integrationsprozess auf eine breitere Basis stellen und möglichst viele Menschen daran beteiligen. Der Oberbürgermeister setzte eine interkulturelle Arbeitsgruppe ein, deren Mitglieder „Grundsätze für eine Integrationspolitik in der Stadt Augsburg“ formulierten.

Die zuständige Redaktionsgruppe wollte die Diskussion über diese Grundsätze nicht auf wenige Eingeweihte beschränkt sehen und bediente sich eines Instruments der Europäischen Union: Die politischen Entwürfe wurden (mit einer Materialsammlung) in einem „Grünbuch“ veröffentlicht, dann wurden Stellungnahmen von allen nur denkbaren gesellschaftlichen Gruppen und Betroffenen eingeholt, um die Ergebnisse schließlich in einem „Weißbuch“ zu präsentieren.

In welchem Geist dieser öffentliche (Selbst-) Verständigungsprozess stattfand, macht schon das Vorwort der Arbeitsgruppe deutlich: „So ist es gelungen, eine schwierige, emotional belastete gesellschaftliche Frage *ohne Missverständnisse, ohne Kränkungen, ohne Enttäuschungen* breit zur Diskussion zu stellen.“ Auch der Oberbürgermeister betont den Verständigungscharakter des Projekts: „Ein solcher Dialog ist für eine vielkulturelle Stadt wie Augsburg im raschen sozialen Wandel europäischer Großstädte für ein friedliches Miteinander bedeutsam und notwendig. Die Vielfalt birgt gleichzeitig Risiken wie Chancen. Es gilt, alle Gruppen in die Gestaltung unserer Stadt einzubeziehen, gegenseitige Vorbehalte und Vorurteile zu überwinden und so Integration im umfassenden Sinne zu befördern. Dabei geht es nicht nur um die stadtgesellschaftliche Teilhabe von Migranten oder Aussiedlern, es geht vielmehr auch um die Einbindung und das Miteinander von neu zugezogenen Bürgern – egal woher sie kommen –, von Menschen unterschiedlichen Glaubens, von Menschen mit Behinderungen, von Senioren oder von Jugendlichen und um das Zusammenwirken der Bewohner der Stadtteile mit unterschiedlichen Interessenlagen, aus allen Schichten und Milieus. ... Im Sinne der ‚Bürgerstadt' ist das Weißbuch nicht *für die*, sondern *aus der* Bürgerschaft selbst erwachsen."

Ergebnis des Diskussionsprozesses, an dem so unterschiedliche Akteure teilnahmen wie der Stadtjugendring, die Alevitische Gemeinde, Parteigliederungen, Abteilungen der Stadtverwaltung, der „Abenteuerspielplatz Hammerschmiede", die „Bürgeraktion Textilviertel" oder die Volkshochschule waren zum Beispiel Selbstverpflichtungen der Stadtverwaltung und der freien sozialen Träger auf „interkulturelle Kompetenz"; die Festschreibung des (gemeinsamen!) Ziels, „dass sich alle Augsburger sprachlich verständigen können"; die Orientierung der Stadt auf eine „aktive Wohnungspolitik und Stadtentwicklung, die Stadtteilghettos verhindert" und der Entschluss, den interreligiösen Dialog besonders zu pflegen: „Als Stadt des Religionsfriedens übernimmt Augsburg eine besondere Verantwortung für das friedliche Zusammenleben der Religionen auf der Basis gegenseitiger Toleranz." Vieles davon mag selbstverständlich klingen oder wie reine Ankündigungspolitik, aber es ist im deutschen Großstadtalltag keineswegs selbstverständlich. Und Ankündigungen, Selbstverpflichtungen sind ein erster, entscheidender Schritt zu einer veränderten Realität.

Schon während der Erarbeitung des Weißbuches wurden erste Diskussionsergebnisse politisch umgesetzt, zum Beispiel die städtische Friedens- und Integrationsarbeit neu organisiert, ein „Stadtteilmütterprojekt" an Grundschulen initiiert, ein Jugendwettbewerb ausgelobt („Wir sind Augsburg"); der Jugendhilfeausschuss setzte eine Aussprache mit türkischen Vereinen an, es entstand sowohl ein Projekt „Mehrgenerationenhaus" als auch eine Kontaktstelle „Neuer Wohnungsbau" und vieles mehr.

Nicht alle diese Maßnahmen werden etwas fruchten, manchen Initiativen wird auf ihrem Weg der Atem ausgehen. Aber insgesamt sehen wir hier mit staunenden Augen einen politischen Prozess, der Bürger einbezieht und zu motivieren vermag; eine Stadt, die sich ihrer Probleme bewusst wird und sie zu heilen versucht; eine staatliche Struktur, die privates Engagement unterstützt und willkommen heißt. Und Bürger, die vielleicht wenigstens ein klein wenig mehr als anderswo aufeinander zugehen, *miteinander zu tun haben* wollen. Dieses Ergebnis halte ich für unbezahlbar und zugleich für einen starken Hinweis darauf, dass Politikverdrossenheit und mürrisches Beiseitestehen sich verflüchtigen, wenn viele Menschen ihre Vorschläge und Wahrnehmungen tatsächlich in den politischen Prozess einbringen.

Das erfordert sicher ein Umdenken etwa bei den Parteien, die sich – obwohl ja selbst ehrenamtliche, zivilgesellschaftliche Organisationen – gewisse geglättete Rituale angewöhnt haben, die manchmal wenig offen und aufnahmefreudig wirken. Doch die Loyalität der Bürger zur Demokratie wird sich umso besser erhalten lassen, je weniger auch die Parteien ausgrenzend und selbstgenügsam auftreten. Das mag anstrengend sein und Tagesordnungen durcheinanderbringen, gewiss, aber was im Leben ist nicht anstrengend? Und was für die Parteien gilt, gilt analog auch für die freien (aber professionellen) Träger des Sozialstaats und die Verantwortlichen in den Verwaltungen.

Stärken stärken: Das Land Brandenburg

Ich möchte ein anderes Beispiel vorstellen, das ich für sehr anregend halte: Das ist die Landesregierung Brandenburg unter der Führung von Matthias Platzeck. Was mir an Platzecks Politik gefällt, ist, dass sie systematisch versucht hat, einem Bundesland mit schweren gesellschaftlichen und ökonomischen Problemen wieder Perspektive zu geben. Dabei geht es nicht darum, Missstände zu ignorieren. Und man braucht sich die Lage in manchen Dörfern und Landstrichen ja nur anzusehen (was etwa Arbeitslosigkeit, Abwanderung oder Gewalt von Jugendlichen angeht), um zu wissen, dass auch Matthias Platzecks Optimismus noch keine Wunder vollbracht hat. Aber die Potsdamer haben sich offenbar gefragt: Hat es Sinn, eine schwierige Situation auch noch durch tägliche Untergangsreden zu zementieren? Oder kann man die Lage nur verbessern, wenn man trotz aller Widrigkeiten bereit ist, Chancen und Möglichkeiten zu sehen?

So beschloss die Landesregierung 2005 ein neues Förderkonzept unter dem Slogan „Stärken stärken". Fördermittel sollten dabei nicht mehr flächendeckend und nicht mehr nur auf besonders „benachteiligte" Regionen verteilt werden, sondern „Wachstumskerne" sollten besondere Unterstützung erhalten. Das Konzept stieß zunächst auf empörte Ablehnung. Wie kann man, wie kann der Staat *nicht* den Benachteiligten helfen wollen? Doch nach ersten Erfahrungen veränderte sich die Diskussion. „Das Prinzip des Schwächenausgleichs wurde abgelöst durch das der Stärkenkonzentration", schreibt Thomas Kralinski in der sozialdemokratischen Theoriezeitschrift „Perspektive 21". „Damit waren Regionen ganz zwangsläufig gezwungen, nicht mehr zu jammern, sondern zu klotzen. Jetzt mussten Stärken und Potentiale vorgezeigt werden, um neue Fördermittel zu rechtfertigen. Sicher, nicht alles, was sich dafür hielt, war wirklich eine handfeste Boomregion. Gleichwohl hat dieser Umdenkprozess in den Regionen eine Bewegung in Gang gesetzt, die sich langfristig auszahlen wird. Denn es haben sich Verwaltungen, Unternehmen, Verbände und Initiativen zusammengesetzt und beraten, wo die Stärken ihrer Region liegen und wie diese verbessert werden könnten. In etlichen Gegenden hat man dabei Ziele formuliert und Projekte entwickelt, die auch noch weiterverfolgt wurden, als die Landesregierung den Zuschlag als offizieller ‚Wachstumskern' verweigerte. ‚Wir werden trotzdem weitermachen, auch wenn es keine Fördermittel gibt', lautete der trotzige Aufruf von fünf Bürgermeistern aus der Region um Wittstock im brandenburgischen Norden, nachdem die negative Nachricht aus Potsdam gekommen war. Trotz widriger Umstände wollen die Verantwortlichen einer Region ihr Schicksal in die eigenen Hände nehmen. Man lässt sich nicht von außen unterkriegen, sondern vertraut in eigene Stärken."

Vor allem aber, und das scheint mir der hochinteressante Kern dieses Herangehens zu sein, bringt man die Beteiligten dazu, ihre Lage mit völlig neuen Augen zu sehen: Plötzlich geht es nicht um die tausendfach erprobte Liste der Defizite, plötzlich geht es um die Dinge, die man selbst gut macht! Ich glaube, der Wunsch, in dieser Situation irgendetwas antworten zu können, ist zutiefst in der menschlichen Natur verankert. Niemand möchte wirklich sagen, in seinem Einflussbereich sei überhaupt nichts gut. Insofern erzwingt die Umstellung der Förderpraxis einen höchst nützlichen Perspektivenwechsel – in der Hoffnung natürlich, dass die „gestärkten Stärken" dann auch Schwächere mitziehen. Es bleibt Aufgabe der Politik, darauf zu achten, dass sie nicht zurückgelassen werden – aber es spricht eben auch sehr vieles dafür, dass das Konzept des *empowerment* funktioniert. Der Autor nennt weitere, kleinere Beispiele, wie eine ursprünglich als schwierig empfundene Herausforderung überraschend zum Motor der Verbesserung werden kann: So muss es mit dem „Bürgerbus" in Gransee gewesen sein. Sinkende Einwohnerzahlen und ein schwindender Schülerverkehr hatten den öffentlichen Nahverkehr in dünn besiedelten Landstrichen immer unrentabler gemacht. Und teurer. Um die Situation vor allem älterer Menschen in den Dörfern um den nordbrandenburgischen Ort zu verbessern, gründete sich im Jahr 2004 ein „Bürgerbus"-Verein. Mit einem Kleinbus und ehrenamtlichen Fahrern sollte ein kleiner, aber brauchbarer

Busverkehr eingerichtet werden, der die Menschen in die nächste Stadt, auf den Markt, ins Amt und in die Geschäfte brachte. „Das Ganze wurde ein Riesenerfolg“, schreibt Thomas Kralinski. „Nach anfänglicher Skepsis verzeichnet der Bürgerbus steigende Fahrgastzahlen. Für die Fahrer, unter ihnen viele Arbeitslose und Rentner, bieten sich so neue Gelegenheiten zu Beschäftigung und Verantwortung, zum Erlebnis des Gebraucht-Werdens. Mancher Arbeitsloser konnte auf dem Umweg über die Tätigkeit beim ‚Bürgerbus‘ bereits eine ‚richtige‘ neue Stelle ergattern. Und für viele Fahrgäste ist der Bürgerbus so etwas wie ein guter Bekannter geworden, manche drehen sogar eine Extra-Runde, um sich ein bisschen zu unterhalten, um sich umzuschauen.“

Der entscheidende Punkt bei dieser Initiative – sicher gibt es viele vergleichbare Beispiele – ist natürlich, dass sie Menschen zusammenbringt, vor allem aber: ihnen eine sinnvolle Aufgabe überträgt. „Viele Menschen haben das Gefühl verloren, gebraucht zu werden, dazuzugehören und ein Teil des Ganzen zu sein. Sie fühlen sich ohnmächtig und ausgeliefert“, heißt es in „Perspektive 21“ weiter. „Eine Stimmung der Ignoranz macht sich breit. Ignoranz gegenüber dem Staat, der Heimat, der Gemeinschaft, auch gegenüber Nachbarn und Mitmenschen. Es ist diese Stimmung, die dazu beigetragen hat, dass Schwangerschaften und das Verschwinden kleiner Kinder unbemerkt blieben, dass Nachbarn sich mehr über Hundegebell als über Kinderleiden beschwerden.

Mit Engagement lässt sich jedoch viel erreichen. In Lauchhammer in der Lausitz ist man beispielsweise dabei, ein Netzwerk zu knüpfen, das Kinderärzte, Jugend- und Sozialamt, Polizei und Kindergärten zusammenbringt. Ziel ist es, Familien mit Kindern besser zu unterstützen, ihnen aktiv Hilfe anzubieten. Von Anfang an war den Initiatoren klar: Wer eine Kultur des Hinschauens erreichen will, muss die Menschen zum Mitmachen bewegen. Deshalb sollten ehrenamtliche Helfer in dieses Familiennetzwerk einbezogen werden. Viele waren skeptisch, ob dies ausgerechnet in dieser zermürbten Region gelingen könne. Der Ansturm der Freiwilligen war überwältigend. Die Lust mitzumachen und eine Aufgabe zu übernehmen, hat viele – darunter auch ehemalige und arbeitslose Lehrer und Krankenschwestern – motiviert, das Familiennetz zu unterstützen. Und das mitten in einer Region, in der Zukunft für viele ein Fremdwort ist. Und so entsteht gerade dort neue Zuversicht."

Die Projektinitiatoren von Lauchhammer haben sich übrigens für ihr Familiennetzwerk einige Anregungen in Finnland geholt. Auch diese Informations-Expeditionen hat der brandenburgische Ministerpräsident nach meinem Empfinden klug organisiert. Sie betonten durchaus die (offensichtliche) Unterschiedlichkeit der beiden Länder, waren aber voller Offenheit bereit, in Finnland vorgefundene gute Ideen auch für das eigene Land zu nutzen. Auf diese Weise konnte die Finnland-Orientierung Optimismus verbreiten – warum sollte dies oder jenes nicht auch bei uns funktionieren? – ohne die sinnlose Schlussfolgerung nahezulegen, wir müssten nun alles so machen wie in dem sympathischen kleinen Fünf-Millionen-Einwohner-Land.

Zivilgesellschaft mit Tradition

Die Beteiligung möglichst vieler Betroffener, eine positive Veränderung der Perspektive, das sind Merkmale für gelingende „Reformen", für Verbesserungen der Lebensverhältnisse. Wir sollten unsere Augen aber auch nicht davor verschließen, wie viele Bereiche in unserer Gesellschaft immer noch, quasi naturwüchsig, gut funktionieren, und zwar einzig und allein, weil Menschen sich engagieren, selbstlos, mit Freude an der Sache, und auch mit guten Folgen für sie selbst. Alles wird sofort viel interessanter, wenn man sich mit anderen Menschen befasst! Wer nicht nur die eigenen Interessen bedient, fühlt sich selbst unweigerlich besser.

Dabei warne ich allerdings vor einer instrumentellen Haltung zum Engagement, die ich als Mitglied zahlreicher universitärer Auswahlkommissionen gelegentlich beobachten kann. Es hat sich inzwischen herumgesprochen, dass „soziales Engagement" ein guter Punkt im Lebenslauf sein kann, wenn es um Stipendien, begehrte Austauschplätze oder auch erste Stellen geht. Der amerikanische Autor Tom Wolfe hat diese Haltung in seinem Universitätsroman „I am Charlotte Simmons" karikiert, in dem einer der unsympathischeren Helden seinen Platz an einer Elite-Hochschule vor allem durch das clevere Vorspiegeln eines sozialen Gewissens erlangt. Als Schüler hat er ein einziges Mal Essen für Obdachlose organisiert, dies allerdings in einem extra entworfenen T-Shirt und mit guter Begleitung der Aktion durch die lokale Presse. So kann er seinen Bewerbungsunterlagen einen Artikel über die wunderbare Schülervereinigung beilegen, die er angeblich gegründet hatte und die den Obdachlosen rein gar nichts nützte.

Es hat also keinen Zweck, bei Amnesty International mitzuarbeiten, um einen attraktiven Lebenslauf zusammenzubasteln. Ernsthaft engagieren kann und soll man sich nur, wenn die Sache es einem wert ist. Dann aber kann man, paradoxerweise, wirklich mit Vorteilen rechnen: weil Engagement nicht nur sinnvoll ist, sondern Freude macht, einem möglicherweise Freunde bringt und weil man dabei etwas lernt.

Vor einiger Zeit segelten mein Mann und ich mit einer Jolle auf dem Wannsee. Es war schreckliches Wetter, wir hätten es wahrscheinlich lieber lassen sollen, und natürlich kenterten wir. Wir waren nicht in Lebensgefahr, aber doch in einer sehr misslichen Lage. Binnen Minuten wurden wir von der Besatzung eines Bootes der DRK-Wasserwacht gerettet: jungen Leuten, die am Wochenende freiwillig Dienst tun, Badeaufsicht führen, Kindern Schwimmen beibringen und eben glücklosen Seglern helfen. Sie richteten unser Boot auf, pumpten es leer, gaben uns trockene Anziehsachen und warme Suppe. Einer der jungen Männer war Student an der

Viadrina und fand es ganz köstlich, seine triefende Präsidentin aus dem Wasser gezogen zu haben. Was ich sagen will, ist: Diese jungen Leute bekommen nichts dafür, sie machen ihre Arbeit nicht für Geld, sie tun einfach etwas für andere – und haben Spaß dabei. Sicherlich liegen sie auch gelegentlich auf dem Steg, um braun zu werden. Warum nicht? Wichtig ist, sie bewirken etwas. Es bedeutet für die Gesellschaft einen Unterschied, ob sie da sind oder nicht. Ich glaube, dass wir unendlich viele Möglichkeiten haben, mit unserem Handeln solche Unterschiede herbeizuführen.

Und keiner von den Propheten der modernen Konkurrenzgesellschaft soll mir erzählen, wir wären glücklicher, wenn wir uns mehr um uns selbst kümmerten.

Ganz traditionelle „zivilgesellschaftliche" Institutionen – die Kirche, die Arbeiterwohlfahrt, eine engagierte Anwaltskanzlei – halten auch einen Stadtteil in der schleswig-holsteinischen Landeshauptstadt Kiel am Leben, der bei einem schwächeren Engagement dieser Akteure gewiss größere Probleme hätte. Er gehört zum Einzugsbereich der Kieler Werften, die in den sechziger Jahren zehntausenden von Menschen Arbeit gaben. Heute sind dort noch 3000 Leute beschäftigt. Die Bebauung stammt überwiegend aus den fünfziger Jahren, weil die Stadt im Krieg fast vollständig zerstört worden ist; eine der typischen Hochhaussiedlungen fügte man Ende der sechziger Jahre hinzu. Das Viertel ist also alles andere als lieblich – und doch ist die Identifikation der Einwohner mit ihrem Stadtteil hoch. Man ist stolz auf eine einigermaßen ambitionierte Integrationsarbeit und auf gute kulturelle Angebote. Die SPD erreicht hier, aus traditionellen Gründen, 60 Prozent der Stimmen bei Bundestagswahlen – aber die Partei hat es auch verstanden, diese Tradition, anders als anderswo, nicht zu verspielen. Der örtliche Anwalt mit seiner Frau, ein wichtiges Hausarztpaar, Mitglieder der Kirchengemeinde – sie alle werben für ihren Stadtteil. Dass sie sich in der Ratsversammlung konsequent für dessen Belange einsetzen, verstehen sie den von ihnen vertretenen

Bürgern glaubhaft zu vermitteln. Und die alten Integrationsinstitutionen arbeiten eben zusammen, nicht gegeneinander.

Zentrum des Lebens im Stadtteil ist eine äußerst aktive evangelische Kirchengemeinde, in der alles zusammenfließt: Es gibt eine Theater-AG im Gemeindehaus; der Kantor der Gemeinde inszeniert Musicals mit hundert Kindern und Jugendlichen (von denen manche ohne dieses Angebot niemals an einem solchen Projekt teilnehmen würden). Der Arzt kann Leute mit Problemen zur Arbeiterwohlfahrt schicken und die AWO Leute mit anderen Problemen zum Arzt; für ganz harte Fälle macht die Pächterin der örtlichen Tankstelle eine Art undogmatische Sozialberatung; ein Verein kümmert sich um den Erhalt der wenigen unzerstörten, industriegeschichtlich bedeutenden Bauten; die örtliche Gesamtschule versteht sich immer noch als Flaggschiff des Bildungsaufbruchs in den sechziger Jahren und nimmt ihre Integrationsaufgabe deshalb vielleicht ernster als andere Schulen.

Auch hier gibt es natürlich Probleme – Arbeitslosigkeit, Jugendgewalt. Das ausschlaggebende Moment ist in diesem Fall nicht die sozialdemokratische Parteiarbeit – wohl aber die enge *Verflochtenheit* zwischen einer starken Partei, der Kirche und wichtigen Einzelpersonen; die Bereitschaft zur Zusammenarbeit; die hohe Identifikation mit dem Stadtteil – und der Stolz, mit dem viele sagen: Ich bin ein Gemeindemitglied von dort. Ich glaube, dass die Leute sich durchaus auch nach konventionellen Beteiligungsmöglichkeiten sehnen, in Parteien, in Vereinen, in Gewerkschaften, und dass sie diese Beteiligung brauchen, um sich heimisch zu fühlen. Aber auch ich selbst ginge natürlich nur irgendwohin und machte mit, wenn ich das Gefühl hätte, dass diejenigen, denen ich mich anschließen möchte, an ihre eigene Sache glauben. Wenn sie verdruckst herumlaufen und sich permanent dafür entschuldigen, kann es nicht funktionieren. Ich halte es für einen Fehler unserer Gesellschaft, dass wir viele Jahre lang auf unseren angeblich verknöcherten und verspießerten Parteien und Vereinen herumgehackt haben, ohne uns zu überlegen, wie wir sie umkrempeln könnten und ohne ernsthafte Alternativen.

Konkret: Für die meisten Jugendlichen gilt es wohl heute nicht als sonderlich attraktiv, im Kirchenchor zu singen. Was könnte antiquierter sein? Nur, wenn plötzlich alle beim Kirchenchor mitmachen, wenn da hundert junge Leute singen, und wenn da plötzlich selbstgeschriebene Musicals mit dem Schwung von „Starlight Express" inszeniert werden, dann sieht die Sache anders aus. Dann möchte man vielleicht einfach erst einmal dem Herdentrieb folgen und mitmachen, und plötzlich hat man die Verantwortung für die Beleuchtung und erfährt eine Anerkennung, die man zuvor nie kannte. Aber das funktioniert nur, wenn der Kantor nicht in der dumpfen Überzeugung herumgeht, es wolle sowieso niemand im Kirchenchor singen.

IX. Eine verheißungsvolle Zukunft

Sind Utopien gefährlich?

Wir haben zwei Kraftquellen betrachtet, die den einzelnen Menschen stützen: die Beziehung, hier besonders die Familie, und den Glauben an Gott, wenn er gelingt. Ich habe darüber hinaus die Hochschule als einen gesellschaftlichen Ort untersucht, der uns helfen könnte und sollte, (Fehl-)Entwicklungen in Politik und Wirtschaft, aber eben auch im Bereich der Familien und der seelischen Verfassung der Gesellschaft zu bemerken, zu beschreiben und vielleicht zu heilen. Und ich habe einige Beispiele vorgestellt für politische Veränderungsstrategien, die möglichst viele Beteiligte einbeziehen und durch ihren kommunikativen, offenen Charakter womöglich größere Chancen haben, tatsächlich Verbesserungen im Zusammenleben herbeizuführen als die herkömmlichen, begrifflich verschlissenen „Reformen".

Mir selbst schiene es ein recht umfangreiches Programm, alle oder auch nur einen dieser Punkte in der Praxis weiterzuverfolgen. Man könnte sein ganzes Leben damit ändern und womöglich das vieler Mitmenschen. Aber habe ich darüber hinaus eine politische Utopie, eine Vision von der Zukunft, ein klar formuliertes Ziel, einen Bauplan für die künftige Gesellschaft? Das ist schwer zu beantworten. Und das mehreren ehrwürdigen Staatsmännern, darunter Helmut Schmidt, zugeschriebene Zitat, wer Visionen habe, solle zum Arzt gehen, scheint mir in diesem Zusammenhang auf einen allzu kurzfristigen Lacher angelegt. *Utopien*, also Entwürfe eines perfekten Staatswesens, wie Thomas Morus im 16. Jahrhundert einen unternahm, sind eine gefährliche Sache. Nicht, wenn sie wie Morus' „Utopia" (Kein Ort, Nowhere-Land) Literatur bleiben. Sehr wohl aber, wenn Menschen beginnen, im Namen ihres vollkommenen Staatsentwurfs Unrecht zu begehen. Der Philosoph Karl Popper warnt uns vor Utopien: „Neue Wege zum Glück sind theoretische und irreale Dinge", schreibt er, „über die man sich vielleicht nur schwer eine Meinung bilden kann. Aber mit dem Elend leben wir, hier und jetzt, und wir werden noch lange damit leben müssen. Wir alle kennen es aus Erfahrung. Deshalb sollten wir es zu unserer Aufgabe machen, die öffentliche Meinung von dem einfachen Gedanken zu überzeugen, dass es klüger ist, die dringlichsten und naheliegendsten sozialen Missstände einen nach dem anderen hier und jetzt zu bekämpfen, anstatt Generationen für ein fernes und vielleicht für immer unerreichbares höchstes Gut zu opfern."

Diese Warnung bezog sich vor allem auf den Nationalsozialismus. Vorsicht also vor Utopien oder Ideologien, die erst Menschenleben kosten, bevor sie ihre angeblich heilsbringende Wirkung entfalten können! Aber solche scheinen heute in Deutschland nicht mehr zur Debatte zu stehen.

Muss man sich darum in einen reinen Pragmatismus zurückziehen, ohne Visionen, ohne Gefährdungen und Verführungen, aber auch ohne Versprechen? Ich glaube nicht. Zum einen gibt uns Gott sein Versprechen für eine offene und verheißungsvolle Zukunft. Und zum anderen dürfen wir uns sehr wohl auch im Diesseits etwas vornehmen, wir dürfen Ideale haben und nach diesen Idealen streben, nur eben mit Verantwortung und Haftung für unsere Handlungen. Im Diesseits! Ich werde versuchen, die Umrisse meiner Hoffnung, meines Entwurfs vom „guten Leben", das für mich das Persönliche und das Politische verbindet, wenigstens zu skizzieren, so lückenhaft und unvollständig dies am Ende bleiben mag.

Es ist nämlich gar nicht leicht, auf eine verheißungsvolle, eine bessere Zukunft zu vertrauen. Das zeigen auch die unzähligen Dystopien, Romane über schlechte Orte, die auf uns lauern wie George Orwells „1984" oder Jewgenij Samjatins „Wir". Wenn ich eine Dystopie, eine Angstvision entwerfen sollte, würde ich sagen: Dann müssten wir uns wohl vor allem vor einer Dynamisierung von Gewalt fürchten, im psychischen wie im physischen Sinne; dann ginge es um groben, rücksichtslosen Umgang miteinander, um Gewalt als Ventil im Alltag, vielleicht um Schlägertrupps, die bestimmte politische oder wirtschaftliche Interessen durchsetzen sollen; und außerhalb unserer eigenen Gesellschaft um Bürgerkriege, zwischenstaatliche Drohungen, Missachtungen des Völkerrechts. Nichts davon ist vollkommen unvorstellbar, vieles hat Vorboten in der Gegenwart und geschieht schon. Es hängt von uns ab, ob wir auf Verhältnisse zusteuern, in denen jeder jedem misstraut, in denen Heranwachsende auf sich allein gestellt sind und keine Hilfe von den Älteren erhalten, während die Älteren die Heranwachsenden fürchten. Wenn die Negativspirale der Anomie, der Gesetz- und Respektlosigkeit, sich schneller zu drehen beginnt als die Positivspirale, in der gute Erfahrungen Gutes bewirken, dann könnten unsere Aussichten recht düster sein. Aber das ist keine Zwangsläufigkeit, kein Naturgesetz! Man kann dagegen kämpfen, man muss dagegen kämpfen. Ich komme wieder auf den immergleichen Punkt zurück: Den Quellen des Bösen muss man sich aktiv widersetzen; es reicht nicht aus, sich dessen bloß zu enthalten, beiseitezustehen und abzuwarten.

Was von uns verlangt wird, ist Zivilcourage. Was wir entwickeln müssen, ist eine Kultur der verantwortlichen Zuständigkeit und der Gemeinsamkeit. Also: sich nicht unbedingt selbst mit vier Skinheads anlegen, die einen Jugendlichen verprügeln, aber die Polizei rufen. Die Nachbarin – freundlich! – fragen, warum ihre

Kinder dauernd weinen. Gewaltverherrlichung in den Medien nicht als Zeitgeschmack abtun, sondern sich dagegen wehren. Und so fort. Dass wir an einen schlechten Ort geraten, dass unsere Gesellschaft, unser Land ein solcher Ort werden, können wir nur verhindern, wenn wir uns engagieren. Von selbst bleibt nichts, jedenfalls kein Zustand des Wohlstands, der Zufriedenheit und Ordnung.

Vom guten Leben

Der positive Entwurf des guten Lebens, der richtigen Politik, liegt mir temperamentmäßig näher als das Katastrophenszenario – was nicht heißt, dass er leichter zu konstruieren wäre. Allgemein gesprochen, handelt meine Vision von Freundlichkeit; davon, dass wir einander nicht als Feinde begegnen; dass wir die Eltern krakeelender Kinder freundlich und nicht finster ansehen; dass wir dem Fremden, der uns im Bus anschnauzt, erst einmal freundlich erwidern und ihn damit so überraschen, dass er womöglich selbst freundlich reagiert.

Ich glaube, dass wir an dieser ganz banalen Alltagsfreundlichkeit in Deutschland einen Mangel haben, und das ist durch die Beschleunigung der letzten zwanzig Jahre, die alle Industrienationen getroffen hat, nicht besser geworden. Von Norbert Elias gibt es ein reizendes Zitat über die Dänen: Die fänden, dass sie eine nette Nation seien, „dass es angenehm ist, Däne zu sein". Es scheint mir nicht so vollkommen ungerecht, wenn man Gleiches über die Deutschen, die mit verbissenem Gesicht durch Bahnhöfe und überfüllte Einkaufscenter hasten, nicht sagt. Auf der anderen Seite kann man auch in Deutschland unglaubliche Hilfsbereitschaft erfahren, etwa, wenn man vorübergehend auf Krücken unterwegs ist. Auch beim Spenden in Katastrophenfällen tun sich die Deutschen durch Großzügigkeit hervor. Wenn etwas häufiger ein Lächeln hinzukäme, wenn im Gespräch manche Verschwörungstheorie etwas länger im Koffer bliebe, auch manche vorschnellen moralischen Anklagen, an deren Stelle ruhige Analysen treten sollten, dann könnten womöglich auch wir uns heute freundlich finden. Oder wenigstens, wie Elias sagt: nett. Am Ende geht es darum, im Umgang miteinander einen Modus der Hilfsbereitschaft und der Aufmerksamkeit zu entwickeln und zu pflegen. Das ist keine Aufgabe „der" Politik, das müssen wir selbst tun. Aber wenn wir es massenhaft täten, bekämen wir mit ziemlicher Sicherheit eine andere Politik. Von unserer persönlichen Zufriedenheit ganz abgesehen. Wir würden auch manche Probleme ohne Politik schneller und erfolgreicher lösen.

Der antike Geschichtsschreiber Thukydides lässt seinen Perikles in der berühmten Leichenrede nach dem ersten Jahr des Peloponnesischen Krieges die Vorzüge der athenischen Lebensweise preisen. Sicher verfolgt er legitimatorische Absichten, Perikles will erklären, warum es einen Sinn hatte, in den Krieg zu ziehen und für Athen zu sterben: „Frei leben wir als Bürger im Staat und frei vom gegenseitigen Misstrauen des Alltags, ohne gleich dem Nachbarn zu zürnen, wenn er sich einmal ein Vergnügen macht, und ohne unseren Unmut zu zeigen, der zwar keine Strafe ist, aber doch durch die Miene kränkt ...", sagt er und grenzt die Verfassung Athens mit diesem Argument gegen das rigide, harte Sparta ab. Auch wenn diese „Freundlichkeit" in Athen nicht für alle Gruppen der Gesellschaft galt – was für ein Argument! Das ist für mich ein Stück antike Utopie, das bis heute Geltung hat.

Ich möchte meinen Versuch, mir eine freundliche Gesellschaft vorzustellen, erst einmal mit sehr subjektiven Bildern beginnen. Wie stellen wir uns das gute Leben vor? Was sind, ganz privat, Momente großer Zufriedenheit und großen Behagens? Meine eigene Lieblingssituation habe ich schon geschildert: Es ist das wunderbare Essen am Sonntagabend (lieber im Sommer als im Winter) mit der Familie, mit einem Glas Rotwein, mit der Möglichkeit zum offenen und unbegradigten Gespräch. Gemeinsames Essen und Trinken liebe ich aber nicht nur mit der ganzen Familie, sehr gern auch allein mit meinem Mann!

Mein Mann, Peter Eigen, ist natürlich fast verpflichtet, dieses Dinner auch für den höchsten und schönsten Ausdruck unserer gemeinsamen Lebensweise zu halten. Aber seine eigenen Kinder leben weit weg in Amerika, so gehören unsere gemeinsamen jährlichen Ferien für uns beide auch zum Wichtigsten. Meine Tochter Dorothee mag diese Dinner auch, genießt aber nach eigenem Bekunden auch gern nach getaner Arbeit – die für sie wichtig ist – ungestörtes Zeitungslesen in einem sonnigen Café und danach eine fröhliche Plauderei. Mein fußballbegeisterter Schwager träumt sich nach Semesterende gern in eine Badeanstalt am Thuner See. Höchstes Glück wäre es hier, den Donnerstags-„Kicker" zu lesen (der ist nur etwas für Eingeweihte) und mit seinem Sohn darüber zu fachsimpeln. Susanne Gaschke beschreibt als ideale Situation den Augenblick, wenn sie eine Arbeit abgeschlossen, zum Beispiel einen längeren Text fertiggeschrieben hat, wenn sie sich ausstrecken und aufstehen und vielleicht ein Glas Sekt trinken kann, um danach einen langen Spaziergang mit ihrem Mann, ihrer Tochter oder beiden zu machen. Vorzugsweise stehe ihr Schreibtisch in diesem Szenario aber nicht in ihrem Büro oder häuslichen Arbeitszimmer, sondern in irgendeinem Ferienhaus an der Nordsee, mit freiem Blick über Deich und Dünen und der Möglichkeit, später im Kamin mit Papier und Holz herumzukokeln.

Ähnlich ist all diesen Bildern eines: Sie zeigen Szenen der Entspannung, der Muße, der Gemeinsamkeit mit anderen (die nicht als bedrängend empfunden wird) oder der Gestaltung. Der Entspannung ist dabei fast immer eine *Anspannung* vorausgegangen, eine spezifische Anstrengung oder die allgemeine Bewältigung des Alltags. Durch vordergründige Konsumorientierung oder Medienbegeisterung ist keiner der „Ideal-Momente" gekennzeichnet, was natürlich mit der sozialen Auswahl der Befragten zu tun hat.

Doch das Materielle ist bei ihnen nur scheinbar abwesend: Geborgenheit, Muße und Entspannung haben in elementarer Weise mit Sicherheit zu tun, und zwar sowohl mit der Sicherheit vor Gewalt und Unwägbarkeiten als auch mit der ökonomischen Sicherheit. Die Muße ist attraktiv, weil die Arbeit vorhanden ist und einen spannungsreich-anregenden Kontrast zu ihr bietet; und die *Arbeit* schafft den notwendigen finanziellen Hintergrund, vielleicht nicht, um sich den neuesten Flachbildschirm zu kaufen, aber doch das Ferienhaus zum Arbeiten und Lesen zu mieten.

Und so ist denn Arbeit ein unverzichtbarer Baustein meines Zukunftsbildes: Das Leben in Arbeitszusammenhängen ist nämlich nicht nur wichtig für die eigene materielle Unabhängigkeit, sondern auch für das Gefühl, gebraucht und nicht benutzt zu werden, der Gesellschaft einen wertvollen Dienst zu leisten und ein sinnvolles Leben zu führen. Arbeit ist nicht nur wichtig, um persönliche Beziehungen zu knüpfen und um Selbstsicherheit, ein positives Selbstwertgefühl und individuelle Zufriedenheit zu gewinnen, sondern sie ist auch eine entscheidende Voraussetzung dafür, eine tragfähige aktive Bürgergesellschaft am Leben zu halten.

Resignierte Menschen, unsichere Menschen haben es sehr schwer, als Bürger zu handeln. Die gegenwärtige Krise einer dauerhaft viel zu hohen Arbeitslosigkeit – wir sollten uns über jede aktuelle Verbesserung freuen, ohne die Größe des Problems insgesamt zu verdrängen – bietet allerdings wie manche andere Krise auch die Chance einer Neubesinnung und kreativer Lösungen. Wenn wir den Wert und die Nützlichkeit von Arbeit über die Markthonorierung hinaus endlich politisch neu bestimmen, wenn wir die traditionelle Erwerbstätigkeit neu verteilen, dann können wir auch zu unerwartet neuen Horizonten für andere Probleme der Moderne kommen.

Innovative Arbeitszeitmodelle, Sabbaticals, intelligente Teilzeitlösungen und Arbeitszeitkonten können die verspannten Biographien, in denen noch immer viel zu häufig die intensivsten Phasen der Familie und der beruflichen Laufbahn zusammengedrängt werden, entzerren. Haushaltsnahe Dienstleistungen, von der Tagesmutter über den Haushaltsmanager bis zu den unterschiedlichsten Bring-, Hol- und Bügelservicen, können die Familien entlasten und vollkommen ehrenwerte neue Arbeitsplätze schaffen. Die Scheu meiner Partei vor dem einstigen „Dienstmädchenprivileg" hatte auch etwas mit der unterschwelligen Vorstellung zu tun, die Bourgeoisie wolle in unanständiger Weise die bedauernswerten „Dienstmädchen" ausbeuten und ihre Dreckarbeit nicht selbst tun. Aus der Geschichte heraus ist das zu verstehen. Aber angesichts der inzwischen anerkannten Vielfalt und Bedeutung der Arbeit im Haushalt wird sich das vermutlich ändern. Dass die wiederum anständig zu bezahlen und zu versichern ist, dass auch Haushälterinnen ein Recht auf Aus- und Fortbildung, auf Qualifikation und Aufstieg haben müssen, steht auf einem anderen Blatt und muss selbstverständlich Gegenstand politischer Regelung sein.

Darüber hinaus glaube ich, dass wir um einen „dritten", staatlich organisierten Arbeitsmarkt nicht herumkommen. Das ist ein schwieriges Kapitel, denn der darf sich dann nicht mehr, wie in der Vergangenheit, auf Arbeitsbeschaffungsmaßnahmen beschränken, die nicht weiterführen. Die Ein-Euro-Jobs im Zusammenhang mit Hartz IV haben zweierlei gezeigt: Zum einen, dass sehr viel „öffentliche" Arbeit vorhanden ist, die ohne Sonderprogramme einfach nicht getan wird – es stimmt ja eben nicht, dass der Markt jedes Bedürfnis bedient, weil er eben nicht die Lebensqualität, sagen wir: in entlegenen Regionen, im Blick hat, sondern sich am aktuell zu erwartenden Gewinn orientiert. Insofern empfinde ich es als nicht überzeugend, wenn der Staat zum Beispiel in öffentliche Infrastruktur investiert, mit Arbeitslosen, die er beschäftigen will, und dann Wirtschaftsvertreter vorwerfen, der Wirtschaft würden Gewinnchancen genommen. Zum anderen haben die Ein-Euro-Jobs bewiesen, dass es vielen Menschen mehr auf die

Arbeit selbst als auf die Entlohnung ankommt. Sie sind froh, wieder etwas Sinnvolles zu tun zu haben, auch wenn ihnen das gegenüber ihrer Arbeitslosenunterstützung finanziell nicht sonderlich viel „bringt". Natürlich muss auch staatliche Beschäftigung auf die Dauer in reguläre, normal bezahlte Arbeitsverhältnisse münden und den Charakter der Zusätzlichkeit abstreifen, aber das wird in dem Maße einfacher werden, in dem die Beschäftigung als solche ins Zentrum rückt und nicht mehr als marktfeindlicher Tabubruch gilt.

Im Übrigen wird uns das Problem der Arbeitslosigkeit wenigstens in Deutschland möglicherweise nur noch für einen Übergangszeitraum beschäftigen. Danach wird die Arbeitgeberseite aufgrund der demografischen Entwicklung eher um Fachkräfte, womöglich auch um einige „einfachere" Arbeitskräfte werben müssen.

Bürgertugenden

Eine Gesellschaft der Freundlichkeit, des Vertrauens, deren allgemeine Stimmung etwas von der Geselligkeit meiner „idealen Momente" enthält, erfordert Menschen, Bürger, die tatsächlich freundlich sind, die sich mit ihrem Gemeinwesen identifizieren, sich aktiv gegen Fehlentwicklungen stellen und bereit sind, ihre Geschicke selbst in die Hand zu nehmen. Die Möglichkeit zur Arbeit und eine funktionierende Familie sind vielleicht keine unerlässlichen, aber doch nur schwer zu ersetzende Voraussetzungen für diese Art von „Bürgerlichkeit".

Mir ist klar, dass all dies nicht wenig verlangt ist. Der bloß „mündige" Bürger, das Idealbild der fünfziger und sechziger Jahre, ist heute zwar kein veraltetes Modell, reicht aber insofern nicht mehr hin, als wir inzwischen in Wahrnehmung unseres Bürgerstatus mehr Initiative zeigen müssen als vor vierzig oder fünfzig

Jahren. Der bloß mündige Bürger bildet sich selbst ein Urteil, aber mit diesem klugen Urteil kann er im Sessel sitzen bleiben. Wir hingegen brauchen mehr und mehr Leute, die bereit sind, auf andere zuzugehen, mit anderen etwas zu unternehmen, andere zu verstehen, auch wenn die Grundhaltungen weit auseinanderliegen, damit man ein gemeinsames Ziel verfolgen und zu gemeinsamen Handlungen kommen kann.

Letztlich geht es um Demokratie nicht nur als politisches System, sondern als „Lebensform“. Das heißt für mich, dass alle Bürger auch in ihrem konkreten Tätigkeitsbereich, etwa durch Mitbestimmung, mehr teilnehmen können, in dem sie alle betreffenden Entscheidungen, aber dann auch mehr Verantwortung übernehmen müssen. Diese Verantwortung gilt für die Straße, in der ich wohne; für den Kindergarten oder die Schule, in die ich meine Kinder schicke; für die Kultureinrichtungen, die mir wichtig sind. Es geht nicht darum, nur „Charity“ zu üben und Geld zu spenden, sondern wirklich darum, mitanzufassen.

Dieses Bild vom aktiven Bürger stellt immer höhere Anforderungen an Selbständigkeit, Verständigungsbereitschaft und -fähigkeit, Offenheit und Zuwendung. Und diese Bürgerschaft kann nicht einfach kognitiv gelernt, nicht antrainiert werden, sondern bedarf einer psychischen Verankerung. Sie erfordert Selbst- und Fremdvertrauen, Selbstsicherheit – im psychoanalytischen Drei-Instanzen-Modell könnte man sagen: Ich-Stärke –, die wir vor allem in der Familie gewinnen oder verlieren und die ihre Bestätigung im Alltag braucht.

Schließlich verlangen die zunehmenden Konfliktpotenziale und Unübersichtlichkeiten in unserer Gesellschaft eine Erweiterung des auf Freiheit (als individuelle Unabhängigkeit) und auf Rationalität, Mäßigung und Urteilsfähigkeit konzentrierten liberalen Bürgerverständnisses. Sie verlangen die Kompetenz, die neuen Gegensätze durch eine größere Bindungsbereitschaft zu bändigen. Empathie, Einfühlungsvermögen, kommt den Absichten und

Selbstbildern möglicher Kontrahenten besser auf die Spur als intellektuelle Artistik und erleichtert damit eine faire Einigung. Es ist unschwer zu erkennen, dass zur Bürgertugend damit zunehmend Kompetenzen gehören, die eher weiblicher als männlicher Sozialisation entspringen.

Eine den gegenwärtigen Herausforderungen gewachsene Bürgergesellschaft, die den Staat von manchen Aufgaben entlastet, die unnötige Reibungsverluste durch vertrauensvolle Kooperation vermeidet, die sich kümmert und verständigt, nicht dauernd zum Gericht rennt, nicht immer nur anfragt oder erwartet, sondern selbst handelt, eine solche Gesellschaft braucht Bürger, die selbstsicher, offen, vertrauensvoll wie fähig zur Kontrolle, unabhängig wie bindungsfähig, rational argumentierend wie einfühlsam sind.

Wo können wir die neuen Bürgertugenden einüben, erleben und leben? Wie gewinnen wir speziell in Deutschland jenes ruhige Selbstvertrauen, jene auf Gefühlskultur angewiesene Empathie, jene Ich-Stärke, die wir so dringend benötigen? Wir Deutschen haben zwar durch Fleiß, Tüchtigkeit, Pflichtbewusstsein und materiellen Wohlstand unsere problematische Vergangenheit gleichsam abgehängt, aber psychisch noch lange nicht zugunsten einer offenen Selbstprüfung, einer solidarischen Versöhnlichkeit, eines ruhigen, neuen Selbstvertrauens und empathischer Gemeinsamkeit verarbeitet und überwunden.

Noch immer ist bei uns genaues Hinhören nach innen und vor allem auf die andere Person oder gemeinsames Lernen nicht besonders gefragt, schon gar nicht zur Regel geworden, sondern eher das Rechthaben. Veränderungen oder Korrekturen früherer Positionen, die Absage an Vergangenes münden nicht in wohlwollend prüfende Offenheit gegenüber eigenen ehemaligen Haltungen, sondern viel zu häufig noch in erneute Abgrenzung und Einsortierung. Im Ergebnis führt das nicht zu einer selbstbewussten Bürgergesellschaft, sondern zu einer verfestigten Einsortierungsgesellschaft, die sich für vertrauensvolle Kooperation wenig eignet.

Aber wir müssen nicht so bleiben, wie wir sind. Wie in fast jeder Therapie ist der Befund, die präzise Beschreibung des Problems, schon ein erster Schritt zur (Selbst-)Heilung. Für eine soziale Demokratie stellt die Bürgergesellschaft eine konkrete Vision dar, und man muss damit keineswegs zum Arzt. Durch viele geduldige kleine Schritte an einer Gesellschaft zu bauen, in der wir uns nicht gegenseitig austricksen und attackieren, sondern ergänzen, in der wir Konflikte offen und zugleich mit Sinn für Verständigung austragen, in der eine neue Form des Zusammenlebens uns lehrt, wie reich wir sein könnten und wie viel erfüllter sich unser Leben gestalten könnte, wenn wir unsere Fähigkeiten zusammentäten, mehr gemeinsame Erfahrungen austauschen könnten, aktiv und vertrauensvoll zusammen handelten und uns dadurch eine Welt schafften, in der es bei aller Einsicht in unsere Endlichkeit Freude macht zu leben – das ist meine konkrete Utopie.

Es sind Familien, Kindergärten, Schulen, Hochschulen, die diesen Bürgersinn der Offenheit, des mitmenschlichen Interesses und der Bereitschaft, selbst etwas zu tun, vermitteln können – und müssen. Ein Wandel weg von verdrossenem, autoritätsfixiertem oder desinteressiertem Ohne-Mich hin zu einer Kultur der Gemeinsamkeit und der verantwortlichen Zuständigkeit wird nicht über Nacht gelingen, er wird nicht spektakulär eines Morgens eingetreten sein, sondern sich graduell, kaum merklich, vollziehen. Aber trotzdem wäre es gut, wenn diejenigen, die Menschen erziehen, sich immer wieder fragen würden: Wozu erziehe ich da eigentlich? Und wenn sie von dem Pathos, einen freien, selbstbewussten und mitfühlenden demokratischen Bürger zu erziehen, immer aufs Neue ein wenig ergriffen wären, würde das überhaupt nicht schaden.

Dabei reicht es heute nicht mehr, Bürgertugenden im Rahmen des Nationalstaats zu praktizieren. Denn demokratische Politik muss auf Herausforderungen antworten, die die nationalen Grenzen klar überschreiten. Und den Kampf darum, die Menschen zu gewinnen für eine Politik, in der es oft um schwierige, kaum überschaubare Kompromisse geht, von denen sich populistische Politiker gern distanzieren und sich zu „Anti-Politikern" stilisieren – gegen die „da oben", für „da unten" – diesen Kampf müssen wir zunehmend global führen.

In ihrer langen Geschichte seit der Antike war die Demokratie als politische Form und als eine Lebensweise, die die menschliche Würde achtet, immer an einen konkreten Ort gebunden, der übersichtlich sein sollte, damit alle Bürger sich an demokratischer Politik beteiligen konnten. Der große Globalisierungsschub 1989, nach dem Ende des Ost-West-Konflikts, hat uns relativ plötzlich vor die Herausforderung gestellt, diese (für ihre Legitimation durch *Beteiligung* territorial gebundene) Demokratie neu zu denken. Politische Machtverschiebungen, technologische Entwicklungen, besonders eine rasante globale Kommunikationsvernetzung, weltweit operierende ökonomische Akteure lassen eine Diskrepanz entstehen zwischen den begrenzten politischen Regelungsräumen und den unbegrenzten Problemen, seien es die Pflege der Umwelt, die Rechtssicherheit, der Umgang mit Migration, mit Terror oder Korruption. Die neuen Entwicklungen schränken die Reichweite und Gestaltungsfähigkeit nationaler Demokratien drastisch ein. Dabei kommt der ökonomischen Dynamik des globalen Kapitalismus eine herausragende Bedeutung zu, weil sie alle anderen Gestaltungskräfte, insbesondere die Politik, gleichsam aufzusaugen scheint.

Gut erinnere ich mich noch an die Auseinandersetzungen in der Zeit nach 1968, als viele Studenten den Wert der deutschen

Nachkriegsdemokratie radikal in Frage stellten mit der marxistisch inspirierten Behauptung, dass demokratische Politik nur als Feigenblatt wirke, weil die eigentlichen Entscheidungen vom „Kapital" getroffen würden, namentlich von den multinationalen Konzernen. Dagegen hielten wir Verfechter der Nachkriegsdemokratie, dass demokratische Politik durchaus in der Lage sei, über Steuer-, Finanz-, Kartell-, Arbeitsrechts- und Sozialpolitik die Wirtschaftsentscheidungen und -abläufe zu beeinflussen und zugunsten des Gemeinwohls zu gestalten. Die bundesdeutsche Politik, insbesondere ihre Wirtschaftspolitik, war im Vergleich mit der Weltwirtschaftskrise der zwanziger Jahre und der Arbeitslosigkeit der Weimarer Republik so erfolgreich, dass die fundamentale Kritik an der demokratischen Ordnung nicht verfing.

Heute, fast vierzig Jahre später, begleitet uns das Phänomen der Massenarbeitslosigkeit wie ein schwarzer Schatten, und wir beobachten innerstaatliche und zwischenstaatliche Reichtumsdiskrepanzen, die eher wachsen als verschwinden. Wir müssen täglich beobachten, wie die ökonomische Globalisierung de facto die Wirksamkeit nationalstaatlicher Politik immer mehr entmachtet, weil die Wirtschaft nationale Regeln legal unterlaufen kann, und ihr damit in der Wahrnehmung der Menschen die Glaubwürdigkeit und Legitimation nimmt. Das Komplexitätsproblem kommt hinzu: Wer schon das politische System seines eigenen Gemeinwesens nicht versteht, es ablehnt oder ihm gleichgültig gegenübersteht, muss in einer globalisierten Welt erst recht das Gefühl erhalten, ein nun definitiv unbedeutendes Rädchen im Getriebe zu sein. Die Bitterkeit mancher Bürgeräußerungen zu „Europa" (das doch die politische Handlungsfähigkeit der europäischen Länder gerade erhalten und steigern soll) zeigt, was für schwierige Anforderungen eine derartige Komplexität an die Vermittlung, ja an die Ermittlung mehrheitsfähiger politischer Zielvorstellungen stellt.

Die Gefahr für die Demokratie geht nicht von einzelnen Menschen oder Bewegungen aus, sondern von einem Wirtschaftssystem, das wir wollen, für das wir auch keinen ernsthaften Ersatz kennen, das eine ungeheure Dynamik entfaltet (auf die wir zur Entwicklung unserer Welt angewiesen sind), das wir auch gar nicht abstellen könnten, das aber den Menschen zunehmend die Freiheit der politischen Gestaltung ihrer Verhältnisse entwindet. Mehr noch, es instrumentalisiert sie, und das sogar *notwendig*, weil sein Erfolgskriterium der Gewinn am Markt ist, weshalb die Menschen im betriebswirtschaftlichen Kalkül nur als Rollenträger vorkommen: als Produzenten oder als Konsumenten.

Aus diesem Mechanismus können sich auch die einzelnen Arbeitgeber nicht ausklinken. Sie sind der Weltmarktkonkurrenz genauso ausgesetzt wie die Arbeitnehmer und die Konsumenten, zumal in der gegenwärtigen Situation, in der die „Schwellenländer" und die Entwicklungsländer zum Teil rasant aufholen, was wir ja nicht nur moralisch wollen, sondern auch ökonomisch für sinnvoll halten, weil damit neue Märkte und neue Kaufkraft entstehen. In dieser Situation hat sich der Blick in den alten Industrieländern, unterstützt von einer nahezu flächendeckenden Angebotstheorie in den Wirtschaftswissenschaften, fast selbstverständlich auf die Produktionskosten konzentriert, die in den neuen Konkurrenzländern wegen ihrer erheblich niedrigeren Lebens- und Sozialsicherheitsstandards viel geringer ausfallen als in den fortgeschrittenen Industriestaaten.

So scheint die Alternative, jedenfalls in der öffentlichen Diskussion, nur die zu sein: entweder hier die Produktions- und Sozialversicherungskosten radikal zu senken und in Sachen Arbeitsrecht oder soziale Standards die Entwicklung hundert Jahre zurückzudrehen oder die Produktion ins billigere Ausland zu verlagern. Damit entsteht ein Szenario, das für viele aufholende Länder die Hoffnung auf Aufstieg, aber für die jeweils fortgeschritteneren, insbesondere in der EU, eher den Abstieg programmiert. Dieser Trend kann sich besorgniserregend verfestigen, wenn die Menschen sich pessimistisch auf sich zurückziehen, ihr Zukunftsvertrauen verlieren und damit eine entscheidende Wachstumsbedingung in der Wirtschaft nicht nur Deutschlands, sondern Europas zurückgeht: die Nachfrage nach Konsumgütern und Dienstleistungen.

Die Vereinigten Staaten können dieses Negativ-Szenario bisher vermeiden, weil ihre Gesellschaft in Sachen Zukunftszuversicht sehr viel robuster ist als Europa und weil sie sich angesichts ihrer globalen Hegemonialstellung fast unbegrenzt verschulden zu können scheinen – obwohl amerikanische Wirtschaftsexperten ihr Land zunehmend davor warnen. Aber auch hier wächst die Angst vor der weltweiten Konkurrenz.

In dieser Wettbewerbskonstellation sind Unternehmer, so scheint es, auch nur Rädchen im Getriebe. Sie können sich um die menschlichen Folgen und die externen Kosten ihrer Entscheidungen nicht kümmern, können diese auch nicht abzuschwächen versuchen, solange es keinen Rahmen gibt, der für alle die gleichen Einschränkungen festlegen würde, die einer unbegrenzten Lohnreduzierung oder einem uneingeschränkten *hire and fire*, einer Verzerrung des Marktes durch Korruption oder einer Zerstörung der natürlichen Ressourcen Einhalt geböten.

Aber welche Instanz sollte diesen Rahmen setzen und seine Einhaltung garantieren? In einer technologisch und ökonomisch entgrenzten Welt, in der die ökonomischen Akteure sich nationalen politischen Regelungen entziehen können, wäre dazu abstrakt nur ein Globalstaat in der Lage. Den wird es nicht geben, und den sollte es auch nicht geben, weil er die politische und kulturelle Vielfalt unerträglich einebnen und bei sich eine nicht mehr kontrollierbare Macht ansammeln würde.

Aber vielleicht brauchen wir in der globalisierten Welt auch gar keine Politik mehr? Karl Marx hatte mit Friedrich Engels an die *Verwaltung von Sachen* als Ablösung der Politik geglaubt. Vielleicht kann – am anderen Ende angekommen – der Markt alles allein regeln? Würde es den Menschen gut gehen, wenn man ihn nur wirken ließe? Oder ist auch der Markt auf Voraussetzungen angewiesen, ohne die er nicht funktionieren kann?

Adam Smith, der Ahnherr des Gedankens der freien Marktwirtschaft, hat im 18. Jahrhundert immerhin auf die Notwendigkeit eines staatlichen Rechtssystems, einer Verkehrsinfrastruktur, der Erziehung, der Friedenssicherung und der äußeren Sicherheit hingewiesen, damit die „unsichtbare Hand" des Marktes für einen wohltuenden Interessenausgleich sorgen könne. Er hat zudem – seine ursprüngliche Profession war ja die Moralphilosophie – in seiner „Theory of Moral Sentiments" ein gemeinsames moralisches Fundament postuliert und analysiert, das die Bürger – übrigens im Gefühl! – zusammenhalten müsse, um eine Grundsolidarität herzustellen. Dahinter steckt der Gedanke, dass gemeinsames Wirtschaften eben nicht ausschließlich auf dem Eigeninteresse aufbauen kann, sondern neben der technischen Infrastruktur politische Regeln, eine gemeinschaftlich besorgte Bildung und auch eine Fähigkeit zu gegenseitiger Empathie und Sympathie der Bürger braucht, die in einer gemeinsamen Sittlichkeit gründet, nicht zuletzt um das auch im Wirtschaftshandeln notwendige Vertrauen zu sichern. Sonst kann auch die viel gerühmte „unsichtbare Hand" nicht wirken. Im Rahmen eines nationalen Gemeinwesens ist dies noch überschaubar und auch recht oder schlecht regelbar. Aber wie können wir hier auf globaler Ebene vorankommen?

Diese Frage stellt, so denke ich, die entscheidende Herausforderung der nächsten Jahre und Jahrzehnte dar. Wie kann das de facto global wirkende, aber nicht koordinierte System von Nationalstaaten und regionalen Staatenbünden (wie der EU), von internationalen Regierungszusammenschlüssen, globalen Konferenzen und Medienereignissen, von globalen Unternehmen und Nichtregierungsorganisationen, internationalen Rechtsregelungen und Gerichtshöfen sowie internationalen Organisationen (wie den UN), das man „global governance" nennt, so geordnet und so zu einem Zusammenspiel gebracht werden, dass daraus eine „good global governance" wird? Auf Deutsch könnte man vielleicht sagen: eine globale demokratische Politik durch freiwillige, aber auch kontrollierte Allianzen. Denn auf diese sind wir angewiesen, wenn wir die zunehmenden sozialen Diskrepanzen innerhalb der Gesellschaften und zwischen ihnen ebenso überwinden wollen wie das Defizit langfristiger Politik etwa im Bereich der Umwelt; wenn wir ebenso die Sicherheit vor Terrorismus anstreben wie mehr soziale Gerechtigkeit und mehr demokratische Teilhabe.

Da eine globale demokratische Politik nicht auf innerstaatliche Sanktionsmaßnahmen zurückgreifen kann, sind wir in einem System von „good global governance" zunächst immer auf *freiwillige* Vereinbarungen angewiesen. Das ist im weltweiten Maßstab eine geradezu provokatorische Herausforderung. Der Druck, solche Vereinbarungen abzuschließen, kann nur aus der Einsicht der politischen und der wirtschaftlichen Entscheidungsträger in ihre langfristigen Interessen kommen – und aus einer aufgeklärten Öffentlichkeit, zu der zunehmend die international und gemeinnützig agierenden Nichtregierungsorganisationen gehören.

Das hat Folgen für die Bestimmung von politischer Macht. Wenn hinter politischen Entscheidungen nicht mehr das Sanktionsmonopol staatlicher Macht steht, dann ist eine prinzipiell auf die Überwindung von Gegnern ausgerichtete und auf Erzwingungsmöglichkeit angewiesene Macht nicht mehr ausreichend wirksam. An deren Stelle muss mehr und mehr die Fähigkeit treten, Koalitionen zu bilden, nicht *gegen* Personen und Ziele, sondern *mit* anderen Personen und Institutionen *für* gemeinsame Ziele. Das ist es, was Hannah Arendt als wirkliche, weil wirksame, Macht definiert hat.

Die Ziele solcher konstruktiven Machtausübung, bei der auch auf globale Unternehmen, also den Privatsektor eine hohe Verantwortung zukommt, finden sich zum Beispiel in dem vom ehemaligen UN-Generalsekretär Kofi Annan initiierten „Global

Compact", dessen Teilnehmer sich zur Einhaltung von bestimmten Wertmaßstäben und Verhaltensstandards verpflichten. Die darin enthaltenen zehn Prinzipien umfassen den Respekt und die Einhaltung der international verkündeten Menschenrechte, die Abwehr von deren Verletzung, die Vereinigungsfreiheit, die effektive Anerkennung der kollektiven Verhandlungsfreiheit, die Abschaffung von Zwangs- und von Kinderarbeit, die Abschaffung jeglicher Diskriminierung am Arbeitsplatz, den vorsichtigen und verantwortlichen Umgang mit der Umwelt, die Entwicklung dementsprechender Technologien und den Kampf gegen die Korruption.

Als Akteure kommen all jene in Betracht, die schon heute in der real existierenden, noch nicht koordinierten und noch nicht auf die genannten Werte und Prinzipien ausgerichteten „governance" agieren und die Schritt für Schritt (in ihrem eigenen langfristigen bzw. „wohlverstandenen" Interesse) für eine „good governance" gewonnen werden müssen. Die Rolle der legitimierten Regierungen liegt auch in Zukunft darin, legitimierte politische Entscheidungen zu treffen. Allerdings können sie sie oft nicht mehr allein vorbereiten und hinterher ihre Ausführung überwachen. Umgekehrt können jedoch jene zwar nicht demokratisch legitimierten, aber einflussreichen Akteure wie die globalen Unternehmen und die zwar ebenfalls nicht repräsentativen, aber ein hohes Gemeinwohlvertrauen genießenden Nichtregierungsorganisationen helfen, indem sie dieses Vertrauen für die Vorbereitung von Entscheidungskoalitionen und für das nachträgliche „Monitoring" von gemeinwohlorientierten Vereinbarungen einsetzen.

Freilich ist die organisierte Zivilgesellschaft bisher nicht immer in der Lage, diese Hilfe zu leisten. Sie muss sich ihrerseits am Gemeinwohl orientieren (sonst entbehrt sie ihrer einzigen wichtigen Ressource, des Vertrauens, das sich aus Kompetenz, Verlässlichkeit und Gerechtigkeitssinn speist), sie muss sich demokratisch verantwortlich und hinsichtlich ihrer Finanzierung transparent organisieren, sie muss ihr Management so gut wie möglich professionalisieren und sie muss die schwierige Balance zwischen unbestechlicher Opposition und konstruktiver Zusammenarbeit immer erneut aufbringen. Leicht kann es sonst passieren, dass sie entweder in fruchtlose Opposition oder in gefällige Anpassung abgleitet und damit wiederum ihren Vertrauensbonus verliert. Eine ihrer Chancen liegt darin, dass sie nicht an kurzfristige Wahlperioden gebunden ist. Zu den dringlichen Aufgaben demokratischer Gesellschaften gehört es mehr und mehr, solche zivilgesellschaftliche fachliche und politische Kompetenz zu entwickeln, vor allem auf der internationalen Ebene.

Darüber hinaus ist eine globale demokratische Politik eben auch auf die *Kooperation des Privatsektors* angewiesen. Denn er trifft vielfach unbehelligt von nationalen Grenzen und der Notwendigkeit, mühsame gesellschaftliche Kompromisse zu finden, weittragende Entscheidungen, die das Leben, die Gesundheit, das Klima, die zukünftige technologische Entwicklung einer Gesellschaft und vor allem die Arbeitsplätze betreffen. Ihre soziale Verantwortung haben so manche Unternehmen inzwischen eingesehen. Als Antwort darauf entwickeln viele eine sogenannte „Corporate Social Responsibility", indem sie z. B. über Stiftungen soziale und kulturelle Projekte fördern oder finanzieren. Das ist verdienstvoll, aber solche Tätigkeiten reichen nicht aus, um ihrer Verantwortung für das Gemeinwohl gerecht zu werden. Dazu müssen sie ihren Part für die demokratische Politik in einer „good global governance" spielen, indem sie zusammen mit der Politik und der organisierten Zivilgesellschaft Regeln vorbereiten, die auch auf globaler Ebene den Wettbewerb sichern, die für Transparenz sorgen und Mindeststandards für den Umweltschutz oder die soziale Sicherung vereinbaren, um die Infrastruktur und den sozialen Frieden zu stützen, auf die sie für ihre unternehmerische Tätigkeit, ganz gleich in welchem Land, angewiesen sind. Ihr langfristiges Interesse könnte sie dies lehren. Souveräne Akteure des privaten

Sektors, denen es nicht mehr auf zusätzliche Millionen ankommt und die die Kostbarkeit der Ressource „Vertrauen“ für eine erfolgreiche Unternehmensführung erkannt haben, ziehen seit einiger Zeit daraus die Konsequenzen und arbeiten an einer besseren „global governance“ mit.

Wenn z. B. die chinesische Politik neuerdings die gewaltigen Schäden für die Gesundheit der Gesellschaft, für die soziale Stabilität und für die Umwelt zu erkennen beginnt, die ihre regellose kapitalistische Investitions- und Ausbeutungspolitik anrichtet, dann wird der Privatsektor aus dem Norden seiner globalen politischen Verantwortung nicht gerecht, wenn er für den Fall der Erhöhung der Sozialabgaben in China mit der Verlagerung des Kapitals nach Indien droht. Um einer lebenswürdigen Existenz der kommenden Generationen willen müsste er stattdessen mit dafür sorgen, dass auch in Indien soziale und umweltschützende Mindeststandards eingerichtet werden, die für das gemeinsame globale Überleben in Würde notwendig sind. Sonst zieht der Privatsektor auch künftigen Unternehmern den Boden unter den Füßen weg.

Solche Standards gibt es, die International Labour Organisation hat sie erarbeitet. Aber diese Organisation der UNO hat nicht die Macht, sie durchzusetzen. Kein Einzelstaat hat sie. Aber die Welthandelsorganisation, die durch die an ihr teilnehmenden Nationalstaaten legitimiert ist, könnte sie zu Bedingungen der Teilhabe an ihr machen, wenn sie dazu durch den Privatsektor unterstützt würde. Der müsste dazu vermutlich seinerseits unter den Druck von Politik und NGO’s geraten, indem diese, auch durch kluge Öffentlichkeitsarbeit, das Vertrauenskapital der Unternehmungen beschädigen könnten, die sich solchen Regeln nicht unterwerfen wollen.

Das Vertrauen in die kapitalistische Marktwirtschaft, das weltweit erheblich beschädigt worden ist, würde zurückgewonnen werden können, wenn auch der Privatsektor seine Verantwortung sichtbar und mit Folgen akzeptieren würde. Ein solches Regelwerk von Mindeststandards, das sich von überbordender Bürokratie durchaus unterscheiden kann, würde den Markt stärken, weil es alle Teilnehmer mit den gleichen Bedingungen konfrontieren würde. Zugleich böte es eine Perspektive für die ohnehin unumkehrbare Globalisierung, die deren Vorteile: die Öffnung der Märkte für die aufholenden Gesellschaften, die Steigerung kulturellen Reichtums und die Beschleunigung von Kommunikation, voranbringen würde und dabei die Perspektive der langsamen Angleichung der Lebensstandards eröffnete, nicht die Spirale einer destruktiven Konkurrenz nach unten.

Ein Beispiel für Erfolg versprechende Schritte hin zu einer globalen demokratischen Politik, zu einer „good global governance", hat in den letzten Jahren unter dem früheren Präsidenten Wolfensohn die Weltbank gegeben, etwa indem sie Firmen, die sich der Korruption schuldig gemacht haben, von weiteren Ausschreibungen ausgeschlossen hat. Um sie zu entdecken, bedarf es wiederum zivilgesellschaftlicher Initiativen in den verschiedenen Ländern, zu denen oft eine gehörige Portion Zivilcourage gehört.

Ein weiteres Beispiel für das neue Paradigma und zugleich ein wichtiger Mosaikstein der „good global governance" ist die im Oktober 2006 begründete „Extractive Industry Transparency Initiative", in der sich bisher 25 Staaten mit großen Unternehmen der Grundstoff-Industrie und mit zivilgesellschaftlichen Organisationen verpflichtet haben, gemeinsam vereinbarte Regeln einzuhalten und zu überwachen, nach denen sich Konzessionszahlungen z. B. für Erdölförderung um der Transparenz willen richten müssen. Dies ist eine entscheidende Voraussetzung dafür, dass die oft gigantischen Konzessionszahlungen und Fördereinnahmen zugunsten der Entwicklung der Förderländer verwendet werden. Statt in Söldnerheere oder auf Schweizer Privatkonten sollen die Gelder z. B. in den Bildungssektor fließen. Ihre politische Legitimation erhalten diese freiwilligen Abmachungen durch die unterzeichnenden Staaten. Der Privatsektor verpflichtet sich gegen die Korruption zur Transparenz und die beteiligten Organisationen der Zivilgesellschaft sowohl gegenüber den Staaten als auch gegenüber dem Privatsektor zum Monitoring der Transferzahlungen.

„Good global governance", wie ich sie hier zu skizzieren versuche, ist kein geschlossenes System, aber eine „schlüssige" Ordnung, deren leitendes Prinzip auf die Verwirklichung der Menschen- und Bürgerrechte gerichtet ist, die in England mit der Magna Charta 1215 als Kern rechtsstaatlicher und später demokratischer Ordnung im Rahmen des Nationalstaats zwischen den Adligen und der Krone abgeschlossen und später durch viele weitere berühmte Erklärungen und Verträge ausgebaut worden ist. Die berühmte Magna Charta wirkt übrigens in ihren Einzelbestimmungen, in denen es etwa um Brückenkopfrechte oder einzelne althergebrachte Privilegien geht, ähnlich zusammengewürfelt wie die moderne governance und verweist damit auf Ähnlichkeiten politischer Ordnungen vor und nach dem Nationalstaat.

Die einfache Übersichtlichkeit politischer, sprich: nationalstaatlicher Organisation ist vorbei. Wir müssen lernen, in einem verbindenden und möglichst verbindlichen Wertehorizont mit Fragilität, Unübersichtlichkeit und Komplexität so zu leben, dass wir die Gefahren der Globalisierung eindämmen und ihre Chancen – den potenziellen wirtschaftlichen und kulturellen Reichtum für alle – nutzen, wenn möglich erweitern. Mit der programmatischen und praktisch-politischen Entwicklung solcher globaler demokratischer Politik, solcher „good global governance" befände sich auch sozialdemokratische Politik wieder auf der Höhe der wissenschaftlichen Diskussion zu diesem Thema.

Ich meine übrigens, dass die Zeit dafür sehr günstig ist, weil der Höhepunkt der Gläubigkeit in eine marktradikale Strategie überschritten zu sein scheint. Zu viele Menschen – bis weit in die Mittelschichten hinein – spüren, dass sie zu hilflosen Objekten eines anonymen Geschehens werden, wenn wir auf allgemeinverbindliche und gemeinwohlorientierte Regeln, also auf Politik im originären Sinne, verzichten. Solche Politik ist nicht einfach, weil die Verwirklichung ihrer Entscheidungen nicht mehr technisch, polizeilich oder gar militärisch erzwungen werden kann. Nicht weniger als der vernünftige Gebrauch unserer Freiheit ist gefordert. Aber gerade dieser macht doch die Würde der Menschen aus.

Im neuen Grundsatzprogramm der Sozialdemokratischen Partei Deutschlands wird Europa zu Recht als ein zentraler Baustein des Primats der Politik über einen globalen ökonomischen Selbstlauf hervorgehoben. Es bekümmert mich, dass so viele Menschen heute mit EU nur Langeweile, Bürokratie und den Verlust eigener nationaler Rechte assoziieren. Oft scheint die EU geradezu als Ausdruck aller unheimlichen Tendenzen der Globalisierung wahrgenommen zu werden. Dabei kann sie das Gegenteil sein. Sie ist ein Weg, um die Globalisierung gemeinsam mit anderen zu gestalten, sie ist ein Zusammenschluss, der gerade *verhindern* soll, dass wir nur Bauern auf einem Schachbrett weltweiter Wirtschaftsinteressen werden.

Natürlich verlangt „Europa" vom Einzelnen viel Vorstellungsvermögen und noch mehr Verständigungsbereitschaft, als schon in der eigenen Nachbarschaft gut und nützlich wäre. Deshalb ist es gewiss sehr wichtig, dass wir genügend Persönlichkeiten finden, die mit Charisma und Resonanz den *sozialen* Aspekt der Europäischen Union vertreten und vorleben können. Und wenn es im SPD-Programm heißt: „Die Europäische Union hat durch ihre wachsenden Kompetenzen Züge eigener Staatlichkeit gewonnen. Deshalb muss jedes politische Handeln der Europäischen Union demokratisch legitimiert sein. Je weiter die Vertiefung der politischen Integration voranschreitet, umso dringlicher stellt sich die Aufgabe, eine echte europäische Demokratie zu bauen. Eine wichtige Grundlage dafür ist eine Europäische Verfassung ...", dann legt das trotz der Erfahrungen in Frankreich und in den Niederlanden nahe, dass wir noch einmal über eine Abstimmung der europäischen Gesellschaften nachdenken sollten. Ein solches Referendum birgt gewiss das Risiko der Ablehnung, ob nun aus wohlerwogenen Gründen oder aus bornierter Ignoranz. Aber es birgt auch die Chance einer intensiven Verständigung der Menschen darüber, wie und warum sie sich zu einer Europa-Union zusammentun wollen. Das heute europafreundliche Polen hat vor dem Beitritt sehr darum gebangt, ob das von der polnischen Verfassung erforderte Quorum für die Abstimmung erreicht werden würde. Deshalb sind die Anhänger des Beitritts durch die Lande gezogen und haben dafür intensiv geworben. Heute stimmt die polnische Bevölkerung der Europäischen Union deutlich mehr und entschiedener zu als die Bevölkerung der meisten anderen Länder.

Um diese breite Zustimmung zu gewinnen, müsste sich die Europäische Union aber ähnlich wie die Nationalstaaten im 19. Jahrhundert, die sich damals zu Wohlfahrtsstaaten weiterentwickelt haben, nicht nur um die Liberalisierung der Märkte, sondern auch um soziale Mindeststandards und -versicherungen kümmern. Das erfordert noch einmal einen erneuten Schub konzeptioneller Arbeit und geduldiger Verständigung. Aber ist das Risiko einer schleichenden Delegitimation der EU, eines klammheimlichen Rückfalls in nationalstaatliches Denken, weil der isolierte Nationalstaat mehr soziale Sicherheit zu versprechen scheint, nicht viel größer? Und beobachten wir nicht schon jetzt über die EU hinaus eine allgemeine Delegitimierung demokratischer Politik, weil die „Rückfallposition" des Nationalstaats die in ihn gesetzten Erwartungen gar nicht mehr erfüllen kann?

Ich meine, man sollte die Debatte wie die Abstimmung wagen: Sollen doch die Gegner einmal in Ruhe erklären, was *besser* wird, wenn wir Europa nicht haben. Gegenwärtig denken zu viele Menschen nur sorgenvoll an Billiglöhne, aber in unseren Nachbarländern nähert sich das Lohnniveau deutlich erkennbar dem unserem und auch die Anforderungen an die soziale Sicherheit steigen, was auf die Dauer erhöhte Steuereinnahmen verlangen wird. Unsere wirtschaftlichen und sozialen Bedingungen werden also einander immer ähnlicher, was gemeinsame europäische Verabredungen erleichtert. Außerdem ist es ja nicht so, dass wir in unseren Nachbarländern ausschließlich Sozialdumping vorfinden, während bei uns alles perfekt wäre. Ein wenig mehr skandinavische Familienpolitik, wenigstens der britische Mindestlohn in Verbindung mit der weiteren entschlossenen Förderung deutscher zukunftsträchtiger Technologien könnten auch bei uns helfen, manche neoliberale Mode der letzten Jahre, die die EU in ein schlechtes Licht gerückt hat, zu überwinden.

Eine Abstimmung über die Europäische Verfassung würde alle möglichen Ressourcen mobilisieren: Politiker, Parteien, Gewerkschaften, Verbände, Schulen, Universitäten, das ganze Land würde die Frage diskutieren. Allein dieser Aktivierungsprozess wäre für Europa ein großer Gewinn. Das Risiko einer Ablehnung ist nicht zu unterschätzen, aber es würde wohl auch – z. B. in der Wirtschaft, die ein hohes Interesse an dem großen europäischen Wirtschaftsraum hat – die Energien dafür freisetzen, dass sich Europa zu einem auch sozial attraktiven Raum weiterentwickelt und die Zustimmung der Menschen findet. Europa *kann* nicht gelingen, wenn es als obrigkeitliche Anordnung empfunden wird. Es mag unbequem werden, aber Europa braucht unseren Mut zur Diskussion. Und unser Vertrauen darein, dass letztlich die meisten Menschen für vernünftige Argumente offen sind.

Ein Verständnis von Arbeit als zentraler Voraussetzung für „Bürgerlichkeit"; ein Bürgersinn des Vertrauens, der Bereitschaft zur Aktivität und zur *gelebten* Demokratie; politische Repräsentanten, die stolz auf ihr Amt sind, weil sie sich tatsächlich als Bürger begreifen, die andere Bürger vertreten; „good governance" als eine Organisation und eine Kultur der Zusammenarbeit zwischen

Regierungen, dem Privatsektor und zivilgesellschaftlichen Organisationen, die auf Freiwilligkeit beruht und auf das *gute Leben* aller Menschen zielt – das sind für mich attraktive, herausfordernde und ermutigende Visionen, oder sagen wir: Wünsche für die Zukunft eines menschenwürdigen Zusammenlebens auf unserer Erde.

Aber all dies bleibt doch immer und notwendig abstrakter als die „idealen Momente“ privaten Glücks, die ich zu Beginn dieses Kapitels beschrieben habe. Das muss wohl so sein, weil wir uns, im günstigsten Fall, auf unser persönliches Glück am besten verstehen, während wir über die allgemeine Zukunft nur spekulieren können. Dennoch lohnt es sich, dafür zu arbeiten, dass unsere Visionen in dem Sinne, den wir für richtig halten und für den wir gute Gründe vorbringen können, Realität werden.

Ich bin sehr dankbar und froh, dass es mir mit dem kleinen Stückchen Zukunft, das die Viadrina darstellt, im Rahmen meiner begrenzten Möglichkeiten vergönnt ist, mich für die Verwirklichung meiner Visionen einzusetzen. Dort kann ich für eine konkrete Utopie arbeiten, für Europa. Wenn es uns gelänge, nach all den Kriegen, all dem Leid in unserer europäischen Geschichte ein gewaltfreies Zusammenleben möglich zu machen, einen Modus der Konfliktlösung zu finden, der das Leben nicht zerstört, sondern bereichert, der uns Tore für einen unglaublichen kulturellen Reichtum öffnet, der uns nicht nur die Schwierigkeiten, sondern auch die Freude des Zusammenlebens in Vielfalt erfahren lässt, dann wäre dies ein gewaltiger Schritt.

Ich habe den britischen Autor David Lodge mit seinem Traum über die Hochschule zitiert, die sich allen Bürgern öffnet. In einem kürzlich erschienenen Buch über den großen amerikanisch-britischen Autor Henry James (1843-1916), dessen literarischer Ruhm sich zu Lebzeiten in Grenzen hielt und der beruflich viele bittere Enttäuschungen hinnehmen musste, schildert Lodge eine Fantasie von rührender Freundlichkeit: Er stellt sich vor, er könne für einen Moment die Zeit anhalten, ins Sterbezimmer des berühmten Mannes eintreten (wo alle anwesenden Familienangehörigen wie durch Zauberhand erstarren) und zu Henry James sprechen.

Lodge überlegt sich, wie er ihn trösten würde, wie er ihm vom späten, aber dauerhaften Erfolg seiner Bücher erzählen würde, die zu Klassikern geworden sind, in jeder Schule, jedem College und jeder Universität der angelsächsischen Welt gelesen werden, Gegenstand unzähliger Magisterarbeiten, wissenschaftlicher Aufsätze, Verfilmungen und Theaterbearbeitungen sind. Lodge würde James gern sagen, dass die Geschichte mit seinem Tod nicht zu Ende ist.

Eines Trostes wie Henry James in Bezug auf seine Unsterblichkeit bedarf ich nicht. Aber einen kleinen Blick auf die Zukunft Europas würde ich schon gern richten. Vielleicht sollte ich wie David Lodge träumen: Ein in die Europafahne gehüllter Engel könnte mir aus der Zukunft entgegentreten und mir erzählen, wie es mit Europa in den nächsten 100 Jahren weitergeht.

Kopenhagen, würde er vielleicht sagen, wurde 2083 Hauptstadt der Europäischen Union – nachdem alle fanden, dass Brüssel ein Provisorium sei und zu weit im Westen liege, nachdem man sich zwischen Paris und Berlin nicht entscheiden konnte und die Skandinavier mit ihrer freundlichen Zugewandtheit und ihren kreativen Sozialstaatsmodellen ohnehin stilbildend in der Union geworden waren, trotz ihrer Kleinheit. In Osteuropa, sagt der Engel, hätten sich nach anfänglichen Verwerfungen doch erstaunlich hohe Löhne und Sozialstandards durchgesetzt, die europäischen Verabredungen also viel gefruchtet. Damit hätten die Osteuropäer auch im Westen imponiert. Die Westeuropäer hätten daraufhin – wenn auch erst spät! – die kostbaren Kulturgüter in Osteuropa, über die polnischen Grenzen hinweg, entdeckt und sie sich so anverwandelt, dass es inzwischen zum guten Ton gehört, nicht nur Voltaire, sondern auch Leszek Kołakowski zu zitieren. Die baltischen Staaten und Polen hätten einen Boom erlebt wie Portugal in den neunziger Jahren des 20. Jahrhunderts – wobei sie von Portugiesen beraten wurden, um ästhetische Fehlgriffe besonders beim Bau von Ferienanlagen zu vermeiden.

Großbritannien habe, so der Engel, den Euro eingeführt – unter der Bedingung, dass die Ein-Euro-Münze umgestaltet werde, und so gebe es seit 2022 ein kleines, schweres, der Pfund-Münze nachempfundenes Ein-Euro-Stück, mit dem Kinder gern Piratenschatz spielten und mit dem sich auf Hochzeiten vorzüglich nach Whiskeyflaschen kegeln lasse. Der Vorschlag, wie in Resteuropa auf der rechten Straßenseite zu fahren, sei aber in bisher drei Referenden abgelehnt worden.

In Jena habe der Bundeskanzler (nein, sagt der Engel bedauernd, den Namen könne er leider nicht verraten) vor Kurzem ein Origami-Institut eröffnet, mit dem weltgrößten Museum für Papierfaltkunst und einer Konstruktionsabteilung mit 250 Mitarbeitern, die hochkomplexe Faltmodelle für Herzimplantate, DNA-Stränge und in den Weltraum zu transportierende Teleskopspiegel entwickelten. Airbus und VW, habe er gehört, arbeiteten an einem fliegenden Volkswagen mit Brennstoffzelle. Der beliebteste Berufswunsch von Mädchen sei, gleich nach dem der Algenfarmerin, seit vielen Jahren EU-Ratspräsidentin.

Ob ich denn wirklich schon aufhören wollte zu arbeiten, raunt der Engel mir im Traum zu: In Bologna gebe es eine wunderbare neue europäische Senioren-Universität, eine Hochschule der Erfahrenen und Weisen, die mir gern einen kleinen Lehrauftrag anbieten würde. Man sei, wispert er, mit dem „Bologna-Prozess" in der Hochschulpolitik doch nicht so richtig zufrieden gewesen, seine Anwendungsfixierung und sein Verwertbarkeitsglaube habe die europäische Wissenschaft ein paar Jahrzehnte lang gehemmt, doch dann sei man unter der mutigen Führung einer finnischen Kommissarin für Bildung und Wissenschaft zum Ideal der Humboldtschen Universität zurückgekehrt. In Bologna suchten sie jemanden, der aus politikwissenschaftlicher Sicht die Jahre der neoliberalen Ideologisierung um die Jahrhundertwende beleuchten könne. Hier sei auch eine Eisenbahnfahrkarte.

Ich würde mich plötzlich ganz leicht fühlen. Ich würde mich aufrichten und fragen: „Warum kein Flugticket?“ Der Engel würde streng dreinblicken und mir erklären, dass für Flugbenzin endlich ein Preis erhoben werde, der den durch Flüge verursachten Umweltschäden entspreche. Und durch die Zugfenster könne ich dieses blühende, lebendige Europa auch viel besser sehen.